범어 금강경(金剛經) 원전주해

वज्रछेदिका प्रज्ञपारमिता सुत्र

Vajracchedikā Prajñāpāramitā Sutra

박지명

영남대 국문과를 졸업하고 1974년부터 인도명상을 시작하였다. 오랫동안 인도에 머물면서 상카라촤리야(Shankaracharya)와 아드바이트 마트(Advait Mat) 명상 법맥인 스승 스와미 사르바다난드 마하라즈(Swami Sarvadanand Mahaaraj)에게 인도명상, 인도의 수행체계, 산스크리트 경전을 공부하였다. 현재 산스크리트 문화원(Sanskrit Cultural Institute)과 그 부설인 히말라야 명상센터(Himalaya Meditation Center)를 세워 자아회귀명상(自我回歸冥想)인 〈스바 삼 비드야 드야나(Sva Sam Vidya Dhyana)〉를 가르치고, 산스크리트 경전들을 번역하며 보급하고 , 가르치고 있다.
저서로 《불교범어 진언집 개정판》(하남출판사), 《요가수트라》(동문선), 《요가수트라》(아마존(Amazon)출판사), 《하타요가프라디피카》(동문선), 《하타요가프라디피카》(아마존(Amzon)출판사), 《바가바드 기타》(동문선), 《우파니샤드》(동문선), 《베다》(동문선), 《반야심경》(동문선), 《불교 범어 진언집(개정증보판)》(하남출판사), 《범어 능엄주 진언》(하남출판사), 《범어 신묘장구대다라니》(하남출판사), 《범어 관세음보살 42수 진언》(하남출판사), 《인도호흡명상》(하남출판사), 《양 · 한방 자연요법 내 몸 건강백과》(웅진윙스), 《호흡명상》(물병자리), 《명상교전-비그야나바이라바 탄트라》(지혜의 나무) 등 외 다수가 있다.
역서로는 《모든 것은 내 안에 있다》(지혜의 나무), 《히말라야성자들》(아힘신), 《요가》(하남출판사), 《자연요법백과 시리즈》(하남출판사), 《마음 밖에는 아무것도 없다》(물병자리) 등 외 다수가 있다.

산스크리트 문화원 / 히말라야명상센터 Tel. 02-747-3351
홈페이지 www.sanskrit.or.kr

범어 금강경 원전주해

지은이　박 지 명
펴낸이　배 기 순
펴낸곳　하남출판사

초판1쇄 발행　　2019년 10월 15일

등록번호　제10-0221호

주소　서울시 마포구 도화동 173(삼창프라자) 1521호
전화번호　(02)720-3211(代) / 팩스 (02)720-0312
e-mail　hanamp@chol.com

ISBN　978-89-7534-243-1 (93220)

범어 금강경(金剛經) 원전주해

वज्रछेदिका प्रज्ञापारमिता सुत्र

Vajracchedikā Prajñāpāramitā Sutra

바즈라쩨디카 프라그야파라미타 수트라

금강반야바라밀경
金剛般若波羅蜜經

하남출판사

서문

금강경(金剛經)은 서기 2세기 경전으로 산스크리트어로 바즈라쩨디카 프라그야 파라미타 수트라(Vajracchedikā Prajñāpāramitā Sutra)이다. 금강경의 산스크리트어 바즈라(Vajra)의 천둥, 번개, 뇌우(雷雨)라는 뜻이 금강(金剛)이라는 한역으로 번역되며, 한역(漢譯)으로는 금강반야바라밀경(金剛般若波羅蜜經) 또는 금강반야경(金剛般若經)이라고 알려져 있다.

금강경 주요무대는 고대 인도 북부 스라바스티(Srāvastī) 또는 사위국(舍衛國)을 배경으로 제자인 수부티(Subhūti) 또는 수보리(須菩提)에게 설한 경전이다. 금강경은 집착하는 마음을 일으키지 않고, 언제나 머물지 않는 마음으로 진리를 보라는 것이다. 형상으로 부처님 또는 붓다를 보지 않고 모든 형상은 모양이 없으며 이러한 것을 직시한다면 진리이며 여래(如來)인 타타가타(Tathāga)를 보게 된다고 설하고 있다.

금강경은 우리나라 불교의 중심종단인 대한불교 조계종(曹溪宗)의 근본경전인 소의경전(所依經典)으로 알려져 있다. 또한 여러 불교종단 및 다른 종교에서도 중심적으로 다루며 역사적으로도 모든 불교 계통을 다 아우르는 경전이다.

금강경은 초기불교인 근본불교(根本佛教), 대승불교(大乘佛教), 서장불교(西藏佛教), 선(禪)불교를 망라해서 담겨져 있다. 많은 불교도들에게 사랑을 받아, 이 경전을 독송(讀誦)하고 암송(暗誦)하고 필사(筆寫)하는 사람들이 많다. 그 만큼 하나의 경전 안에 모든 진리를 포함하는 용량이 무량할 만큼 크다.

금강경은 총 32분으로 되어 있으며 처음으로 산스크리트역을 한 쿠마라지바(Kumarajiva, 344~413) 또는 구마라집(鳩摩羅什)과 당나라의 현장(玄奘, 602~664) 스님의 번역본이 있다. 그외에 영어로 된 에드워드 콘즈(Edward Conze)나 독일, 프랑스, 일본의 번역본들이 많다. 특히 인도, 티벳, 중국, 한국, 일본에서 고대로부터 수많은 고승대덕의 주석서가 800여종이 있다.

그 외에 우리나라에는 많은 스님들과 일반인들이 산스크리트나 한역본을 번역한 것이 어떠한 경전보다 많다. 그 이유는 금강경이 분량이 그렇게 많지 않고, 읽고 독송하기도 좋아 쉽게 접근할 수 있기 때문일 것이다.

이 책에서는 원전인 산스크리트어**(Sanskrit)**를 중심으로 로마나이즈**(Romanization)**를 넣어 한글음을 달아 한글로 해석하였으며, 그리고 구마라집(鳩摩羅什) 스님과 현장(玄奘) 스님의 한자어에 한글로 음을 달아서 보게 했다. 특히 산스크리트 단어 하나 하나를 다 이해하도록 단어를 정리하였고, 주요 단어는 가볍게 주석을 하였다.

우리나라에서 금강경을 독송하는 사람들이 가장 즐겨 인용하는 문구는 "범소유상개시허망 약견제상비상즉견여래"(凡所有相皆是虛妄 若見諸相非相則見如來) "모든 상은 다 허망한 것이다. 만약 모든 상이 상 아님을 알게되면 그것은 바로 여래를 보는 이다."
산스크리트어로는 "라크사나 삼파트 타반 므르사 야바트 아라크사나 삼파트 타반 나 므르세티 히 라크사나 아라크사나 타타가토 드라스 타브야흐" (Lakṣaṇa sampat tāvan mṛṣā yāvad alakṣaṇa sampat tāvan na mṛṣeti hi lakṣaṇa alakṣaṇa tathāgato draṣṭavyaḥ)"성스러운 모습을 완벽히 갖추지 않았다고 말하면 그것은 거짓으로 말하는 것이 아니다. 그러므로 거룩한 모습을 갖추었거나 갖추지 않았거나 여래를 볼 수 있어야 한다."

"응무소주 이생기심(應無所住 而生其心)" "머무는바 없이 마음을 낼 지니라."는 "아프라티스티탐 치땀 우트파다야이타브얌"(Apratiṣṭhitam cittam utpādayitav yam) "집착 없는 마음을 일으키도록 해야만 한다."

금강경의 사구게(四句偈)는 산스크리트의 아니트야(Anitya)인 영원하지 않고, 끊임없이 변한다는 무상(無常)과 아나트만(Anātman)인 무아(無我)를 표현하고 있으며, 대승불교의 산스크리트의 순야타(Śūnyatā)인 텅비어있는 공(空)을 말하며 가득 차 있는 공(空)의 상태를 말한다.

금강경에서 중요한 단어인 삼갸나(Samjñā)는 상념(想念), 관념, 생각이다. "테삼 카치트 삼갸나 나 아삼갸나 프라바르타테(Teṣām kācit samjñā nāsamjñā pravartate) 그들에게는 어떠한 상념도 상념이 아닌 것도 일어나지 않습니다." 는 것은 아트마 삼갸나(Ātma samjñā)라는 아상(我相), 사뜨바 삼갸나(Sattva samjñā)라는 중생상(衆生相), 지바 삼갸나(Jīva samjñā)라는 수자상(壽者相), 푸드갈라 삼갸나(Pudgala samjñā)라는 인상(人相) 등의 상념 또는 상(相)이 일어나지 않는다는 말이다.

금강경 가르침은 이 상념들 또는 상(相)인 삼갸나(Samjñā), 라크사나(Lakṣaṇa), 니미따(Nimitta) 를 넘어서 무상정등각(無上正等覺)인 아누따라삼약삼보디 (Anuttarā Samyaksambodhi)이며 한역(漢譯)인 아누다라삼막삼보리(阿耨多羅三藐三菩提)의 깨달음에 이르기를 바라는 것이리라.

이 책을 손지산 형님과 서말희 형수님과 제자들 이정훈, 남경언,김영창,백승철, 이수진, 정진희, 김윤정, 천세영, 김혜영, 윤순엽, 최은진, 최효겸, 최재원, 송의진, 김지민, 차민지, 강승찬씨와 항상 힘이 되어 준 나의 가족에게 바친다. 이 금강경의 진리로 사람들이 힘든 세상을 잘 이겨 나갈 수 있기를 바란다.

목차

부록

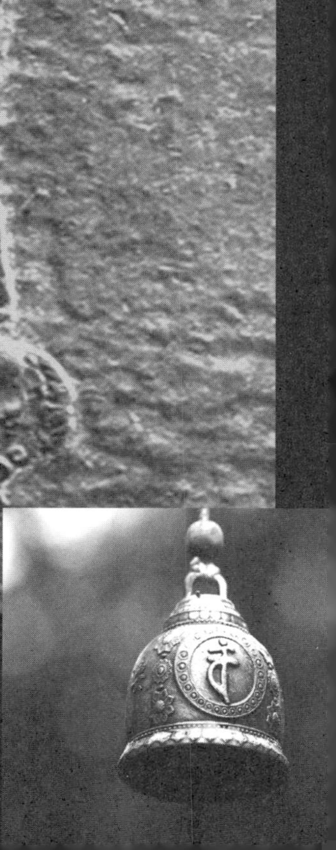

제1장
금강경에 들어가며

불교의 탄생과 전래

불교는 인도에서 시작되었지만, 현재 인도의 불교는 힌두교에 비교하면 그 세력이 매우 미비하며 숫자 또한 아주 적다.
고오타마 붓다(Gautama Buddha)는 기원전 6세기경에 태어나 인도인들의 삶에 획기적인 전환점을 가져다준 인물이다. 인도에 불교가 번성했던 시기는 가장 풍성한 문화의 정점을 지나온 시간들이었다.
붓다가 태어난 시기의 인도는 베다(Veda)와 우파니샤드(Upanisad)의 가르침이 성행하던 브라흐만(Brahman)교가 지배하는 사회였다.

브라흐만교는 우주의 근원인 브라흐만(Brahman)인 범(梵)과 개인 안에 존재하는 아트만(Atman)인 아(我)가 하나라는 범아일여(梵我一如)의 사상을 가지고 있었다. 인간의 행위는 과거의 카르마(Karma)라는 업(業)에 의해 결정되고 현재의 행위가 미래를 결정한다는 윤회 사상(輪廻思想)을 갖고 있었다. 그래서 반복해서 태어나는 윤회(輪廻)로부터 해탈(解脫)해야 한다고 하였다. 브라흐만교 이러한 사상은 불교 또한 이 인도철학 사상을 배경으로 태어났다.

부처님은 기원전 6세기경에 지금의 인도 동북부 인도와 네팔 국경에 있는 카필라바스투(Kapilavastu) 성(城)에서 태어났다. 어릴때는 싯다르타(Siddhartha)로 불리워졌으며 카필라바스투 성의 성주(城主)인 아버지 슈도다나(Suddhodana) 왕과 어머니 마야(Maya) 부인 사이에서 태어났다. 부처님은 샤카무니(Śākyamuni) 또는 석가모니(釋迦牟尼) 또는 석존(釋尊)이라고 불리었다. 태어난 장소는 룸비니(Lum bini)였고 자란 곳은 카필라바스투인 가비라성(迦毘羅城)이었다.

싯다르타는 최상의 깨달음인 무상정등각(無上正等覺)인 아뇩다라삼먁삼보리 또는 아누다라 삼묘삼보리((阿耨多羅三藐三菩提)를 얻기위해 엄청난 수행을 통하여 붓다가야(Buddha Gaya)에서 깨달음을 얻고 가르침을 편 곳이 지금의 비하르(Bihar) 주(州)인 마가다(Magadha) 왕국이었다.
부처님이 깨달음을 얻기 전에는 브라흐만교의 수행 방법을 행하였다. 깨달음을 얻기 전인 싯다르타는 29세 때에 부인 야쇼다라(Yaśodhara)와 아들인 라후라(Rāhula)를 뒤로하고 출가(出家)하여 깊은 선정(禪定)과 고행(苦行)을 택하여 수행하였는데 이것이 그때에 유행하던 방식이었다.

싯다르타는 출가 수행시에 수행자였던 알라라 칼라마(Alara Kalama)와 우다카 라마푸따(Uddaka Ramaputta)에게서 배우고 수행하였다. 싯다르타는 그것에 만족하지 않고 그와 함께 수행한 5명의 수행자들과 타파스야(Tapasya)인 고행수행(苦行修行)을 6년 동안 하였다.
그러나 깨달음을 성취하지 못하고 그 고행수행을 떠나, 중도(中道) 수행인 마드야카(Madhyaka) 수행의 길로 가서 싯다르타는 부다가야(Buddhagaya)의 보리수 아래에서 35세때 12월 8일 새벽에 생노병사(生老病死)의 윤회(輪廻)를 넘어선 니르바나(Nirvaṇa) 즉 열반(涅槃)의 세계에 도달하였다.

그 당시는 실제로 모든 동서양의 문화가 꽃피워졌던 세계적인 가르침의 전성기였다. 그리스는 소크라테스(Socrtes)와 플라톤(Platon) 같은 많은 철학자들이 사상을 펼쳤던 철학시대였고, 중국에는 노장(老壯) 사상과 공자(孔子)의 가르침이 있었으며, 인도에는 자이나(Jaina)교의 마하비라(Mahavira)가 있었던 황금시대였다.

붓다 즉 부처님은 45년 동안 진리의 가르침을 펴고 승단(僧團)을 이끌었으며, 80세에 쿠시나가르(Kushnagar)에서 반열반(般涅槃)인 파리니르바나(Parinirvana)에 들었다. 부처님의 가르침과 그 가르침을 이어갈 승단은 수제자인 마하카스야파(Mahākāśyapa)인 마하가섭(摩訶迦葉)으로 이어져 율(律)과 법(法)을 유지하게 하였다.

부처님의 열반후에 사람에 맞추어 가르친 수기설법(隨機說法)의 결집을 통해 경전을 정리하였다. 이것이 제1회 결집이었다. 왕사성(王舍城)인 라자그르하(Rājagrha)에서 500명의 비구들이 모여서 수제자인 마하가섭을 중심으로 우바리(優婆離)인 우팔리(Upāli)가 율을, 아난(阿難)인 아난다(Ānanda)가 법을 기억하고 암송하여 부처님의 가르침을 정전화(正典化)하였다. 그 후에 불교의 가르침은 마가다 왕국을 중심으로 퍼져나갔다.

인도에서는 기원전 317년경 찬드라굽타(Chandra Gupta)에 의해 인도 최초 통일 국가 마우리아(Maurya) 왕조가 세워졌고, 마우리아 왕조의 제3대 왕인 아소카(Aśoka)는 불교를 중흥시킨 사람으로 불교를 인도의 전지역과 그리스의 식민지였던 박트리아와 스리랑카와 버마까지 전파하였다. 스리랑카에는 그의 아들 마힌다(Mahinda)를 보내 불교를 전파했다. 아소카 왕은 독실한 불교도로서 다르마(Dharma) 즉 법(法)의 가르침인 진리를 통하여 통치를 하려고 하였다.

부처님이 입멸(入滅)하고 100년이 지난 다음에 계율(戒律)의 해석을 놓고 전통적 보수파와 진보적 자유파인 2개의 부파(部派)로 나뉘어졌다. 전통적 보수파는 상좌부(上座部)인 테라바다 (Theravada)였고 진보적 자유파는 대중부(大衆部)인 마하상기카(Mahasamghika)라고 하였다. 바이샬리(Vaisali)에서 비구계(比丘戒) 10사(事)에 의논이 대립되어 분열되었다. 이것을 근본2부의 분열이라고 하며 비법을 주장하는 측이 700명의 비구를 모아 집회를 열었는데 이것을 제2회 결집이라고 부른다.

근본2부의 분열은 심화되어 부처님 입멸 후 약 200년 뒤에는 대중부 계통에서 상좌부 계통으로 교단의 파생적인 분열이 일어났다. 이렇게 되어 서력과 기원을 전후의 시기에 18-20개 정도의 부파가 나뉘어졌다.

그것의 대표적 부파로는 설일체유부(說一切有部)와 설산부(雪山部), 독자부(犢子部), 화지부(化地部), · 음광부(飮光部), 경량부(經量部)가 있었다.

소승의 20부로는 대중부 계통의 대중부(大衆部), 일설부(一說部), 설출세부(說出世部), 계윤부(鷄胤部), 다문부(多聞部), 설가부(說假部), 제다산부(制多山部), 북산주부(北山住部)의 9부와 상좌부 계통인 설일체유부(說一切有部), 설산부(雪山部), 독자부(犢子部), 법상부(法上部), 현주부(賢胄部), 정량부(正量部), 밀림산부(密林山部), 화지부(化地部), 법장부(法藏部), 음광부(飮光部), 경량부(輕量部)의 11부를 합쳐서 20부를 말하며 이것의 성립시기는 기원전 전과 후를 말한다.

이와 같은 부파 불교는 율(律)과 경(經)에 대한 학구적인 주석에만 빠졌다. 이것은 아비달마(阿毘達磨) 불교로 전환되어서 승원(僧院)이나 출가수행 중심의 학문적인 불교가 되어 대중성을 잃었다. 이런 흐름에 대해 진보적 입장을 대표하던 대중부와 재가(在家) 불교가 중심이 되어 대승 불교 운동이 시작되었다.

대승 불교가 성립된 것은 기원전 1세기경이나 그 전부터 시작되었다. 대승 불교는 이전의 6세기의 불교를 소승 불교라고 하고 그후의 불교를 대승 불교라고 불렀다.
소승 불교의 부파들은 정통적인 계승을 말하며 발전해서 스리랑카 및 남방의 국가로 확산되어갔다. 스리랑카는 서기 4-5세기 동안 부따다타(Buddhadatta), 부따고사(Buddhaghosa)인 각음(覺音)과 같은 학자들에 여러 주석서들이 만들어졌다. 이러한 바탕이 스리랑카의 소승 불교는 버마, 태국, 캄보디아, 라오스에 소승 또는 남방불교를 형성하였다.

대승 불교는 수행관점이 자신보다 대중을 구원할 것을 주장하였다. 열반상태에 머무는 아라한(阿羅漢, Arahan)에서 대중을 돌보는 보살

(菩薩)인 보디사뜨바(Bodhisattva)라는 새로운 인간상을 나타내었으며 역사적 인물인 부처님과 삼신(三身)인 법신(法身) · 보신(報身) · 응신(應身)의 화신(化身)을 나타내었다.

서기 1세기 후반에 쿠샨(Kushan)왕조때 3대 왕인 카니슈카(Kanishka)는 불교를 다시 중흥시켰다. 카니슈카 왕은 푸르샤푸라(Pursapura)에 수도를 정한 다음에 북인도와 서인도, 중앙 아시아, 아프가니스탄 까지 지배하였다. 이 시기에 불교는 파르티아(Parthia), 소그디아(Sogdia)까지 퍼져나갔고 이때부터 이곳의 여러 학승(學僧)들이 중국으로 건너가 불교경전을 번역하였다.

기원전 1세기에서 서기 3세기에 많은 대승 경전들이 나타났다. 초기의 대승 경전에서 반야경(般若經), 유마경(維摩經), 법화경(法華經), 아미타경(阿彌陀經), 십지경(十地經)이 있다. 반야경은 대승 경전의 핵심이며 그 경전의 공(空)인 순야타(Śūnyatā)에 대한 사상(思想)은 대승불교의 핵심사상이다..

공(空) 사상의 기초는 용수(龍樹) 또는 나가르주나(Nagarjuna)이며 그의 저서인 중론송(中論頌)인 마드야마카 카리카(Madhyamaka Karika)로 부파 불교에 대하여 논박을 하였다. 용수는 부처님의 핵심사상인 연기설(緣起說)을 해명하고 공 사상을 철학적으로 다졌으며, 그의 공 사상은 제자인 제바(提婆)인 아리야데바(Aryadeva)와 라훌라발라타(羅睺羅跋陀羅)인 라훌라바드라(Rāhulabhadra)에 계승되어서 중관파(中觀派)인 마드야미카(Madhyamika)가 성립되었다.

그 후에 승만경(勝鬘經), 해심밀경(解深密經), · 능가경(楞伽經) 등이 나타났다. 해심밀경의 유식설(唯識說)인 비그야나프티 마트라타(Vijṅapti-Mātratā)는 서기 270년과 480년 사이에 미륵(彌勒)인 마이트레야(Maitreya), 무착(無着)인 아상가(Asanga), 세친(世親)인 바수반두(Vasubandhu) 등에 의해 정리되어 유가행파(瑜伽行派)인 요가

차라(Yogācāra)가 확립되었다. 중관파의 공사상과 유가행파의 유식설은 중기 대승 불교 사상의 2대 조류의 학설이다.

중관파는 용수 후에 불호(佛護)인 부따팔리타(Buddhapalita)의 계통과 청변(淸辨)인 바비베카(Baviveka) 계통으로 나뉘어졌으며 전자는 월칭(月稱)인 찬드라키르티(Candrakirti)와 적천(寂天)인 산티데바(Santideva)가 계승했고, 후자는 적호(寂護)인 산타라크시타(Santara ksita)와 연화계(蓮華戒)인 카마라실라(Kamalasila)가 계승하였다. 유가행파는 세친(世親)인 바수반다(Vasubandhu)를 계승한 진나(陳那)인 딘나가(Dinnaga) 계통과 덕혜(德慧)인 구나마티(Gunamati)와 안혜(安慧)인 스티라마티(Sthiramati)의 계통으로 나뉘었고 전자는 호법(護法)인 다르마팔라(Dharmapala), 법칭(法稱)인 다르마키르티(Dha rmakirti)가 계승하였다.

서기 7세기에 인도 불교는 이렇게 대승 불교의 학파들이 발전하였으며 그 학문적 발전을 위하여 나란타(那爛陀)즉 나란다(Nalanda) 대학이 국제적으로 역할을 하였으며 발라비(Valabhi), · 발라비(Valabhi) 비크라마실라(Vikramasila)와 같은 대학으로 집중되었고 승단(僧團) 중심의 불교는 쇠락하였다.

7세기 중반에서 말기에 밀교(密敎)인 탄트라(Tantra)가 성립하였다. 밀교는 부처님시대부터 전해오는 것을 진언(眞言)인 만트라(Mantra)와 다라니(陀羅尼－Dharani)를 암송하여 마음을 집중하는 일파였다. 7세기 중엽에는 체계화되어 대일경(大日經), 금강정경(金剛頂經)의 경전으로써 밀교의 기초를 확립시켰다.

밀교도 대승 불교로 포함되며 인도에서 대승 불교가 쇠퇴할 때 일어났다. 그 후에 세친(世親) 이후에 대승 불교가 철학적이나 사변적으로 진행되어 밀교가 형성되었다. 8세기 후반에 와서는 밀교가 대중화되고 의식(儀式)이나 의례에 치우치게 되었다.

밀교가 대중화되며 금강승(金剛乘)인 바즈라야나(Vajrayana)라는 불교 유파가 형성되고 이것을 확산시킨 이가 인타라부저(因陀羅部底)인 인드라부티(Indrabhuti)였다. 그의 아들 연화생(蓮華生)인 파드마삼바바(Padmasambhava)는 밀교를 티베트로 전하였으며, 많은 인도의 고승이 티베트에 들어가 밀교를 기반으로 한 대승 불교를 전파하였다.

티베트에는 중국과 인도에서 온 학승들 사이에서 혼란이 일어났었다. 티손 데첸(Trisong Detsen)왕은 수도 라사(Lhasa)에서 회의와 함께 논쟁을 정리하고, 인도의 점문파(漸門派)가 인정되고 중국의 돈문파(頓門派)는 배척되었다. 티베트 불교는 인도 후기 불교의 사상이 주류가 되었다.

8세기 중반에서는 금강승(金剛乘) 불교가 팔라(Pala) 왕조의 보호아래에 마가다(Magadha) 지방과 인도 서쪽 벵골(Bengal) 지방에 영향을 주었다. 불교는 이 때 거의 쇠퇴한 상태였다. 불교는 그 후에 중국과 한국, 일본에서 발전되었다.

인도에서 불교가 사라지면서 남아시아인 스리랑카, 버마, 태국, 중앙아시아, 북방 아시아인 티베트, 중국, 한국, 일본 등 아시아 전체로 전파되어 그 나라의 문화와 잘 융합하여 발전하였다.

중국으로 불교가 전파된 시기는 1세기경이며, 불교의 경전이 한역(漢譯) 된 것은 2세기 후반부이었다.
중국의 2-5세기인 위진남북조(魏晉南北朝)에서 16세기인 명(明)나라까지 불교는 문화적으로 발전되었다.

인도에서 중국으로 불교가 전래된 것은 기원전 2세기인 전한(前漢) 시대였고 불교 경전이 번역된 것은 그 후인 후한(後漢) 시대였다. 초기의 불교 수용된 시기는 전한말(前漢末)인 4세기 말까지 400년 정도이다.

그후에 5세기 초에서 6세기 말까지 200년간 불교는 중국에서 깊이 뿌리를 내렸다. 이 때에 인도 승려들이 중국으로 왔다. 구마라습(鳩摩羅什)인 쿠마라지바(Kumārajīva 344–413), ·담무참(曇無讖)인 다르마크세마(Dharmakśema 385–433), 보리유지(菩提流支)인 보디류치 (Bodhiruci 5세기말–6세기초), 진제(眞諦) ·파라마르타 (Paramartha 499–569) 등이 나타나 불교 경전과 논서를 번역하였다.

그 후에 경론(經論)을 연구하는 학파가 형성되고 종파(宗派)가 되었다. 이러한 종파들에서 아비달마(阿毘達磨)인 아비다르마(Abhidharma)의 비담종(毘曇宗), 성실론(成實論) 연구한 성실종(成實宗), 열반경(涅槃經)을 연구한 열반종(涅槃宗), 십지경론(十地經論)을 연구한 지론종(地論宗), 섭대승론(攝大乘論)을 연구한 섭론종(攝論宗) 등이 있었다.

5세기에서 8세기에 수나라(隋)가 중국을 통일하고 문화가 남북이 통합되면서 불교계에도 새로운 흐름이 일어났다. 6세기 말에서 8세기 초까지의 약 150년간의 시대 동안, 그러한 바탕하에서 중국의 새로운 불교 종파가 일어났다.
즉 길장(吉藏)의 삼론종(三論宗), 지의(智顗)의 천태종(天台宗), 신행(信行)의 삼계교(三階敎), 도작(道綽)의 정토종(淨土宗), 도선(道宣)의 율종(律宗), 규기(窺基)의 법상종(法相宗), 법장(法藏)의 화엄종(華嚴宗), 혜능(慧能)의 선종(禪宗), 일행(一行)의 밀교(密敎) 등의 종파가 일어났다..

선종(禪宗)은 중국 불교의 독특한 흐름을 나타낸 종파이며 보리달마(菩提達摩)에 의해 중국에 전해진 후에 육조 혜능(慧能)이 불교의 새로운 변화를 일으켰다. 그 후에 선종 5가(五家)인 임제종(臨濟宗), 위앙종(潙仰宗), 조동종(曹洞宗), 운문종(雲門宗), 법안종(法眼宗)의 종파가 정립되었으며 선종은 중국, 한국, 일본의 불교문화에 커다란 흐름과 영향을 끼치게 되었다.
수(隋)나라, 당(唐)나라, 송(宋)나라 시대의 중국 불교는 한국과 일본에 전래되었다.

한국 불교는 372년 고구려 소수림왕 때 진(秦)나라의 순도(順道)와 아도(阿道)에 의해 처음 전파되었다. 고구려 시대에 많은 사찰과 고승들이 배출되었으며 열반종(涅槃宗), 삼론종(三論宗),천태종(天台宗), 살바다종(薩婆多宗) 등의 종파들이 생겨났다.
의연(義淵), 혜자(惠慈), 담징(曇徵) 등은 일본에 불교를 전파하였다.

백제는 384년 침류왕 때 인도 승려 마라난타(摩羅難陀)가 입국하여 포교를 시작하였다. 그 후에 많은 사찰이 세워지고 삼론종(三論宗), 계율종(戒律宗), 성실종(成實宗)의 세 종파가 성립되었다.
많은 고승들이 일본에 건너가 불교를 전파에 하였으며, 일본 성실종의 개조가 된 도장(道藏)을 비롯하여 혜총(惠聰) 등이 있다. 그리고 인도 유학 후에 율부(律部) 72권을 번역한 겸익(謙益) 등도 유명하다.

신라는 삼국 중에서 가장 늦게 불교가 전파되었는데 527년 법흥왕 때 이차돈(異次頓) 순교후 많은 승려들이 인도와 당나라에 유학하였고 당나라의 13종(十三宗)인 성실종(成實宗), 천태종(天台宗), 법상종(法相宗), 열반종(涅槃宗), 염불종(念佛宗), 밀종(密宗), 선종(禪宗), 화엄종(華嚴宗), 율종(律宗) 등이 들어와 발전하였다. 선종은 독자적으로 발전하여 후에 구산선문(九山禪門)의 분파를 이루었다.
통일 후에 원광(圓光), 자장(慈藏), 의상(義湘), 원효(元曉) 스님이 나왔고, 원효는 80여 부의 논소(論疏)를 지어 불교를 대중화시켰다.
혜초(慧超)는 인도에 건너가 여행기인 왕오천축국전(往五天竺國傳)을 남겼다. 그 밖에 원측(圓測), 표훈(表訓), 명랑(明朗)과 함께 많은 고승들이 배출되었다..

고려는 불교를 국교로 하고 승과(僧科)를 제정하여 승려를 우대하였다.
연등회(燃燈會) 및 팔관회(八關會) 등의 행사를 개최하며 숭불(崇佛)정책을 추진하였다. 또한 팔만대장경(八萬大藏經)을 간행하여 한국불교문화의 대표작을 남겼다.
체관(諦觀)은 천태종을 재흥시켰고, 대각국사(大覺國師) 의천(義天)은 교장도감(敎藏都監)을 설치하여 불교를 널리 보급하였다.

고려 중기에 지눌(知訥), 말기에 나옹(懶翁), 보조(普照) 등의 고승들이 있었다. 고려의 불교종파는 조계종(曹溪宗), 천태법사종(天台法師宗), 천태소자종(天台疏子宗), 화엄종(華嚴宗), 총남종(摠南宗), 자은종(慈恩宗), 신인종(神印宗), 남산종(南山宗), 도문종(道門宗), 중신종(中神宗), 시흥종(始興宗) 등의 11종이 성립되었다.

조선시대에는 숭유억불(崇儒抑佛) 정책에도 불구하고, 세종과 세조때는 간경도감(刊經都監)을 설치하여 불교경전을 간행하였다. 특히 세종은 불교종파의 정비를 단행하여 조계종(曹溪宗), 천태종(天台宗), 총남종(摠南宗)의 3종을 선종(禪宗)으로, 화엄종(華嚴宗), 자은종(慈恩宗), 시흥종(始興宗), 중신종(中神宗) 4종을 교종(敎宗)으로 통합하여 선(禪)과 교(敎)의 양종을 성립시켰다. 명승으로는 무학(無學), 함허(涵虛) 등과 임진왜란 때의 승장인 서산(西山), 사명(四溟) 등이 유명하다.

현재 한국에 등록된 종파는 조계종(曹溪宗), 태고종(太古宗), 천태종(天台宗), 법화종(法華宗), 미륵종(彌勒宗), 법상종(法相宗), 보문종(普門宗), 일승종(一乘宗), 용화종(龍華宗), 불입종(佛入宗), 원효종(元曉宗), 화엄종(華嚴宗), 정토종(淨土宗), 진각종(眞覺宗), 총화종(總和宗) 진언종(眞言宗), 천화불교(天華佛敎), 한국불교법화종(韓國佛敎法華宗) 등 18개의 종파가 있다.

일본에 불교가 처음 전래된 것은 552년인 백제의 성왕 때이며 한국에서 일본으로 전해졌다. 일본은 한국과 중국으로 유학승을 파견하며, 삼론(三論). 성실(成實). 법상(法相). 화엄(華嚴). 율(律) 등 6종의 학파가 나왔다. 그후 헤이안시대(平安, 784~1185)에 새로운 불교가 도입되었으며 최징(最澄)은 천태종을, 공해(空海)는 진언밀교(眞言密敎)를, 법연(法然)은 정토종을, 친란(親鸞)은 정토진종을 각각 세웠다. 영서(榮西)는 임제 계통의 선을 도입했고, 도원(道元)은 조동종 선으로 일본 선종의 창시자가 됐고, 일련(日蓮)은 일련종을 세웠다.
일본 종파는 법상, 화엄종, 율종, 천태종, 진언종, 융통염불종, 정토종, 정토진종, 임제종, 조동종, 일련종 등이 있다.

불교의 4대 진리

불교의 네 가지 진리는 이러하다.

첫째는 고통(苦)이며 산스크리트어로는 두카(Duhka)이며 고통이 존재 한다는 것이다.
부처님은 이 진리를 자각하였다. 이것은 생(生), 노(老), 병(病), 사(死)의 첫번째 명제이다.

둘째는 고통(苦)의 원인을 인식하는 것인 집(集)이며 산스크리트어로 사무다야(Samudaya)이다.
부처님은 깊은 사색의 결과로 고통의 원인을 파악하였다. 그것은 부숴지지 않는 이론이며 원인과 결과의 연결고리인 연기(緣起)이며 산스크리트어로 프라티트야 삼무트파다(Pratitya samuttpada)이다. 프라티트야(Pratitya)는 '연결되어 일어난다' 라는 뜻이며, 삼(Sam) 은 '결합하다' 라는 뜻이다. 우트파다(Uttpada)는 '말미암아 일어난다' 이다.
괴로움에는 원인이 있으며, 그 괴로움의 근본적인 원인은 무지 또는 무명(無明)이다. 그 괴로움의 원인은 12가지 상호의존적인 단계인 12연기(十二緣起)로 설명하는데, 그 12인연법(因緣法)은 다음과 같다.
1. 무지(아비드야 Avidya)—무명(無明)
2. 과거의 인상(삼스카라 Samskara)—행(行)
3. 첫 번째 의식작용(비즈나나 Vijnana)—식(識)
4. 몸과 마음의 조직(나마루파 Namarupa)—명색(名色)
5. 마음을 포함한 다섯감각(사드야타나 Sadyatana)—육입(六入)
6 대상을 접촉하는 감관(스파르사 Sparsa)—촉(觸)
7. 과거의 감각적인 경험(베다나 Vedana)—수(受)
8. 감각대상에 대한 갈애(트르스나 Trsna)—애(愛)
9. 집착(우파다나 Upadana)—취(取)

10. 태어나고자하는 의지(바바 Bhava)-유(有)
11. 출생(자티 Jati)-생(生)
12. 늙고 병들어죽음(자라마라나 Jaramarana)-노사(老死)

셋째는 고통은 사라지는 것으로 멸(滅)이며, 산스크리트어로 니로다(Niroda)이다. 괴로움은 멸할 수 있으며 괴로움을 없앤 상태가 열반(涅槃)이다. 괴로움은 소멸되고 사라진다는 진리이며 애착이나 갈애(渴愛)를 남김없이 소멸시킨다면 그 괴로움이 소멸되어 열반에 이른다는 진리이다.

넷째는 고통을 없애는 수단으로 도(道)이며 산스크리트어로 마르가(Marga)이다. 도(道)는 괴로움을 소멸하는 길에 관한 진리이다. 괴로움이 소멸된 상태라고 하는 것은 열반 또는 깨달음이라고 할 수 있다. 도는 바로 그 경지를 완성한다는 것이며, 네 가지 진리의 마지막 부분인 것이다. 그 도달되는 길이 있는데 여기에는 여덟 가지의 길인 팔정도(八正道) 즉 아쉬탕가마르가(Ashtangamarga)가 있다.
1. 올바른 견해(正見 Samyagdrsti)
2. 올바른 결정(正思惟 Samyaksamkalpa)
3. 올바른 말(正語 Samyagvak)
4. 올바른 행위(正業 Samyakarmanta)
5. 올바른 생활(正命 Samyagavyayma)
6. 올바른 노력(正精進 Samyagvyayma)
7. 올바른 관찰(正念 Samyaksmrti)
8. 올바른 정정(正定 Samyaksamadhi)

부처님 십대제자(十大弟子)

1. 사리푸트라(Śāriputra)

사리불(舍利佛), 지혜제일(智慧第一)이라 불리우며 붓다의 제자 중의 으뜸이시다.
인도 라자그리야(왕사성)의 북쪽 나라촌에서 태어났다.
목건련과 함께 수행자인 산자야 벨라따뿟타를 섬기다가 후에 붓다에게 귀의하였다.
그는 교단의 안살림을 맡았으며 수행・정진・교화에 힘썼기에, 붓다가 화엄경이나 반야심경 등 어려운 경전을 가르칠 때에는 언제나 사리푸트라를 중심으로 이야기하였다.

2. 마우드갈야나(Maudgalyāyana)

목건련(目健連), 신통제일(神通第一)이라 불리는 붓다의 제자이시다.
인도 라자그리야 근처의 구리가촌에서 태어나셨다.
사리푸트라와 함께 산자야 스승아래에 제자가 되었으나 나중에 붓다에게 귀의하게 된다.
불교에 귀의한 후에는 붓다의 가르침을 전달하였으며, 목련경 등 목건련을 중심으로 설해진 경전 등이 있다.
십대제자 중의 수제자로 붓다의 열반 후에 교단을 이끈다.

3. 마하카스야파(Mahākāśyapa)

마하가섭(摩訶迦葉), 두타제일(頭陀第一)이라 불리는 붓다의 가장 가까운 제자중의 한 분이다.
인도 라자그리야에서 바라문의 아들로 태어나 일찍이 결혼하였으나, 세속적 욕망의 무상함을 깨달아 부부가 함께 출가하여 수행자가 되었다.
붓다에게 귀의한지 8일만에 가장 높은 지혜의 경지인 아라한(阿羅漢)의 경지를 증득한다.
그는 항상 의식주에 대한 집착을 버리고 심신을 수련하는 두타행을 행하였으며, 불교 교단의 으뜸가는 제자로 존경 받았다.
붓다가 열반한 후 불교 교단을 운영하게 되었으며, 붓다의 500명의 제자들을 모아 부처님께서 설하신 경(經)과 율(律)을 결집하였다. 선가(禪家)에서는 붓다의 법을 전한 제1조 조사로서 받들고 있다.

4. 아니루다(Aniruddha)

아나율(阿那律), 천안제일(天眼第一)이라 불리는 붓다의 제자이시다.
그는 사키야족 또는 석가족 출신의 왕자. 정반왕의 동생 감로반왕의 아들로서, 부처님의 사촌동생이 된다.
붓다가 깨달음을 이루고서 고향을 방문했을 때 난타와 아난다와 데바 등과 함께 출가하였으며, 오랜 수행으로 인하여 하늘까지를 관찰할 수 있는 하늘 눈을 얻었기에 천안 제일이라 불려진다.

5. 수부티(Subhūti)

수보리(須菩提), 혜공제일(解空第一)이라 불리는 붓다의 제자이시다.
우주의 평등한 진리, 공(空)한 이치를 깊이 체득하였다.
금강경은 붓다와 수보리와의 대화를 기록한 것이다.

6. 푸루나(Pūrṇa)

부루나(富樓那), 설법제일(說法第一)이라 불리는 붓다의 제자이시다. 그는 말을 잘하여 남을 교화 시키는 것이 탁월해서 붓다의 제자 중 설법이 가장 뛰어났다고 한다.
법화경 500제자 수기품에서 미래에 성불하리라는 수기를 받았으며, 이후 법명이 여래라 불리게 될 것이라 하였다.

7. 카트야야나(Kātyāna)

가전연(迦旃延), 논의제일(論議第一)이라 불리는 붓다의 제자이시다. 그는 남인도 사람으로 붓다의 제자 중 논의(論議)를 함에 있어 타의 추종을 불허하는 재질을 가졌다고 한다.
붓다가 열반 후에 왕사성의 결집에서 율의 송출을 담당한다.

8. 우팔리(Upāli)

우바리(優婆離), 지계제일(持戒第一)이라 불리는 붓다의 제자이시다. 인도의 4성 계급 중 가장 천한 계급인 수드라 출신으로 원래는 석가족 궁중의 이발사였는데, 석가족 왕자들이 출가할 때 같이 출가하여 붓다의 제자가 되었다.
붓다의 제자 중 가장 훌륭히 계율을 지켰다고 하며, 붓다가 열반에 든 후에 마하가섭의 주재 하에 경전을 결집할 당시 율(律)을 확정 짓는데 중요한 역할을 하였다고 한다.

9. 라홀라(Rāhula)

라훌라(羅候羅), 밀행제일(密行第一)이라 불리는 붓다의 제자로서, 붓다의 아들이다.
붓다가 출가하던 날 밤에 태어났다고 전하는 라훌라는 15세에 출가해 사리푸트라를 은사로 최초의 사미계(沙彌戒)를 받았다.
그의 이름을 라훌라라고 한 것은 그가 태어날 때 라훌라 아수라왕이 달을 가렸기 때문이라 한다. 라훌라의 산스크리트어 뜻이 장애인데 그러한 것도 말이 된다.
출가한 이후 그는 남이 보이지 않는 곳에서 언제나 선행 및 수행을 철저했기에 밀행제일(密行第一)이라 불린다.

10. 아난다(Ānanda)

아난다(阿難陀), 다문제일(多聞第一)이라 불리는 붓다의 제자로서, 붓다의 사촌 동생이다.
데바닷다의 친동생이며, 8세에 출가해 붓다의 제자가 되었다. 잘생긴 얼굴 탓으로 여러 차례 여자들로부터 유혹이 있었음을 전하고 있는 바, 붓다의 열반 후에 수행에 전력한 끝에 깨달음의 경지인 아라한 과를 증득하게 되었다.
언제나 붓다 곁에 있었기에 붓다의 가르침을 가장 많이 듣고 질문을 하여서 다문 제일이라 불렸다. 붓다의 열반 후 마하가섭에 의해 경전이 결집되던 당시 붓다의 가르침 또는 법을 그대로 외워 경전을 결집하는데 중요한 역할을 담당하였다.

불교의 8대성지(聖地)

불교의 4대성지는 부처님의 일생과 연결되고 있다.
대열반경(大涅槃經)에 이르기를 열반을 앞둔 부처님께서 아난존자인 아난다(Ananda)에게 4가지 장소와 그 마음을 일으키는 것이라 하였다.
이러한 4대 성지를 포함한 8대 성지는 다음과 같다.

1. **룸비니**(Lumbini)

부처님께서 태어난 곳이며 지금은 네팔에 있으며 근처에 왕국이었던 가비라성(迦毘羅城)인 카필라바수트(Kapilavasut)성이 있다.

2. **부다가야**(Budhagaya) **또는 보드 가야**(Bodh Gaya)

부처님이 깨달음을 얻은 장소이며 땅이며 그 당시의 마가다(摩伽陀國, Magadha)국의 니련하(泥連河)인 나이란자나(Nairañjanā)강변 근처에 있다.

3. **사르나트**(Sarnath)

부처님이 처음으로 설법한 장소이다. 지금의 바라나시(Varanasi) 외곽에 있는 므르가다바(Mṛgadāva) 사슴동산인 녹야원(鹿野苑)이다.

4. **쿠시나가르**(Kushinagar)

부처님께서 완전 원만한 멸(滅) 또는 구경열반(究竟涅槃) 또는 반열반(般涅槃)인 파라니르바나(Parinirvana)에 이르신 곳이다.

5. 라지기르(Rajigir)

왕사성(王舍城)으로 번역되며 여러 제자들을 받아들여 가르침을 펴고 포교한 곳이다.

6. 스라바스티(Śrāvastī)

스라바스티(**Śrāvastī**), 사위성(舍衛城)으로 번역되며 교단 본부가 있고 기원정사(祇園精舍) 인 제타바나(Jatavana)의 장소이다. 중인도의 코살라국(國)의 수도 스라바스티(**Śrāvastī**)인 남쪽 1.6 km 지점에 있던 기타태자(祇陀太子) 소유의 동산에 지은 사원이다.

7. 산카시아(Sankasia)

산카샤(Sankassa)이며 부처님께서 도리천(忉利天) 산스크리트어로는 트라야트림사(Trāyastriṁśa)에서 논장(論藏)을 설한 후에 내려온 곳이다.

8. 바이살리(Vaiśālī)

부처님의 마지막 여행의 장소이며 고대 인도의 6대 도시의 하나이며 중부 인도의 리챠비(Licchavi)족의 수도였다.

베살리(Ves**ālī**)라고도 하고 한역(漢譯) 불교경전에는 비사리(毘舍離)라고도 기록된다.

부처님 당시인 기원전 5~4세기에는 공화정이었으나, 마가다국에 속하였다가 굽타(Gupta) 왕조에 이르기까지 상업도시로 발전하였다. 현재는 그것의 유적지는 갠지스 강을 사이에 둔 파트나(Patna) 도시의 북쪽 30km 정도의 바자르(Basarh) 촌에 보존되어 있다.

금강경(金剛經)의 탄생과 발전

금강경은 우리나라에서 가장 널리 유통되고 신봉되었던 대표적인 불경으로 금강반야경(金剛般若經) 또는 금강반야바라밀경(金剛般若波羅蜜經)이라고도 한다.

금강(金剛)은 산스크리트어로 바즈라(Vajra)의 천둥, 번개, 뇌우(雷雨)라는 뜻이고, 어떤것에도 부숴질 수 없는 가장 견고하다는 뜻이며 어떤것에도 바뀌어지지 않는 지혜를 말한다. 바즈라(Vajra)는 금강(金剛)이라는 한역으로 번역되며 중국과 동북아 문화를 새로운 양상으로 전개하는 계기를 만들었다.

이 위대한 금강경은 중국의 대중소설인 서유기(西遊記)에서 하늘을 나는 손오공(孫悟空)을 가르치고 이끌어 천축(天竺)인 인도로 간 유명한 현장(玄奘)스님이 번역한 대반야경 600권 중 제577권의 능단금강분(能斷金剛分)과 같은 것이나 대반야경이 성립되기 이전에 이 부분만 독립된 경전으로 유통되었다고 보는 것이 학계의 통설이다.
이 사실은 일찍이 인도에서 무착(無着)과 세친(世親)에 의해 주석서가 저술되고 중국에서도 인도 스님인 구마라집(鳩摩羅什)에 의해 번역서가 나온 이후 많은 번역서가 나왔고 한국에서도 많은 번역서들이 나왔다.

금강경의 주요무대는 고대 인도 북부의 스라바스티(Srāvastī) 또는 사위국(舍衛國)으로 알려진 장소를 배경으로 제자인 수부티(Subhūti) 또는 수보리(須菩提)를 위하여 설한 경전이다.
금강경의 주인공이며 혜공제일(解空第一)이라 불리는 부처님의 제자인 수부티(Subhuti) 즉 수보리(須菩提)와 부처님의 대화중 우주의 평등한 진리, 공(空)한 이치를 깊이 체득한 것을 기록한 것이다.

금강경은 집착하는 마음을 일으키지 않고 언제나 머물지 않는 마음으로 진리를 보라는 것이다. 형상으로 부처님 또는 붓다를 보지 않고 모든 형상은 모양이 없으며 이러한 것을 직시한다면 진리이며 여래(如來)인 타타가타(Tathāga)를 보게 된다고 설하고 있다.

이 경전의 범어 원전 사본은 티베트, 중국, 한국, 일본에 전하고 있으며, 한역본은 402년에 요진(姚秦=후진) 삼장법사(三藏法師)였던 구마라집(鳩摩羅什)이 번역한 것과 함께 7종이 있다.
선종에서도 중국선종의 제5조 홍인(弘忍)이래 특히 중요시되었고, 제6조 혜능(慧能)은 이 경문을 듣고 발심(發心)하여 출가하였다고 한다.
우리나라에는 삼국시대의 불교유입 초기에 전래되었으며, 고려 중기에 지눌(知訥)이 불교를 배우고자 하는 사람들의 입법(立法)을 위해서 반드시 이 경을 읽게 한 뒤부터 널리 유통되었다.

이 경은 공한 지혜인 공혜(空慧)로써, 그 근본을 삼고 일체법무아(一切法無我)의 이치를 요지로 삼았다. 공의 사상을 설명하면서도 경전 중에서 공이라는 말이 한마디도 쓰여지지 않은 것이 특징이며, 대승과 소승이라는 두 관념의 대립하기 이전에 만들어진 과도기적인 경전이라는 데서 더 큰 의미를 가진다.

경의 해석과 이해를 위해 인도의 무착(無着)은 18주위(十八住位)로 과판(科判)하였고, 천친(天親)은 37단의(三十七斷疑)로, 중국 양나라의 소명태자(昭明太子)는 32분(三十二分)으로 나누었다.

우리나라에서는 소명태자의 분류를 따르고 있다.
금강경의 유명한 사구게(四句偈) 구절인 5, 10, 26, 32분이 있으며, 사구게(四句偈)는 산스크리트의 아니트야(Anitya)인 영원하지 않고 끊임없이 변한다는 무상(無常)과 아나트만(**Anā**tman)인 무아(無我)를 표현하고 있으며 대승불교의 산스크리트의 순야타(**Śū**nyat**ā**)인 텅비어있는 공(空)을 말하며 가득 차 있는 공의 상태를 말한다.
금강경에서 제일 중요한 단어인 삼갸(Samj**ñā**)는 상념(想念)이며 관념 또는 생각이다.

금강경의 32분 중 이 경의 중심사상을 담고 있는 분은 제 3, 4, 5, 7, 10, 18, 23, 26, 32분이다.

금강경(金剛經) 주석본

금강경은 우리나라에서도 신라 원효스님과 많은 스님들의 주석서가 있었으며 고려의 혜심스님과 조선시대의 정혜스님 등 많은 스님들의 주석을 하였다. 그외 많은 목판들이 합천해인사와 송광사 등 여러 사찰에 보관되어있다.

해외 자료는
1) 402년 요진(姚秦), 구마라집(鳩摩羅什)스님, 금강반야바라밀경(金剛般若波羅蜜經)
2) 509년 원위(元魏) 또는 북위(北魏), 보리류지(菩提流支)스님, 금강반야바라밀경(金剛般若波羅蜜經)
3) 562년 진(陳), 진제(眞諦)스님, 금강반야바라밀경(金剛般若波羅蜜經)
4) 590년 수(隋), 달마급다(達磨及多)스님, 금강능단반야바라밀경(金剛能斷般若波羅密經)
5) 660년 당(唐), 현장(玄奘)스님, 능단금강반야바라밀다경(大般若波羅密多經 권77 능단금강분의 번역)
6) 703년 당(唐), 의정(議淨)스님, 능단금강반야바라밀경(能斷金剛般若波羅蜜經) (능단금강경이라고도 함)가 있다.

신라시대에는
원효(元曉)의 금강반야경소(金剛般若經疏), 경흥(憬興)의 금강반야경과간(金剛般若經科簡), 도기(道埼)의 금강반야경소(金剛般若經疏), 의적(義寂)의 금강반야경찬(金剛般若經贊), 둔륜(遁倫)의 금강반야경약기(金剛般若經略記) , 태현(太賢)의 금강반야경고술기(金剛般若經古迹記)가 있었으나 자료가 남아있는 것이 없다.

고려시대에는
혜심(慧諶)의 금강경찬(金剛經贊)이 기록에 있는데 지금 자료가 남아있지 않다.

조선시대에는
기화(己和)의 금강경오가해설의(金剛經五家解說誼)가 자료가 남아 있으며 정혜(定慧)의 금강경소찬요조현록(金剛經疏纂要助顯錄)이 자료가 남아있지 않다.
유일(有一)의 금강경하목(金剛經蝦目)과 의첨(義沾)의 금강경사기(金剛經私記)가 자료가 남아있으며 ,와선(瓦璇)의 금강경팔해경(金剛經八解鏡)이 자료가 남아있지 않다.

금강경 사구게송(四句偈頌)

Catuṣpādikām Gāthām

차투스파디캄 가탐

중국 양나라의 소명태자(昭明太子)가 금강경을 분류한 32분(三十二分)중 유명한 사구게(四句偈) 구절인 5, 10, 26, 32분이 있다.
금강경의 유명한 사구게(四句偈) 구절 4개 부문에서 산스크리트어를 한역과 비교하면 여러 양상의 문화가 나타난다.

첫번째는 5분의 여리실견분(如理實見分)에서

लक्षणसंपत्तावनमुषा यावद् क्षण संप्
ताव् त्नमृषेति लक्षणालक्षणस्तथागतो द्रष्टव

Lạkṣaṇa sampat tāvan mṛṣā yāvad alakṣaṇa sampat tāvan na mṛṣeti hi lakṣaṇa alakṣaṇa tathāgato draṣṭavyaḥ

라크사나 삼파트 타반 므르사 야바트 아라크사나 삼파트 타반
나 므르세티 히 라크사나 아라크사나 타타가토 드라스타브야흐

거룩한 모습을 완벽하게 갖추었다고 하면 가장해서 말하는 것이요,
거룩한 모습을 완벽하게 갖추지 않았다고 말하면,
가장하여 말하는 것이 아니다.
그러므로 거룩한 모습을 갖추었거나 거룩한 모습을 갖추지 않았거나 여래를 볼 수 있어야 한다.

한역(漢譯)으로는

凡所有相皆是虛妄 若見諸相非相則見如來

범소유상개시허망 약견제상비상즉견여래

모든 상은 다 허망한 것이다.
만약 모든 상이 상 아님을 알게 되면, 그것은 바로 여래를 보는 이다.

두번째는 10분의 장엄정토분(莊嚴淨土分)에서

एवं अप्रतिष्ठतं चित्तं उत्पदयितव्यं यन्नकश्चिद्ध प्रतिष्टतं चित्तं उत्पदयितव्यं न रुप प्रतिष्टतं चित्तं उत्पदयितव्य न शब्द् गन्ध रस स्प्रष्टव्य धमा प्रतिष्टतं चित्तं उत्पदयितव्य ।

Evam apratiṣṭhitam cittam utpādayitavyam yan na kvacit pratiṣṭhitam cittam utpādayitavyam na rūpa pratiṣṭhitam cittam utpādayitavyam na śabda gandha rasa spraṣṭavya dharma pratiṣṭhitam cittam utpādayitavyam

에밤 아프라티스티탐 치땀 우트파다야이타브얌 야나 카스치트 프라티스티탐 치땀 우트파다야이타브얌 나 루파 프라티스티탐 치땀 우트파다야이타브얌 나 사브다 간다 라사 스파라스타브야 다르마 프라티쉬탐 치땀 우트파다야이타브얌

보살 마하살은 집착 없는 마음을 일으키도록 해야만 한다. 어디엔가 집착하는 마음을 일으키도록 해서는 안 된다. 눈에 보이는 것에 집착하는 마음을 일으키게 해서는 안되고, 소리나 냄새나 맛이나 감촉이나 생각에 집착하는 마음을 일으키도록 해서는 안 된다. 이 구절을 줄여서는 "아프라티스티탐 치땀 우트파다야이타브얌" (Apratiṣṭhitam cittam utpādayitavyam) "어디엔가 집착하는 마음을 일으키도록 해서는 안 된다."라고 한다.

한역(漢譯)으로는

不應住色生心 不應住聲香味觸法生心 應無所住 而生其心

불응주색생심 불응주성향미촉법생심 응무소주 이생기심

응당 색에 머물러 마음을 내지 말며,
색성향미촉법에 머물러 마음을 내지 말며,
머무는 바 없이 마음을 낼지니라.

세번째는 26분의 법신비상분(法身非相分)에서

धर्मतो बुद्धा द्रष्टव्या धर्मकायाहि नायकाः ।
धर्मता च न विया न सा शक्या विजानितुं ॥

Dharmato Buddhā drasṭavy dharmakāyā hi nāyakāḥ
dharmatā ca na vijñeyā na sā śakyā vijānitum

다르마토 부따 드라스타브야 다르마카야 히 나야카흐
다르마타 차 나 비즈네야 나 사 사크야 비자니툼

부처님들은 법에 의해 볼 수 있는 것이니 모든 스승은 법을 몸으로 삼기 때문이다.
법의 본성은 분별되어지는 것이 아니니 그것은 분별에 의해서 알 수 없기 때문이다.

한역(漢譯)으로는

爾時世尊而說偈言 若以色見我 以音聲求我 是人行邪道 不能見如來
이시세존이설게언 약이색견아 이음성구아 시인행사도 불능견여래

만약 색으로 나를 보거나 소리나 음성으로 나를 구하는 사람은
삿된 도를 행하는 것이라 능히 여래를 보지 못한다.

네번째는 제32분의 응화비진분(應化非眞分)에서

**तारका तिमिरं दीपो मायावश्याय बुद्दम्
स्वप्नं च विद्युदभ्रं च एवं द्रष्टव्य संस्कृतम्**

Tarakā timiram dipo māyāavaśyāya budbdam svapnaṁ ca vidyudabhraṁ ca evaṁ drastavya saṁskrtam

타라카 티미람 디포 마야바스야 부두담 스바프남
차 비드유다브람 차 에밤 드라스타비야 삼스끄르탐

별, 어둠, 불빛, 환영, 이슬, 허깨비, 꿈, 번개, 구름과 같이
모든 것이 유한하다고 봐야 한다.

한역(漢譯)으로는

一切有爲法 如夢幻泡影 如露亦如電 應作如是觀
일체유위법 여몽환포영 여로역여전 응작여시관

분별이 일어나는 모든 유위법은 꿈, 환영, 물거품, 그림자이니라.
또한 이슬같고 또한 번개 같아서,
마땅히 모든 것이 이와 같이 한하다고 볼지니라.

제2장
금강경 32분 개요

금강경(金剛經) 32분 개요

금강반야경(金剛般若經)이라고도 불리던 금강경은 우리나라에 널리 유통되고 신봉된 대표적인 불경으로, 우리나라에서는 소명태자(昭明太子)가 분류한 32분(三十二分) 의 분류를 따르고 있다.

32분 중 이 경의 중심사상을 담고 있는 분은 제 3 · 4 · 5 · 7 · 10 · 18 · 23 · 26 · 32분이다.

제1분 법회인유분(法會因由分)

법회가 열리는 날에 부처님의 일상생활에 대하여
부처님의 평범한 일상 생활을 소개하며 일반적인 일상에 위대한 가르침이 있는 것을 직접적으로 실천해 보이신다.

제2분 선현기청분(善現起請分)

수보리 법을 청하다.
마음을 일어난 보살들이 수행은 어떻게 하는가이며,
가장 높은 깨달음을 얻으려는 선남자와 선여인이 어떻게 마음을 머무르게하고 다스리는 지를 말한다.

제3분 대승정종분(大乘正宗分)

대승의 올바른 가르침으로
베푸는 마음이 기쁘지만, 보상을 바라면서 괴로움을 느끼게 된다.

상이란 것은 너와 나, 깨끗하고 더러움, 좋고 나쁜것이란 마음의 관념을 말한다.

아상(我相)이란 나를 고집하고 나를 중심으로 생각하며,
인상(人相)이란 인간과 인간이 아닌 것을 분별하며,
중생상(衆生相)이란 존재에 대한 것과 존재가 아닌 것을 분별하며,
수자상(壽者相)이란 영혼이나 생명에 대한 것을 분별하는 것이다.

보살이 중생을 인도하는데,
내가 그들을 인도하였다는 생각이 없어야 되며 아상과 인상과 중생상과 수자상 즉 4가지의 상이 있는 사람은 보살이 아니라 하였다.

제4분 묘행무주분(妙行無住分)

행위에 걸림이 없고 집착함이 없이 베플 때는 베푸고, 떠날 때는 떠날 줄 알고, 체념할 때는 체념하여 한 곳에 머물지 않는 무주상보시(無住相布施)를 하도록 가르쳤다.
상대에게 베푸는 것을 베풀었다는 생각도 없이 행하는 보시가 내가 행복하며 최고로 미묘하고 아름다운 삶으로,
그것이 바로 번뇌를 소멸하는 길이다.

제5분 여리실견분(如理實見分)

32상을 갖춘 부처님의 몸이 영원한 진리의 몸인 법신(法身)이 아니며, 진정한 몸 또는 불신(佛身)은 상이 없는 무상(無相)이라고 가르친다.

“상은 모두가 허망한 것이며, 만약 모든 상이, 상이 아닌 것을 보게되면 곧 항상 존재하는 여래(如來)를 볼 것이라.” 고 한 사구게(四句偈)가 있어 더 중요하다.

부처님은 육신이 아니라 깨달음의 지혜이다.

제6분 정신희유분(正信希有分)

올바른 믿음은 드물며, 바른 믿음으로 계를 지니고 복을 닦는데 구하는 바가 없으니 부족함이 없고 내가 옳다는 생각을 버림으로써 증오와 미움이 사라진 마음에서 오는 복을 말한다.

강을 건너고 나면 뗏목을 놓고 가야 하듯 부처님의 가르침은 집착하지 않는 것이다.

제7분 무애무설분(無碍無說分)

부처님의 설한 바 법이 취하거나 설명할 수 있는 것이 아닐 뿐 아니라, 법도 아니요 법 아닌 것도 아니라 하여 여래의 설법에 대한 집착을 끊게 하였다.

얻을 것도 말할 것도 없는 진리이며 정해진 법이 있지 않다는 말은 법이 없다는 뜻이 아니며 법 또한 인연따라 정해집니다.

물이 그릇에 따라 달라지듯이 인연에 의해 사는 삶이 집착이 없는 무위(無爲)의 삶이다.

제8분 의법출생분(依法出生分)

이 법에 의해 모든 가르침이 나오는 진리이며 금강경을 수지한다는 것은 그 가르침을 삶의 양식으로 삼아 경계에 부딪칠 때마다 나를 돌아보는 지표로 삼는다.
세상의 모든 것은 누구의 것이 아니며 나에게 잠시 머무는 것이다. 그러기에 내가 누구에게 얼마만큼을 준다하여도 그것은 나의 진정한 공덕은 아니다.

제9분 일상무상분(一相 無相分)

깨달음이란 상이 없으며 내가 깨달음을 얻었다고 드러내는 이가 있으면 이는 그는 아직 깨달음을 얻지 못한 사람이라는 증거이다. 깨달음을 얻은 사람은 깨달음을 얻었거나 얻지 못했다는 생각도 일으키지 않는 것이다.
몸에는 감각으로 드러나고 마음에는 느낌으로 오는 반응이
마치 부싯돌이 문질러 불이 순식간에 일어나듯이 일어난다.

제10분 장엄정토분(莊嚴淨土分)

"정토를 장엄하다" 는 것이며 외부적인 대상에 집착함이 없이 '머무르는 것 없이 마음을 내는 응무소주이생기심(應無所住而生其心)' 을 가르친다. 이것은 혜능(慧能) 스님을 깨닫게 한 유명한 구절이다.
순수하고 청정한 마음이란 더러운 마음과 반대되는 것을 말하는 것이 아니라 어떠한 상도 내지 않고 집착함이 없이 머무르지 않는 마음을 이름지어 말하는 것이다.

제11분 무위복승분(無爲福勝分)

무위의 복은 수승하며 상을 떠나야 내 앞에 있는 물건을 필요한 이에게 건네주듯 복을 베풀 수 있다.
그리고 복덕에 대한 아무런 기대가 없으므로 그 복덕은 세월이 흘러도 결코 고통으로 돌아오지 않는 한계없는 복덕이다.

제12분 존중정교분(尊重正敎分)

바른 가르침을 존중하다 집착을 버리고 머무르는 바 없는 마음을 내라는 '응무소주이생기심'(應無所住而生其心)이 금강경의 핵심된 가르침이다.
상이 있는 것은 다 허망하니 만일 모든 상이 상 아님을 본다면 곧 여래를 보는 것이라 하였다.
상은 눈에 보이는 것만이 아니라 우리 마음의 고정된 생각과 집착 심지어 법에 대한 집착, 경전에 대한 집착도 상이다.

제13분 여법수지분(如法受持分)

여법하게 받아 지니다.
깨달음은 체험을 통해서만 얻을 수 있지 말이나 글로 설명을 들어 얻을 수 있는 것이 아닙니다.
부처님의 가르침은 거울과 같다고 하였다.
중생이 가진 번뇌의 모습에 따라 법이 다르게 나타나는 것이지 정해진 법이 있는 것은 아니다.

제14분 이상적멸분(離相寂滅分)

상을 여의어 적멸함이며 번뇌를 번뇌인 줄 아는 것이 깨달음이니 번뇌를 떠나서 존재하는 깨달음의 실체가 따로 있지 않는 것이다. 번뇌가 바로 보리이다.
아상, 인상, 중생상, 수자상을 여의면 더 이상 참을 것이 없습니다.
인욕바라밀이란 참아야 하는 일을 참아내는 것이 아니라,
본래 참을 것이 없음을 아는 도리이다.

제15분 지경공덕분(持經功德分)

경을 받아 가지는 공덕은 금강경을 수지독송하고 남을 위해 설한다는 뜻에는 자타일시성불도의 가르침이 들어 있다.
경전의 가르침을 온전히 이해하고 법을 깨쳐서 함께 성불에 이르자는 말이다.

제16분 능정업장분(能淨業障分)

업장을 깨끗하게 맑히고는 어리석은 사람은 자기가 지은 인연과 과보를 무시하고 욕심에 눈이 어두워서 어리석은 삶을 되풀이 한다. 인연법을 아는 사람은 '인연의 과보는 피할 수 없으며 내가 지은 것은 내가 받는다' 는 마음으로 자기의 과보를 기꺼이 받는다. 수행하는 이에게는 꾸준히 지켜보고 참아내는 자세가 중요하다.

제17분 구경무아분(究竟無我分)

마침내 나도 없으니 어떤 상황에서도 괴로움이 없는 행복, 걸림이 없는 자유를 누리는 것이다.
깨달음이라 어떤 정해진 법을 배워서 도달하거나 누구에게 받아 얻어지는 것이 아니라 다만 정해진 법이 없음을 아는 것이다.

제18분 일체동관분(一切同觀分)

일체를 하나로 보니 부처가 모든 중생의 차별적인 마음의 움직임을 모두 알고 있음과 과거 · 현재 · 미래의 마음은 가히 얻을 수 있는 것이 아님을 밝혔다.

부처님은 육안, 천안, 혜안, 법안, 불안을 모두 하나로 보았다. 그래서 그 마음 깨달으면 부처이며 그 마음이 자비하면 보살이요, 그 마음이 청정하면 성문연각이요, 그 마음이 선량하면 천인이요, 그 마음이 정직하면 인간이요, 그마음이 성내고 짜증내면 아수라요, 그 마음이 어리석으면 축생이요, 그마음이 탐욕에 휩싸이면 아귀요, 그 마음이 번뇌망상에 찌들어 있으면 지옥이라 하였다.
부처도 중생도 다 이 마음 가운데 있다.

제19분 법계통화분(法界通化分)

"법계를 모두 교화한다"는 것은 사람들은 다른 사람이 불행해지는 만큼 행복을 느끼고 다른 사람이 행복한 만큼 불행한 느낌에 빠지곤 한다.

제20분 이색이상분(離色離相分)

"형상과 모습을 여의다"는 것이며 색을 떠나고 상을 여의고
실상은 더럽다고 할 본질도 깨끗하다고 할 본질도 없는 것이다. 물은 본래의 자기 모양이 없습니다. 담기는 그릇에 따라 모양을 만들어 낸다.
그때그때 모양이 바뀌어 어떤 대상과도 마찰을 일으키지 않는다.

제21분 비설소설분(非設所設分)

"설함 없이 설하는 설할 것이 없다" 는 설법이다,
부처님의 말에 집착하지 말라고 하였다.
아상을 버리고 법상도 버리는 것이다.

법이 진리라는 이름을 갖고 있지만, 이것마저 상이 되어 법상에 집착하면 진리에 어긋나게된다.

부처님은 자신의 말조차도 고정불변의 진리로 절대화 하면 안 된다는 것을 밝힘으로써 진리는 언제나 살아 숨쉬는 것임을 강조하였다.

제22분 무법가득분(無法可得分)

"얻을 법이 없다. 얻을 바가 없으니 일체분별이 끊어진 터라 더이상 버릴 것도 얻을 것도 없다." 는 경지에 이르렀을 때,
이를 최상의 깨달음인 아누다라삼막삼보리, 즉 무상정등각(無上正等覺)을 증득했다고 말한다.

진리와 법의 실체가 존재하므로 그것을 얻었다는 뜻이 아니라,
어느 것도 정해져 있지 않은 도리를 깨닫는 그 자체가 무유정법(無有定法)이다.

내가 처한 조건에서 나를 고집하지 않고 상대의 입장에서 생각하고 이해하는 그 마음이 아상을 소멸해 가는 수행이다.
끊임없이 부딪치고 나를 고집하고 경계에 휘둘리는 일상의 순간순간을 포착해 거기에 반응하는 내 일거수 일투족을 알아차리고 마음의 뿌리를 찾아가는 것이 수행이다.

제23분 정심행선분(淨心行善分)

진여법(眞如法)이 평등하여 아래위가 없는 것이 온전한 깨달음이며 여래의 선법(善法)임을 밝혔다.
정심행선분 마음 집중의 수행으로 보리를 얻어라 청정한 마음으로 선을 행하다.
깨끗한 마음이란 더럽고 깨끗함의 구별이 본래 없는 줄을 알고 아무분별을 일으키지 않는 마음입니다.
선한 행동은 아무 바라는 마음없이 자신이 행한다는 생각마저도 없이 행해지는 것이다.

제24분 복지무비분(福智無比分)

복과 지혜를 비교할 수 없다.
복과 지혜는 비교할 수 없으니 상을 가진 모든 것이 다 허망한 줄을 깨치면 나는 바로 지금 이자리에서 순결무구한 보살이고 부처이다.
때묻은 더러움과 때 묻지 않은 깨끗함을 깨달은 부처와 어리석은 중생이 둘이 아닌 이치가 그것이다.

제25분 화무소화분(化無所化分)

"교화하는 바 없이 교화하다" 이며 부처님은 세상 누구에게도 사람이 찾아와 자기의 괴로움을 호소하면 그 괴로움에서 벗어날 수 있도록 길을 열어 주었다.
경계에 부딪침으로써 씨앗이 생겨나는 것이 아니라,
이미 주체의 내부에는 경계에 반응할 씨앗이 숨어 있다.
연(然)이란 밭과 같습니다.
어떤 씨앗을 심었느냐에 따라 달라진다.

심은 씨앗의 차이가 내안에 숨어 있는 인(因)의 작용인것이다. 지금 내안에 인이라는 씨앗이 있더라도 바깥경계에 따라 연이라는 조건과 만나지 않으면 씨앗은 싹트지 않는다.
인과 연이 부딪쳐야 결과인 과(果)가 일어난다.
나라는 씨앗을 고집하지 않는 것에서 시작해야 한다.

제26분 법신비상분(法身非相分)

"법신은 상이 아니다" 는 것이며 진리 그 자체의 준엄함은 보려하지 않고 그것을 말한 사람이 누구인지에만 사로잡힌 귀로는 진리를 듣지 못한다.

바라는 바가 있으나 노력은 하지 않고 좋은 결과를 바라는 것이 욕심이다. 또 바라는 바가 이루어지지 않았을 때 괴로운 마음에 시달린다면 그것 역시 욕심이다.
욕심이 아니라 원(願)하는 것을 품은 사람은 바라는 바를 이루려고 노력하되 괴로움에 시달리지 않는다.

제26 법신비상분(法身非相分)에서는 여래를 형체에 얽매어 보지 말 것과 "만약 형색으로 나를 보고, 음성으로써 나를 구하면 이 사람은 삿된 도를 행함이니, 결코 여래를 보지 못한다." 는 사구게(四句揭)를 설하고 있다.

제27분 무단무멸분(無斷無滅分)

"단멸함이 없다."
끊어짐도 아니고 멸함도 아닌 정해진 법이 있고 할 것이 없다" 는 무유정법의 가르침은 '있다' 는 병에 빠지는 것을 경계하는 가르침이지만 그와 동시에 '없다' 는 상에 빠지는 것도 경계하는 가르침이다.

제28분 불수불탐분(不受不貪分)

"받지도 않고 탐내지도 않는다" 이며 받지도 탐하지도 않는 복덕이다.

좋은 것도 내 인생이고 나쁜 것도 내 인생이다.
바라는 대로 되는 것도 내 인생이고 바라는 대로 되지 않는 것도 내 인생인 것이다.
그처럼 나의 모든 시간이 소중한 내 인생의 일부임을 알고 순간순간 기쁨을 누리며 사는 지혜가 나를 자유롭고 행복하게 만든다.

제29분 위의적정분(威儀寂靜分)

"위의가 적정하다" 는 것은 후회는 인생에 아무 도움이 되지 않는다.
엎질러진 물은 후회하지 말고 다시는 엎지르지 않도록 주의하는 것이 지금의 괴로움을 덜어내고 내 인생을 행복하게 만드는 길이다.

제30분 일합이상분(一合理相分)

"합쳐진 세계나 부수어진 미진이라는 상을 버려라" 는 것이며 하나로 합한 이치를 말한다.
모두 같은 것을 근본으로 하여 다른 것이 되며 하나를 근본으로 해서 하나가 아닌 것이 나타나는 이치이다.

근본이치에서 본다면 본래 같은 것도 없고 다른 것도 없다.
지금 모습을 드러낸 인연에 따라 나타나는 이름일 뿐이지 같거나 다르다고 할만한 본질적 실체가 존재하는 것이 아니다.

제31분 지경불생분(知見不生分)

"지견을 내세우지 말라" 는 것이며 상을 놓고 견해를 내려놓겠다고 법을 배우더니 결국 '상을 내려놓아야 한다는 상' 을 더 보태고 있는 것은 아닌지 봐야한다.

제32분 응화비진분(應化非眞分)

"일체의 유위법(有爲法)이 꿈 · 환영 · 물거품 · 그림자와 같고 이슬이나 우뢰와 같음을 관해야 한다" 고 하였다.

응화신은 참이 아니며 상을 취하지 않으면 여여부동이라 상을 취하지 않는 마음은 언제나 한결 같아서 희노애락에 흔들리지 않는다.

우리는 늘 상을 취하고 거기에 매달려 있으므로 상대의 행위에 의식하고 사는 것이다.

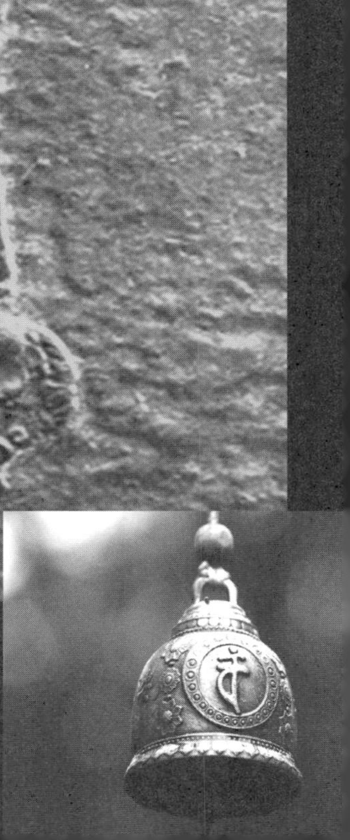

제3장

금강경 원전 해석

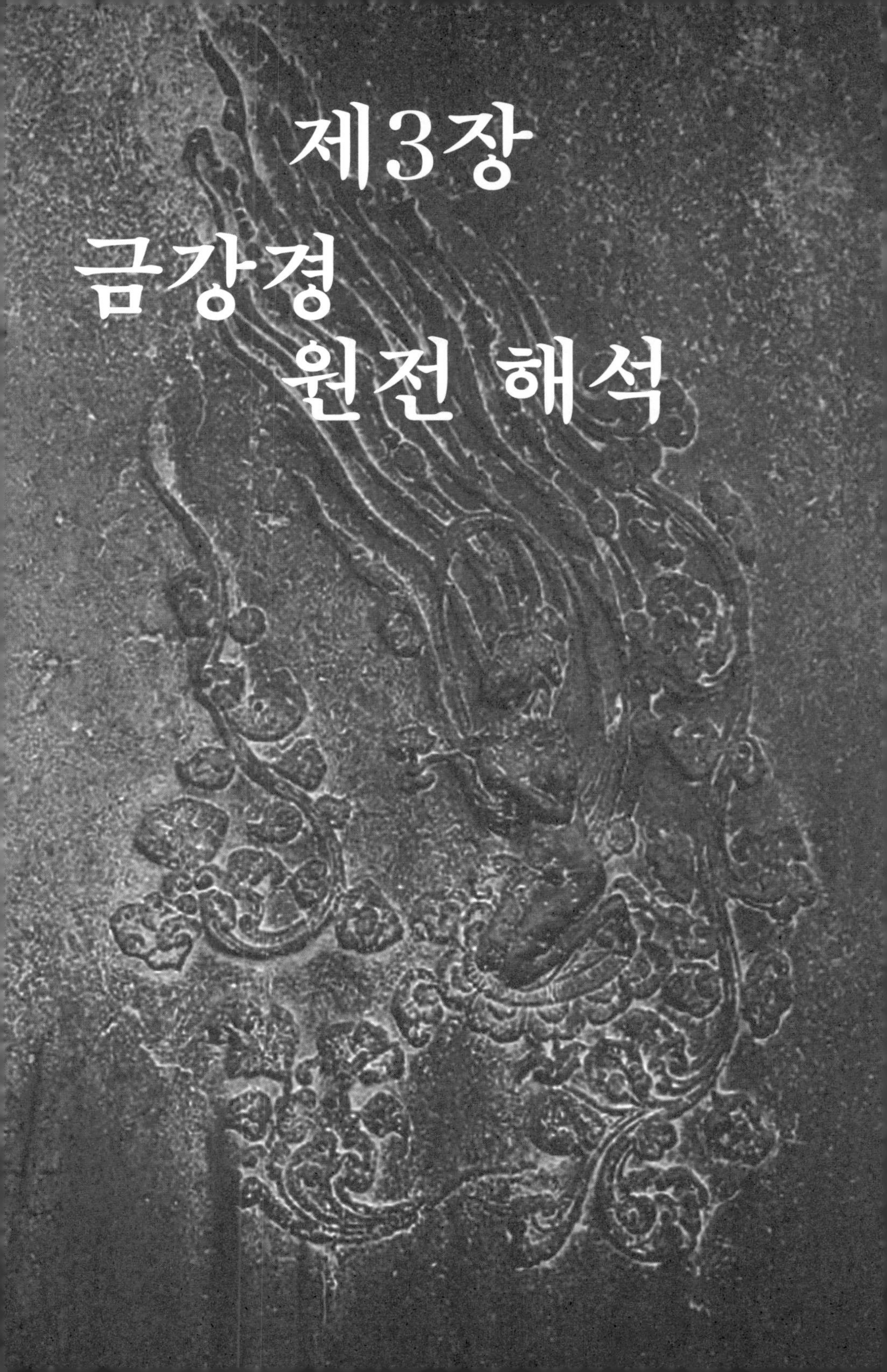

제3장 금강경 원전해석

वज्रछेदिका प्रज्ञपारमिता सुत्र

Vajracchedikā Prajñāpāramitā Sutra

바즈라쩨디카 프라그야파라미타 수트라

금강경(金剛經)

바즈라: 벼락이나 번개, 금강(金剛)으로 번역

쩨디카: 부수다, 자르다

프라그야: 지혜

파라미타: 반야(般若)

수트라: 경전(經)

नामे भगवत्या आर्यप्रज्ञापरमितायै

Nāmo Bhagavatyā Aāryaprājnaparamitāyai

나모 바가바트야 아르야프라그나파라미타야이

성스러운 지혜의 완성에 머리 숙입니다.

나모: 귀의하다

바가바트야: 성스러운

아르야: 고귀한

프라그야: 지혜의

파라미타야: 반야(般若), 완성의, 넘어서는

제1분 법회인유분(法會因由分)

· 부처님은 일상생활처럼 법회를 열다.

नमे भगवत्ययि आर्यप्रज्ञापरमिताय ।
एवं मया क्षुतं एकस्मिन्समये भगवा
न्स्क्षावस्त्यां विहरति स्म जेतवनेऽनाथपिंडदस्यारमे
महता भिक्षुसंधेन सार्धमर्धत्रयोदशाभिर्भिक्षुशतैः
संबहुलैक्ष च बोधिसत्त्वैर्महासत्त्वैः ।

Namo Bhagavtyai āryaprajñāpāramitāyai
Evam mayā śurtam ekasminsamaye Bhagavāvāñ
Śrāvastyām viharati sma Jetavane nāthapiṇḍadasyaārāme
mahatā bhikṣusaṅghena sārdham ardhaatrayodaśabhir
bhikṣuśataiḥ saṁbhahulaiś ca bodhisattvair
mahāsattvaiḥ

나모 바가바트야이 아르야프라그야파라미타야이
에밤 마야 수르탐 에카스민사마예 바가반
스라바스트얌 비하라티 스마 제타바네 나타핀다다스야아라메
마하타 비크수상헤나 사르담 아르다트라요다사비르
비쿠수사타이흐 삼바후라이스 차 보디사뜨바이르
마하사뜨바이흐

나모:귀의하다,
바가바트야이:세존(世尊), 부처님,
아르야:고귀한,
프라그야파라미타야이:초월적인 지혜, 반야바라밀다
에밤:이렇게, 마야:나에 의해,
수르탐:들었다,
에카스민:하나의,
사마예:막연한 때,
바가반:세존, 성스러운
스라바스트얌:사위국(舍衛國), 실라벌(室羅筏),
실라벌실저(室羅筏悉底), 시라파제(尸羅波提),
서라벌(徐羅伐), 서울
비하라티:머물다,
스마:현재 시간과 같이 과거를 표현,
제타:왕자의 이름, 바네: 숲,
아나타핀다다스야: 고독하고 가난한 불쌍한 사람을 돕고,
이들에게 먹을 것도 주는 급고독원(給孤獨園),
핀다:과자류,
아라메:주위에,
마하타:거대한,
비크수상헤나:비구승가,
사르담:같이,
아르다:절반,
트라요다사비르:1250,
비쿠수사타이흐:비구승,
삼바후라이스:많은, 차: 그리고,
보디사뜨바: 보살,
마하사뜨바:마하살

나는 이와 같이 들었다.
어느 날, 부처님께서는 스라바스티 또는 사위국의 기수급고독원, 제타 숲의 아나타핀다다 정사에서 거대한 무리를 형성한 1,250 명의 비구, 보살들, 마하살들과 함께 머무르셨다.

해 석

이 절에서 '나는 이렇게 들었다' 는 에밤 마야 수르탐(Evam mayā surtam)는 인도 고대 우파니샤드(Upanishad) 전통에서부터 내려온다. 인도의 베다(Veda)와 우파니샤드(Upanishad)에서 내려오는 수행 전통인 수르티 스므르티 푸라나남((Surti smrti purananam)이 직접 체험하고 기억하고 표현하는 인도의 전승 전통을 말하는 것이다. 그리고 부처님은 그 인도의 가르침의 전통을 자유로운 새로운 패러다임으로 가르침을 펼치셨다.

이 금강경은 그래서 부처님의 초기 경전과 대승으로 연결되는 스승과 제자와의 관계를 말해주는 중요한 가교역할을 하는 경전이다.
세존(世尊)으로 번역된 바가반(Bhagavan)에서 바가(Bhaga)는 행운이나 복덕을 말하며 인도에서는 성스러운 사람이라고 대중적으로 번역된다.

스라바스티(Śrāvasty)는 사위성으로 번역되었으며 라자가하(Rājagaha)로 알려진 왕사성(王舍城)과 함께 그당시 16국중에서 가장 강한 나라들이었다.
제타(Jeta)는 스라바스티 왕자의 이름이고 바네(Vane)는 숲을 말한다.
비크수(Bhikṣu)는 출가승이며 세상을 떠나 수행하는 인도 사람을 말한다.
상헤나(Saṅghena)는 출가수행자들의 집단을 말한다.

[鳩摩羅什]

如是我聞 一時 佛 在舍衛國 祇樹給孤獨園

與大比丘衆千二百五十人 俱

여시아문 일시 불 재사위국 기수급고독원

여대비구중천이백오십인 구

[玄奘]

如是我聞 一時薄伽梵 在室羅筏 住誓多林給孤獨園

與大苾芻衆千二百五十人 俱

여시아문 일시박가범 재실라벌 주서다림급고독원

여대필추중천이백오십인 구

अथ खलु भगवान् पूर्वाह्ण कल समये निवास्य
पात्रच्चिवरम् आदाय क्षावस्तिं महानगरि पिडाय
प्राविक्षात् अथ खलु भगवन् क्षावस्ति महानगरि
पिडया चरित्वा कृतभकृत्यः पफाद्धपिढपात
प्रतिक्रान्तः पात्रचीवरं प्रतिशांय पादौ प्रक्षल्य
न्यषीदत्प्रज्ञप्त एवासने पर्यङ्कमा् अभुज्य ऋजुं
कायं प्रणिधाय प्रतिमुखी स्मृतिं उपस्थप्प्य

Atha khalu Bhagavān pūrvāhña kāla samaye nivāsya pātracivaram ādāya Śrāvastim mahānagari piṇadāya prāvikṣat atha khalu Bhagavān Śrāvasti mahānagari piṇḍāyā caritvā kṛtabha kṛvtyaḥ paścādbhakta piṇḍapāpāta pratikrāntaḥ pātracivaram pratiśāmya pādau prakṣalya nyaṣidat prajñapta evāsane paryaṅkam ābhujya ṛjum kāyam praṇidhāya pratimukhim smṝtim upashtāpya/

아타 칼루 바가반 푸르바흐나 칼라 사마예 니바스야
파트라치바라마다야 스라바스팀 마하나가리 핀다야
프라비크사트 아타 칼루 바가반 스라바스티 마하나가리
핀다야 차리트바 크르타바 크르트야흐 파스차드박타
핀다파타 프라티크란타흐 파트라치바람 프라티삼야
파다우 프라크살야 느야시다트 프라그야프타 에바사네 파르얀캄
아부즈야 르줌 카얌 프라니드야야 프라티무킴 스므르팀
우파스타프야/

아타: 그 때
칼루: 실로, 정말로
바가반: 세존
푸르바흐나: 오전, 칼라: 시간
사마에: 막연한 시간
니바스야: 옷을 갈아입다, 치바람: 떨어진 옷
파트라: 밥그릇, 아다야: 가지다
마하나가리: 큰 마을
핀다야: 먹을 것을 위해, 핀다파타: 먹을 것
프라비크사트: 들어가다
스라바스티: 사위국, 서라벌, 서울, 큰 도시
차리트바: 가다
크리타: 하다, 크리트야하: 하다
박타: 나누다, 파스차드: 뒤에
프라티크란타흐: 되돌아오다
파트라치바람: 바루, 바리떼
프라티삼야: 반환하다
파다우: 발, 프라크살야: 씻다
느야시다트: 가까이 앉다
프라그야프타: 알다
에바: 바로, 아사네: 앉다
파르얀캄: 가부좌, 아부즈야: 무릎을 꿇다
리줌: 바르게하다,
카얌: 강하게 하다
프라니드아야: 앞에 두다
프라티무킴: 대하고 서는
스므르티: 기억하다
우피스타프야: 몰입하다

그때 오전에 세존께서 공양하실 때가 되자,
비구들이 입는 가사 옷으로 갈아 입으시고, 바루를 가지고 먹을 것을 탁발하기 위해 스라바스티의 큰 도시, 사위대성으로 걸어 들어가셨다.

세존께서 스라바스티 큰 도시의 집들을 차례로 다니시며 탁발을 마치시고, 다시 본래 계신 정사로 돌아 와 공양을 하신 후 ,
바루와 분소의를 반환하고 양쪽의 발을 씻은 다음,
정해진 바로 그 자리에 가부좌를 틀고 앉아 몸을 바로 세우시고 얼굴을 바로하고 마음을 몰입해 들어갔다.

해 석

이 절에서 부처님의 일상을 얘기와 가장 중요한 모든 것을 정리하고 부처님의 수행에 대한 방식이 나와 있다.

가부좌를 틀고앉아 몸을 바로세우고 얼굴을 바로하고,
마음을 몰입해 들어갔다는 말은 초기불교와 대승불교, 선불교를 망라하여 몰입해 들어가는 수행의 모든 방법의 과정을 포함한다.

스므르티 (Smṝti)라는 기억과 우파스타프야(Upashtāpya)의 이 과정을 몰입, 마음챙김, 집중, 명상등의 다양한 단어로 해석될 수가 있다.

우파(Upa)는 다가가고, 위로 향하고, 스타(Shtā)는 확립하다는 뜻이다.

[鳩摩羅什]

爾時 世尊 食時 着衣持鉢 入舍衛大城

乞食 於其城中 次第乞已

이시 세존 식시 착의지발 입사위대성

걸식 어기성중 차제걸이

還至本處 飯食訖 收衣鉢 洗足已 敷座而坐

환지본처 반사흘 수의발 세족이 부좌이좌

[玄奘]

爾時世尊於日初分 整理裳服持衣缽執 入室羅筏大城筏乞食

時薄伽梵於其城中行乞食

이시세존어일초분 정리상복지의발집 입실나벌대성벌걸식

시박가범어기성중행걸식

已出還本處 飯食訖收衣缽洗足已 於食後時敷如常座結跏趺坐。

端身正願住對面念。

이출환본처 반식걸수의발세족이 어식후시부여상좌결가부좌

단신정원주대면념

अथ खलु संबहुला भिक्षवो येन भगवांस्
तेनोपसंक्रमन् उपसंक्रम्य भगवतः
पादौ शिरोभिरभिवन्द्य भगवतः
त्रिष्प्रदक्षिणीकृत्यैकाते न्यषीदन्

Atha khalu sambahulā bhikṣavo yena Bhagavāṃs
upasaṃkramya Bhagavataḥ pādau śirobhir abhivandya
Bhagavantam triṣpradakṣiṇīkṛtyaikānte nyaṣīdan

아타 칼루 삼바후라 비크사보 에나 바가밤스
우파삼크람야 바가바타흐 파다우 시로비라비반드야
바가바타흐 트리스프라다크시니크르트야이카테 느야시단

아타: 그 때
칼루: 참으로
삼바후라: 많은
비크사보: 비구들, 예나: 그들
바가바타흐: 세존의
파다우: 발 시로: 머리
비라: 숙이다
아비반드야: 인사하다
트리스프라다크시니크르트야: 오른쪽으로 세 번 돌다
느야시단: 한 쪽에 앉았다.

그 때 많은 비구들이 세존을 향해 다가 갔다.
다가가서 세존의 두 발에 머리를 조아려 공손하게 머리를 대면서
인사를 하고 나서, 세존을 오른쪽으로 세번을 돌고 난 뒤에
가까이 한쪽에 앉았다.

해 석

부처님에게 다가가 가르침을 받는 모습을 표현하였다.
가까이 다가가서 앉아 가르침을 전승받는 모습을 그리고 있다.

[鳩摩羅什]

[玄奘]

時諸苾芻來詣佛所 到已頂禮世尊雙足
右遶三匝退坐一面
시제필추래예불소 도이정례세존쌍족
우요삼잡퇴좌일면

제2분 선현기청분(善現起請分)

· 마음을 일으킨 보살들이 어떻게 수행해야 하는지 부처님께 법을 청하다.

तेन खलु पनः समयेना अयुष्मान्सुभुतिस्याम
एव पर्षदि संनिपतितेऽभूतसंनिषणः आथ खल्भ
वायुष्मान्सूभूतिर्त उद्दयाअसन्द् उद्दयाअसन्द् ए
कांसं उर्द्दसंगं कृत्वा दक्षिणां
ज्ञानुमंइलं पूथिव्यां प्रष्ठिाप्य
येन भगवंस्नांझलिं प्रणम्य भगवंतमेदवोचत

Tena khalu punaḥ samayena āyuṣmān Subhūtis tasyām
eva parṣadi samnipatito'bhūt samniṣaṇṇaḥ | atha khalv
āyuṣmān Subhūtir utthayāasanad ekāmsam uttarāsaṅgam
kṛtvādakṣiṇaṁ jānu maṇḍalam pṛthivyām pratiṣṭhāpya
yena Bhagvāms tena añjalim praṇamya Bhagvantam
etad acocat |

테나 칼루 푸나흐 사마예나 아유스만 수부티스 타스얌
에바 파르사디 삼니파티토부트 삼니산나흐 아타 칼브
아유스만 수부티르 우따야아스만드 에캄삼 우따라상감
크르트바 다크쉬남 그야누만달람 푸르티브얌 프라티스타프야
예나 바가밤스 테나 안자림 프라남야 바가반탐
에타드 아보차트

테나: 그 때문에
칼루: 실로
푸나하: 또 다시
사마예나: 막연한 시간
아유스만: 생명, 장로
수부티르: 수부티의, 수보리
타스야 에바: 그 중에
파르사드: 모임
삼니파티토 아부트: 결집하다
삼니산나하: 앉다
아타: 이 때
아유스만 수부티: 장로 수보리
우따야 아사나드: 일어서다
에캄삼: 한쪽 어깨
우따라상감: 겉옷을 걸치다
크리트바: ~하다
다크쉬남: 오른쪽
그야누만달람: 무릎을 구부리다
푸르티브얌: 땅에
프라티스타프야: 내려놓다
예나: ~하고서
바가반스: 세존
테나: 향하여
안자림: 영광을 주다
프라남야: 절하다
바가반탐: 세존
에타드: 이와 같이
아보차트: 말하다

이 때 장로 수보리 존자가
바로 그 대중 가운데 같이 앉아 있다가 곧 자리에서 일어나,
오른쪽 어깨에 상의를 걸친 채,
오른쪽 무릎을 땅에 꿇고 합장하며,
부처님을 향해 공경을 표시하고
공손히 부처님께 여쭈었다.

해 석

수부티(Subhūti)는 부처님의 10대 제자 가운데 공(空)에 대한 이치에 통달한 수보리(須菩提)이다.
해공제일(解空第一)이라 불리는 부처님의 제자이며 공(空)한 이치를 깊이 체득하였다.
금강경에서 부처님과 함께 주인공으로 나오는 제자이다.
이 금강경은 부처님과 수보리와의 대화의 기록이다.

[鳩摩羅什]

時 長老須菩提 在大衆中

卽從座起 偏袒右肩 右膝着地

시 장로수보리 재대중중

즉종좌기 편단우견 우슬착지

合掌恭敬 而白佛言

합장공경 이백불언

[玄奘]

具壽善現亦於如是衆會中坐

爾衆衆中具壽善現從座而起偏袒一肩

구수선현역어여시중회중좌

이중중중구수선현종좌이기편단일견

右膝著地合掌恭敬而白佛言

우슬저지합장공경이백불언

आश्चर्यं भगवन्पारमा आश्चर्यंसगत
यावदेव तथागतोन अर्हता साम्यकसंबुद्धेन
बोधसत्त्व महासत्त्वा अनुपरिगृहीताः
परमेणानुधहेण आश्चर्यं भगावयावदैव
तथागतेनार्हता सम्यकसंबुद्धेन बोधिसत्त्वा
महासत्त्वाः परीदिताः
परमया परीदनया
तत्कथं भगवन्वोधिसत्त्वयान संप्रस्थितेन कुलपुत्रेण
वा कुलदुहित्रा वा स्थातव्यं कथं प्रतिपत्तव्यं कथं
चित्तंप्रग्नहीतव्यं ।

Āścaryam Bhagavan parama ācaryam Sugata yāvad
eva Tathāgatena ārhatā samyaksambuddhena
bodhisattva mahāsattvā anuparigṛhītāḥ parameṇa
anugraheaṇa |
āścaryam Bhagavan yāvad
eva Tathāgatena ārhatā samyaksambuddhena
bodhisattvā mahāsattvāḥ parīnditāḥ paramayā.
parndanayā|
tat katham Bhagavan bodhisattvayāna samprasthitena
kulaputreṇa vākuladuhitrā vāsthātavyam katham
pratipattavyam katham cittam pragrahītavyam |

아스차리얌 바가반 파라마 아스차르얌 수가타 야바드
에바 타타가테나 아르하타 삼약삼부떼나
보디사뜨바 마하사뜨바 아누파리그리히타하 파라메나
아누그라헤나 /
아스차르얌 바가반 야바드
에바 타타가테나 아르하타 삼약삼부떼나
보디사뜨바 마하사뜨바 파린디타 파라마야
파린다나야 /
타트카탐 바가반 보디사뜨바야나 삼프라스티테나
쿨라푸트레나 바 쿨러두히트라 바 스타타브얌 카탐
프라티파트타브얌 카탐 치땀프라그라히타브얌 /

아스차리얌: 놀라운, 경이로운,
파라마: 가능성이 희박한, 아스차르야: 놀라운,
야바드:누구, 에바: 그것,
타타가타: 여래(如來), 그렇게 왔다, 타타가테나: 여래,
아르히타: 아라한(阿羅漢), 존경할 만한
삼약삼부떼나: 정등각(正等覺), 부처께서 깨달은 경지,
최상의 깨달음을 얻음을 산스크리어로 차음한 표기
보디사뜨바: 보살(菩薩), 보리살타, 마하사뜨바: 마하살(摩訶薩),
아누파리그리히타하: 포용하다, 파라메나: 최고,
아누그라헤나: 감싸주다, 아스차르얌: 놀라운,
파린디타: 기쁘게 하다, 파라마야: 최상의
파린다나야: 부촉(咐囑)하다, 전수하다, 당부하다
타트카탐: 어떻게, 카탐: 어떻게
보디사뜨바야나: 보살의 길, 삼프라스티테나: 움직이다
쿨라푸트레나: 좋은 집안의 아들, 선남자(善男子), 바: 혹은
쿨라두히트라: 좋은 집안의 딸, 선여인(善女人);
스타타브얌: 머물다, 프라티파트타브얌: 수행을 하다
치땀: 자각하다, 프라그라히타브얌: 다스리다

경이롭습니다.
세존이시여! 참으로 경이로운 위대한 일입니다.
깨달음에 잘 이르신 분이시여, 여래, 아라한, 정등각께서는
최상의 호의로서 보살 마하살들을 두루 감싸 호념(護念)하셨습니다.

놀라우신 세존이시여! 여래, 아라한, 정등각이 최상의 만족함으로
보살 마하살들을 부촉(咐囑) 하셨습니다.

세존이시여! 아누다라삼막삼보리의 높고 바른 최상의 깨달음을
얻고자 하는 마음을 일으킨 저들 좋은 집안의 어진 남자(善男子)
와 여인(善女人)들은 어떻게 살아가고,
어떻게 마음을 수행해야만 될 것이며,
혹은 어떻게 마음을 다스려야만 되겠나이까?

해 석

아스차르얌(Āścaryam)은 놀랍고 경이롭다는 말이다. 이 표현은 초기 불교나 우파니샤드(Upanishad)경전 에서 많이 쓰는 정형구이다.
수가타(Sugata)는 잘 이루고 또는 잘 갔다는 뜻이다.
타타가타(Tathāgata)는 여래(如來)로 번역되는데 타타 (Tathā)는 ‘그러하다’ 이며 가타(Gata)는 ‘오다’ 는 뜻이다. ‘걸림이 없이 온 분’ 이라는 뜻이다.

아라하타 (Ārhatā)는 아라한(阿羅漢)이며 ‘존경받는 분’ 이며 ‘깨달은 이’ 라고도 해석된다. 삼약삼부떼나 (Samyaksambuddhena)는 정등각(正等覺)으로 번역되었는데 부처님의 핵심 칭호인 여래, 아라한과 함께 같이 불리운다.

보디사뜨바(Bodhisattva)인 보살(菩薩)은 부띠(Buddhi)의 깨달은 단어와 사뜨바(Sattva)의 선하다는 단어의 합성어이다. 대승불교의 중심되는 단어로 발전되었다.

금강경은 초기불교와 대승불교가 동시에 포함되어 있는 경전이다. 아누파리그리히타하 파라메나 아누그라헤나(Anuparigṛhītāḥ paramena anugraheaṇa)에서 아누파리그리히타는 원만하게, 파라메나는 최상, 아누그라헤나는 감싸주다는 뜻이다.

파린디타 파라마야 파린다나야 (Parīnditāḥ paramayā. parndanayā)는 파린디타는 기쁘게하다, 파라메야는 지고의, 파린다나야는 부촉하다 또는 전수하다는 뜻이다..

쿨라푸트레나 쿨라두히트라(Kulaputreṇa kuladuhitrā)는 쿨라는 가문을 말하고 좋은 집안의 남녀를 말한다.
프라티파트타브얌(Pratipattavyam) '수행하다' 는 뜻이며,
치땀 프라그라히타브얌(Cittam pragrahītavyam) 치땀은 마음이며,
프라그라히탐은 "다스리다. 조복(調伏) 하다" 는 뜻이다.

[鳩摩羅什]

希有世尊 如來 善護念諸菩薩 善付囑諸菩薩
世尊 善男子善女人 發阿耨多羅三藐三菩提心。
희유세존 여래 선호념제보살 선부촉제보살
세존 선남자선여인 발아누다라삼막삼보리심
應云何住 云何降伏其心
응운하주 운하항복기심

[玄奘]

希有世尊乃至如來應正等覺 能以最勝攝受
攝受諸菩薩摩訶薩乃至如來應正等覺 能以最勝
희유세존내지여래응정등각 능이최승섭수
섭수제보살마하살내지여래응정등각 능이최승
付囑 付囑諸菩薩摩訶薩 世尊 諸有發趣菩薩乘者 應云何住
云何修行 云何攝伏其心
부촉 부촉제보살마하살 세존 제유발취보살승자 응운아주
운하수행 운하섭복기심

एवं उे भगवान् अयुष्मंत सुभूतिम एतद् अवोचत ए वे् सायु सायु सुभाते एवनेतद्यया वदसि आनुपरिगृहीतास्तथगतेन वोधिसत्त्वा महसत्त्वाः परमेणनुग्रहेण परिदितस्तथगतेन वोधिसत्त्वाः महसत्त्वाः परमया परीन्दनया

Evam ukte Bhagavān āyṣmantam subhtim etad avocat sādhu sādhu Subhūte evam etad yathāvadasi anuparighṛītā Tathāgatena bodhisattvā mahāsattvā parameṇa anugrahea parīnditās Tathāgatena bodhisattvā mahasattvāḥ paramayā parīndanayā

에밤 우크테 바가반 아유스만탐 수부팀 에타드 아보차트
사두 사두 수부테 에밤 에타드 야타 바다시
아누파리그르히타스 타타가테나 보디사뜨바 마하사뜨바흐
파라메나 아누그라헤나 파린디타스 타타가테나 보디사뜨바
마하사뜨바이흐 파라마야 파린다나야

에밤 우크테: 이와 같이 말하다,
바가반: 세존, 아유스만탐: 장로,
수부티: 수보리, 에타드: 자기 앞에 있는 것을 가르킴,
아보차드: 말하다, 사두: 좋다, 수부테: 수보리,
에밤: 에타드, 야타: 네가 말한 것처럼 그러하다,
바다시: 말하다, 아누파리 그르히타스: 감싸다,
타타가테타: 세존(世尊), 보디사뜨바: 보살(菩薩),
마하사뜨바: 마하설(摩訶薩),
파라메나 아누그라헤나: 최상의 수용, 받아들임,
파라메나: 최상의, 파린다나야: 만족감,

이와 같이 여쭈었을 때 부처님께서는 수보리 존자에게 말하기를
"좋다, 좋다. 수보리여 그대가 말한 것처럼.
여래, 아라한, 정등각은 보살 마하살들을 최상으로 호념하고
부촉(咐囑)하여, 보살들을 잘 보호하고 잘 격려하느니라.

[鳩摩羅什]
佛言 善哉善哉 須菩提 如汝所說
如來 善護念諸菩薩 善付囑諸菩薩
불언 선재선재 수보리 여여소설
여래 선호념제보살 선부촉제보살

[玄奘]
作是語已 爾時世尊告具壽善現曰 善哉善哉 善現 如是如是
如汝趣所說 乃至如來應正等覺
작시어이 이시세존고구수선현왈 선재선재 선현 여시여시
여여취소설 내지여래응정등각
能以最勝攝受 攝受諸菩薩摩訶薩 乃至如來應正等覺
能以最勝付囑 付囑諸菩薩摩訶薩。
능이최승섭수 섭수제보살마하살 내지여래응정등각
능이최상부촉 부촉제보살마하살

तेन हि सुभुते क्षृणु च मनसिकुल ।
भाषिष्येऽह ये याथा
बोधिसत्त्वयानसंप्रस्थितेन स्थातव्यं
यथा प्रतिपत्तव्यं चित्त प्रग्रहीतव्य ।

Tena hi Subhūte śṛṇu sādhu
ca sādhu ca manasikuru |
bhāṣiṣye'ham te yathā bodhisattva yāna samprasthitena
sthātavyam yathā pratipattavyam yathā cittam
pragrahītavyam |

테나 히 수부테 스르누 차 사두
차 수스투 마나시쿠루
바이시스예 함 테 야타 보디사뜨바 야나 삼프라스티테나
스타타브얌 야타 프라티파따브얌 야타 치땀
프라그라히타브얌

테나: 그것, 히: 강조하는 것,
수부테: 수보리, 스르누: 듣다,
차: 그리고, 사두: 좋다, 수스투: 맞는, 적절한,
마나시쿠루: 마음에 기억하다,
바이시스예 아함: 말하다,
테: 그것, 야타: ~과 같이,
보디사뜨바: 보살, 바야나: 길,
삼프라스티데나: 출발하다,
스타타브얌: 머물다, 치땀: 마음
프라그라히타브얌: 수행하다, 다스리다, 통제하다

그러므로, 진실로 수보리야,
내가 그대를 위해 말하노니,
그대는 잘 듣고 마음에 잘 새기도록 하라.
그 대들을 위하여 설하리라.

'아누다라삼막삼보리의 가장 높고 바른 최상의 깨달음을 얻고자
보살의 길에 나선 선남자와 선여인들은
이와 같이 살아가야 할 것이며,
이와 같이 수행해야 할 것이며,
이와 같이 마음을 다스려야만 할 것이다'라고 내가 말한다."

해석

스루누(Śṛṇu)는 듣는 것이며, 사두(Sādhu)는 선하고 좋다는 뜻이 있으며 선재(善哉)로 번역하였다.

[鳩摩羅什]

汝今諦請 當爲汝說 善男子善女人 發阿褥多羅三邈三菩提心
應如是住 如是降伏其心

여금제청 당위여설 선남자선여인 발아누다라삼막삼보리심
응여시주 여시항복기심

[玄奘]

是故善現 汝應諦聽極善作意 吾當為汝分別解說
諸有發趣菩薩乘者 應如是住 如是修行 如是攝伏其心

시고선현 여응체청극선작의 오당위여분별해설
제유발취보살승자 응여시주 여시수행 여시섭복기심

एवं भगवान् इत्या अयुष्मान्
सुभूर्ति भगवतः प्रत्यक्षौषित्

Evam Bhagvannity āyuṣmān
Subhūtir Bhagavataḥ pratyaśrauṣīt ǀ

에밤 바가반이티 아유스만
수부티르 바가반타흐 프라트야쉬라우시트

에밤: 이와 같이
바가반: 세존께서
아유스만: 장로
수부티르: 수부티가
바가반타흐: 세존에게
프라트야쉬라우시트: 무엇에 관하여 듣다

세존께서 이와같이 말씀하시자
수보리가
"예, 그렇습니다. 세존이시여!
세존께서 하시는 말씀을 자세히 즐거이 듣기를 원합니다." 라고 하였다.

[鳩摩羅什]

唯然世尊 願樂欲聞

유연세존 원요욕문

[玄奘]

具壽善現白佛言 如是如是世尊 願樂欲聞

구수선현백불언 여시여시세존 원락욕문

제3분 대승정종분(大乘正宗分)

· 대승 보살이 지닐 올바른 마음

भगवन् एताद् अवोचत् इह सुभूते वोधिसत्त्व यान संप्रस्थितेन एवं च्चित्तम् उत्पादयितव्यं यावंतः सुभूाते सत्त्वाः सत्त्वधातौ सत्त्वसंग्रहेण संगृहीता आंडजा वा जरायुजा वा संस्वेदजा वौपपादुका वा रुपिणो वारुपिणो वा सांज्ञिने वा नैव सांज्ञिनो नासांज्ञिनो वा यावान्क

सांज्ञिनो वा नैव सांज्ञिनो नासांज्ञिनो वा याभ वान्कश्चत्सत्त्वधातुर्प्रज्ञाप्यमानः प्रज्ञाप्यते ते चमयभ ासर्वे ऽनपधिशेषे निर्वाणधातौ पानिर्वापयितव्याः ए वमपरिमाणनापि सत्त्वान्परिनिर्वाव्य न कश्चित्सत्त्वः परिनिर्वापितो भवति ।

Bhagavān etad avocat | iha Subhūte bodhisattva yāna samprasthitena evam cittam utpādayitavyam yāvantaḥ Subhūte sattvāḥ sattvadhātau sattva samgraheṇa samgṛhītā aṇḍajā vā jarāyujā vā samsvedajā va upapādukā vā rūpiṇo vā arūpiṇo vā samjāino vā asamjāino vā naiva samjāino na asamjāino vā yāvan kaścit sattvadhātu prajñapya mānaḥ prajñapyate te ca mayā sarve' nupadhiśeāe nirvāṇadhātau parinirvāpayitavyāḥ| evam aparimāan api sattvān parinirvāpya na kaścit sattvaḥ parinirvāpito bhavati

바가반 에타드 아보차트 이하 수부테 보디사뜨바 야나
삼프라스티테나 에밤 치탐 우트파다이타브얌 야반타흐
수부테 사뜨바흐 사뜨바다타우 사뜨바 삼그라헤나
삼그르히타 안다자 바 자라유자 바 삼스베다자 바 우파파두카
바 루피노 바 아루피노 바 삼갸니노 바 아삼갸니노 바 나이바
삼갸니노 나 아삼기노 바 야반 카스치트 사뜨바다투
프라즈나프야 마나흐 프라즈나프야테 테 차 마야 사르베 누파디세세
니르바나다타우 파리니르바파이타브야흐 에밤 아파리마나흐
아피 사뜨반 파리니르바프야 나 카스치트 사뜨바흐 파리니르바피토
바바티

바가반: 세존께서, 에타드: 현존하는, 아보차트: 말하다,
이하: 이것, 수부테: 수보리, 보디사뜨바: 보살(菩薩),
야나: 길, 삼츠라스티테나: 출발하다, 에밤: 이것, 치땀: 마음,
우트파다이타브얌: 마음에 간직하다, 야반타흐: ~같이,
사뜨바흐: 중생, 존재하는, 사뜨바타우: 중생의 세계, 존재하는,
사뜨바: 존재, 중생, 삼그라헤나: 파악하다, 삼그르히타: 파악하다,
안드와자: 알, 바: ~하는 것, 자라유자: 모태로 태어난,
삼스베다자: 습기로 태어난, 우파파두카: 저절로 태어난,
루피노: 모양을 갖추다, 유색(有色),
아루피노: 모양을 못 갖춘 것, 무색(無色),
삼갸니노: 인식의 작용이 있는, 유상(有想),
아삼갸니노: 인식의 작용이 없는, 무상(無想),
야반: ~한에서, 카스치트: 누구, 프라갸나프야: 추측하다,
마나흐: 마음, 프라갸나프야테: 추측하다, 가능하다, 테: 그들,
차: 또한, 마야: 나에 의해, 사르베: 모든, 아누파디세: 간직하다,
니르바나다타우: 열반의 경지, 모든 업장이 소멸된,
파리니르바프야나: 완전한 평온(을 얻다),
아파리마나흐: 헤아릴수 없는, 아피:~도, 나: 아닌,
파리니르바피토: 완전하게 해방되다, 바바티:~이 되다

부처님께서 수보리에게 이렇게 말씀하였다.
모든 보살마하살의 길을 향해 나선 이들은 철저히 자기 마음을 깊은 곳까지 버리고 이렇게 마음을 다스려야 한다.

수보리여, 중생들은 중생의 집단으로 연결되나니,
모든 중생은 알에서 태어난 것이나, 모태로 태어난 것이나, 습한것에서 태어난 것이나, 변화하여 태어나는 것이나, 형상이 있는 것이나, 형상이 없는 것이나, 생각을 가진 것이나, 생각이 없는 것이나 저절로 태어난 것이나, 몸을 가진 것이나, 몸을 갖지 않은 것이나, 인식의 작용이 없는 것이나, 인식의 작용이 있는 것이나, 인식의 작용이 없는 것도 있는 것도 아닌 것이나, 중생의 세계가 즉 더 많이 있다 하여도 그들 모두를 나에 의해서 내가 일체의 번뇌가 없는 열반의 경지로 완전히 해탈하게 제도하리라.

이와 같이 한량 없고 헤아릴수 없는 많은 중생들을 해탈하여 열반에 들게 제도하였으나, 실제로는 그 어떠한 중생도 완전히 제도되어 열반을 얻은 중생은 아무도 없느니라.

해 석

사뜨바다타우 사뜨바 삼그라헤나 삼그르히타(Sattvadhātau sattva samgraheṇa samgṛhītā) '중생들은 중생으로 여겨지는 한 중생의 집단으로 연결되나니'는 상대세계는 상대세계로 연결된다는 것이며,
그리고 안다자 바 자라유자 바 삼스베다자 바 우파파두카 바 (Aṇḍajā vā jarāyujā vā samsvedajā va upapādukā vā)는 알에서 태어난 것인 안타자 (Aṇḍajā), 모태로 태어난 것인 자라유자 (Jarāyujā), 습한것에서 태어나는 삼스베다자 (Samsvedajā), 화현(化現)하여 태어나는 것인 우파파두카(Upapādukā) 4가지 종류로 태어나는 것을 말하였다.
그리고 루피노 바 아루피노 바 (Rūpiṇo vā arūpiṇo vā) 모양이 있는 것, 모양이 없는 것은 외부적인 형상으로 벗어남을 말하는 것이며,
삼갸니노 바 나이바 삼갸자니노 나 아삼갸니노(Samjāino vā naiva sam-jāino na asamjāino)는 인식의 작용이 없는 것, 인식의 작용이 있는 것, 인식의 작용이 없는 것도 있는 것도 아닌 것을 말한다.

니르바나 다투(Nirvāṇa dhātau)는 열반의 경지를 말한다.
니르바나(Nirvāṇa) 단어는 불교에서 쓰여졌고,
바가바드 기타(Bhagavad Gita)와 후기 우파니샤드(Upanishad)에도 쓰여졌다.

[鳩摩羅什]

佛告 須菩提 諸菩薩摩訶薩 應如是 降伏其心
所有一切衆生之類 若卵生 若胎生 若濕生 若化生
불고 수보리 제보살마하살 응여시 항복기심
소유일체중생지류 약란생 약태생 약습생 약화생
若有色 若無色 若有想 若無想 若非有想非無想
我皆令入無餘涅槃 而滅度之 如是滅度 無量無數
약유색 약무색 약유상 약무상 약비유상비무상
아개영입무여열반 이멸도지 여시멸도 무량무수
無邊衆生 實無衆生 得滅度者
무변중생 실무중생 득멸도자

[玄奘]

佛言善現 諸有發趣菩薩乘者 應當發趣如是之心
所有諸有情 有情攝所攝 若卵生若胎生
불언선현 제유발취보살승자 응당발취여시지심
소유제유정 유정섭소섭 약난생약태생
若濕生若化生 若有色若無色 若有想若無想 若非有想非無想
乃至有情界 施設所施設
약습생약화생 약유색약무색 약유상약무상 약비유상비무상
내지유정계 시설소시설
如是一切 我當皆令於無餘依妙涅槃界而般涅槃
雖度如是無量有情令滅度已 而無有情得滅度者
여시일체 아당개영어무여의묘열반계이반열반
수도여시무량유정영멸도이 이무유정득멸도자

तत् कस्य हेतोः
सचेत् सुभूते वोधिसत्त्वस्व सत्त्व
संज्ञा प्रवर्तत
न स वोधिसत्त्वस्व इति वकथः

Tat kasya hetoḥ।
sacet Subhūte bodhisattvasya sattvasa
samjñā pravarteta,
na sa bodhisattva iti vaktavyaḥ।

타트 카스야 헤토우
사체트 수부테 보디사뜨바스야 사뜨바
삼갸 프라바르테타
나 사 보디사뜨바 이티 바크타브야흐

타트: 그것,
카스야: 무엇,
헤토우: 왜냐하면,
사: 그것, 체트: 만일,
수부테: 수보리,
보디사뜨바스야: 보살이,
사뜨바삼갸나: 중생이란 관념,
프라바르데타: 일으키다,
나: 아닌,

사: 그것의
보디사트바: 보살,
이티: ~라고는 것,
바크타브야흐: 말하다,

왜냐하면 수보리야!
만약 보살에게 보살이 중생이라는 상념이 일어난다면,
그는 보살이라고 말할 수 없기 때문이다.

해 석

사뜨바삼갸나 (Sattvasa samjñā)는 중생이라는 상념 또는 생각인데 여기서 삼갸나는 '그렇게 인식하다' 는 것이다.

[鳩摩羅什]

[玄奘]

何以故 善現 若諸菩薩摩訶薩有情想轉不應說名菩薩摩訶薩
하이고 선현 약제보살마하살유정상전불응설명보살마하살

तत् कस्य हेताः
न स सुभूते वोधिसत्त्वे
वथो यस्व आत्म संज्ञा
प्रवर्तेत सत्त्वस संज्ञा वा जीव संज्ञा वा
पुद्गलसंज्ञा संज्ञा वा प्रवर्तेत

Tat kasya hetoḥ।
na sa Subhūte bodhisattvo
vaktavyo yasya ātma samjñā
pravarteta, sattvasa samjñā vā jīva samjñā vā
pudgalasa samjñā vā pravarteta ।

타트 카스야 헤토우
나 사 수부테 보디사뜨보
바크타브요 야스나 아트마 삼갸나
프라바르테나 사뜨바 삼갸나 바 지바 삼갸나 바
프트갈라사 삼갸나 바 프라바르테타

타트: 그것, 카스야: 무엇
헤토우: 왜냐하면, 나: 아닌, 사: 그것
수부테: 수보리, 보디사뜨보: 보살
바크타브요: 말하다, 야스야: 누구든지
아트마 삼갸나: 나란 상념
프라바르테나: 일으키다
지바 삼갸나: 영혼이란 상념, 바: ~하는 것
푸트갈라사 삼갸나: 개아(個我)란 상념
프라바르테타: 일으키다, 생겨나다

또한 수보리여,
만약 보살이 아상(我相), 인상(人相), 중생상(衆生相), 수자상(壽者相)
즉 내가 있다는 상념, 다른 사람이 있다는 상념, 중생이라는 상념,
영혼・수명이란 상념을 일으킨다면,
그는 곧 보살이라고 말할 수 없기 때문이다.

해 석

아트마 삼갸나(Ātma samjñā)는 나란 상념이며,
지바 삼갸나(Jīva samjñā)는 영혼이라는 상념이며,
푸드갈라사 삼갸나(Pudgalasa samjñā)는 개아(個我)라는 삼갸나인 상념이 있다면,
진정으로 보디사뜨바(Bodhisattva)인 보살(菩薩)이라고 말할 수 없다는 것이다.

[鳩摩羅什]

何以故 須菩提 若菩薩 有我相 人相 衆生相 壽者相 卽非菩薩

하이고 수보리 약보살 유아상 인상 중생상 수자상 즉비보살

[玄奘]

所以者何 善現 若諸菩薩摩訶薩不應說言有情想轉
如是命者想 士夫想 補特伽羅想

소이자하 선현 약제보살마하살불응설언유정상전
여시명자상 사부상 보특가라상

意生想。摩納婆想。作者想。受者想轉當知亦爾。
何以故。善現。無有少法名為發趣菩薩乘者

의생상 마납파상 작자상 수자상전당지역이
하이고 선현 무유소법명위발취보살승자

제4분 묘행무주분(妙行無住分)

· 법(法), 상, 관념에 머무르거나
집착함이 없이 보시해야
미묘하고 아름다우니라.

आपि तु खलु पुनः सुभूते न बोधिसत्त्वेन वस्तु
प्रतिष्ठितेन दानं दातव्यं न क्वचित् प्रतिष्ठयेन
दानं दातव्यं न रुपप्रतिष्ठतेन दानं दातव्थं न
शवदगंधरसस्प्रष्ट व्यधर्मेषु प्रतिष्ठतेन दानं दातवयं ए
वं हि सुभूते बोधिसत्त्वेन महासत्त्वेन दानंदातव्यं
यथाननिमित्त संज्ञायाम अपि प्रतितिष्ठेत्

Api tu khalu punaḥ Subhūte na bodhisattvena vastu pratiāhitena dānam dātavyam na kvacit pratiṣṭhitena dānam dātavyam na rūpa pratiāhitena dānam dātavyam na śabda gandha rasa spraṣṭavya dharmeāu pratiṣṭhitena dānam dātavyam | evam hi Subhūte bodhisattvena mahāsattvena dānam dātavyam yathā na nimitta samjñāyām api pratitiṣṭhet |

아피 투 칼루 푸나흐 수부테 나 보디사뜨베나 바스투
프라티스티테나 다남 다타브얌 나 크바치트 프라티스티테나
다남 다타브얌 나 루파 프라티스티테나 다남 다타브얌
나 사브다 간다 라사 스프라스타브야 다르메수 프라티스티테나
다남 다타브얌 에밤 히 수부테 보디사뜨베나
마하사뜨베나 다남 다타브얌 야타 나 니미따
삼가얌 아피 프라티티스테트/

피: ~도, 투: 그러나
칼루: 실로, 푸나흐: 다시,
수부테: 수보리, 나:아닌,
보디사뜨베나: 보살은,
바스투: 사는 장소,
프라티스티테나: 집착하다,
다남: 보시(布施),
다타브얌: 주어야만 하는. 주는 것
크바치트: 어디엔가,
루파: 물질, 사브다: 소리,
간다: 냄새, 라사: 맛,
스프라스타브야: 촉감,
다르메수: 의식이나 마음,
에밤: 확실한, 히: 의 ~이유로,
수부띠: 수보리,
보디사뜨베나: 보살,
마하사뜨베나: 마하살,
야타: ~과 같이,
니미타: 흔적, 삼가얌: 앞선 마음,
아피: 또한, 프라티티스테트: 희망,

또한, 수보리여,
보살은 어떠한 법(法)에도 집착하여 머무름이 없이 보시를 하고,
마땅히 어떤 대상에도 집착하여 머무름이 없이 보시를 하여야 하느니라.

이를 테면
눈에 보이는 것에 집착함이 없이 보시를 하고,
귀를 통하여 들리는 소리나,
코로 인하여 맡을 수 있는향기나,
혀로 느낄 수 있는 맛이나 피부로 느껴질 수 있는 촉감이나
의식으로 헤아릴 수 있는 어떤 생각에도
집착하여 안주함이 없이 보시(布施)를 행하여야 한다.

수보리여,
정말로 보살 마하살이
이와 같이 법에 머무름이 없이 보시하여,
결코 어떤 대상의 상(相)이나 관념에 안주하지 않아야만 한다.

해 석

바스투(Vastu)는 장소 또는 대상을 말한다.
다남(Dānam)은 베풀거나 보시(布施),하다는 뜻이다.

루파, 사브다, 간다, 라사, 스프라스타브야, 다르메수(Rūpa śabda gandha rasa sprașțavya dharmeāu)는 형상, 소리, 향기, 맛, 촉감, 의식이나 마음의 여섯 감각기관을 말한다.

니미타 삼가얌 (Nimitta samjñāyām)은 외부적인 대상이나 형상을 말한다.

[鳩摩羅什]

復次須菩提 菩薩 於法 應無所住 行於布施
所謂不住色布施 不主聲香味觸法布施
부차수보리 보살 어법 응무소주 행어보시
소위부주색보시 부주성향미촉법보시
須菩提 菩薩 應如是布施 不住於相
수보리 보살 응여시보시 부주어상

[玄奘]

復次善現 若菩薩摩訶薩不住於事應行布施
都無所住應行布施 不住於色應行布施 不住聲
부차선현 약보살마하살부주어사응행보시
도무소주응행보시 부주어색응행보시 부주성
香味觸法應行布施 善現
如是菩薩摩訶薩如不住相想應行布施
향미촉법응행보시 선현
여시보살마하살여불주상상응행보시

तत्कस्य हेतोः ।
यः सुभूते प्रतिष्ठितो दामंददाति
तस्य सुभूते पुणय स्कन्धस्य ।
न सुकरंप्रमा प्रमानमं् उदग्नहितुं ।

Tat kasya hetoḥ।
yaḥ Subhūte pratiṣṭhito dānam dadāti
tasya Subhūte puṇya skandhasya
na sukaram pramāṇam udgrahītum ।

타트 카스 헤토우/
야흐 수부테 프라티스티토 다남 다다티
타스야 수부테 푼야 스칸다스야
나 수카람 프라마남 우드그라히툼/

타트: 그것, 카스: 무엇,
해토우: ~왜나하면,
야하: 누구,
수부테: 수보리,
보디사트보: 보살,
아프라티스티토:집착않는,
다남: 보시, 다다티: 준다,
타스야: 그것, 푼야: 공덕(功德),
스칸다스야: 가치있는, 쌓다,
나: 아닌, 수카람: 쉬운,
프라마남: 분량,
우드그라히툼: ~할 수 있는

왜냐하면 수보리여,
만약 보살이 어떤 대상의 형상(相)이나 관념에 집착하지 않고
보시를 하는 공덕을 쌓는다면,
그 복덕은 가히 양으로 헤아릴 수 없는 것이기 때문이다.

해 석

푼야 스칸다스야(Puṇya skandha)는 공덕(功德)을 쌓는다는 의미이다.

[鳩摩羅什]

何以故 若菩薩 不住相布施 其福德 不可思量

하이고 약보살 부주상보시 기복덕 불가사량

[玄奘]

何以故 善現 若菩薩摩訶薩都無所住而行布施
其福德聚不可取量

하이고 선현 약보살마하살도무소주이행보시
기복덕취불가취량

तात् किम् मन्यसे सुभूते सुकरं पुर्वस्यं
दिश्याकाशस्य प्रमाणमुद्ग्राहितुं सुभूतिरह ।
नो हिदं भगवन् । भगवान् आह ।
एवं दक्षिण पश्चमोत्तरास्वध ऊर्ध्वं दिग्विदिक्षु
समंतादृशसु दिक्षु सुकरमाकाशस्य प्रमाणमुद्ग्राहितुं ।
सुभूतिराह । नोहीदंभगवन् । भगवान् आह ।
एवं एव सुभूते यो बोधिसत्त्वोऽप्रतिष्ठतो दानं
ददाति तस्य सुभूते पुयसकंधस्य न सुकरं
प्रमाणमुदग्नहितुं । एवं हि सुभूते बोधिसत्त्वेन
संप्रस्थितेन दानंदातव्यं यथान निमित्तसंक्षायाम
अपिप्रतितिष्ठेत् ॥ ४ ॥

Tat kim manyase Subhūte sukaram pūrvasyām diśy
ākāśasya pramāṇam udgrahītum | Subhūtir āha |
no hīdam Bhagavan | Bhagavān āha | evam dakāṣiṇa
paścina uttara āsvadha ūrdhvam digvidikāu samantād
daśasu dikṣu sukaram ākāśasya pramāṇam udgrahītum |
Subhūtir āha |
no hīdam Bhagavan | Bhagavān āha | evam eva Subhūte
yo bodhisattvo'pratiṣṭhito dānam dadāti tasya
Subhūte puṭya
skandhasya na sukaraµ pramāṇam udgrahītum |
evam hi Subhūte bodhisattva yāna samprasthitena dānam
dātavyam yathā na nimitta samjñāyām api pratitiṣṭhet |

타트 킴 만야세 수부테 수카람 푸루바스얌 디쉬
아카사스야 프라마남 우드라히툼/ 수부티르 이하/
노 히담 바가반/ 바가반 아하/ 에밤 다크시나
파스치나 우따라 아스바다 우르드 디그비딕수 사만타드
다사수 딕수 수카람 아카사스야 프라마남 우드그라히툼/
수부티르 아하/
노 히담 바가반/ 바가반 아하/ 에밤 에바 수부테
요 보디사뜨보 프라티스티토 다남 다다티 타스야 푼야
스칸다스야 나 수카람 프라마남 우드그라히툼/
에바 히 수부테 보디사뜨바 야나 삼프라스티테나 다남
다타브얌 야타 나 니미타 삼그나얌 아피 프라티티스테트/

타트: 그것, 킴: 무엇이, 만야세: 생각하다, 수부티르: 수보리,
이하: 너의 생각은 어떠한가? 수카람: 쉬운, 쉽게
푸르바스얌: 동쪽, 디쉬: 방향, 아카사스야: 허공, 공간
프라마남: 분량, 우두그라히툼: ~할 수 있는, 아하: 대답하다,
노: 아닌, 히담: 확실한,
바가반: 세존, 바가반 아하: 세존이 말씀하셨다,
에바: 이와 같이, 다크시나: 남쪽, 파스치나: 서쪽, 우따라: 북쪽,
아스바다: 즐기다 , 우르드: 아래, 디그비딕수: 동서남북의 간방,
사만타드: 모든 방향, 다사수: 10, 딕수: 방향,
우드그라히툼: ~할 수 있는, 에바: 참으로, 아하: 누구,
에밤: 확실한, 에바: 참으로, 수부테: 수보리, 요: 누구,
보디사뜨보: 보살(菩薩), 아프라티스티토: 집착하지 않는,
다남: 보시, 다다티: 준다, 타스야: 그것, 푼야: 덕,
스칸다스야: 모우다, 나: 아닌, 히:정말로, 야나:길,
삼프라스티테나: 출발하다, 다타브얌: 주는, 야타: ~와 같이,
니미타: 흔적, 삼그나얌: 앞선 마음,
아피: 또한, 프라티티스테트: 희망

"수보리여, 그대 생각은 어떠한가?
동쪽에 허공의 양을 쉽게 헤아릴 수 있다고 생각하느냐?"
수보리가 말하였다.
"그렇지 않습니다, 세존이시여! 헤아릴 수 없습니다. "
세존께서 말씀하셨다.
"수보리여, 이와 같이 남, 서, 북쪽 방향과 아래와 위,
네개의 간방위인 동남, 남서, 서북, 북동 등 열개의 모든 방향의
허공의 양을 가히 헤아릴 수 있겠느냐?"
수보리가 대답했다. "그렇지 않습니다, 세존이시여!"
세존이 말씀하셨다.

"바로 이처럼 수보리야,
보살이 대상의 형상이나 관념에 집착하지 않고,
보시를 행하여 쌓은 이와 같은 복덕도 또한 이와 같아서
가히 생각하여 그 양을 쉽게 잴 수가 없느니라.

수보리여,
정말로 보살의 길을 향해 나선 자는
그처럼 보시를 해야만 하되,
결코 외부적인 대상에 집착하지 않고
오직 가르침대로 실천해야 하느니라."

해 석

만야세 (Manyase)는 생각하다는 뜻이다.
아카사(Ākāśasya)는 허공을 말한다.

[鳩摩羅什]

須菩提 於意云何 東方虛空 可思量不 不也世尊

須菩提 南西北方 四維上下虛空 可思量不

수보리 어의운하 동방허공 가사량부 불야세존

수보리 남서북방 사유상하허공 가사량부

不也世尊 須菩提 菩薩 無住相布施福德 亦復如是 不可思量

須菩提 菩薩 但應如所教住

불야세존 수보리 보살 무주상보시복덕 역부여시 불가사량

수보리 보살 단응여소교주

[玄奘]

佛告善現 於汝意云何 東方虛空可取量不 善現答言

不也世尊 善現如是南西北方四維上下

불고선현 어여의운하 동방허공가취량불 선현답언

불야세존 선현여시남서북방사유상하

周遍十方一切世界虛空可取量不 善現答言

不也世尊 佛言善現 如是如是 若菩薩摩訶薩

주편십방일체세계허공가취량불 선현답언

불야세존 불언선현 여시여시 약보살마하살

都無所住而行布施 其福德聚不可取量亦復如是 善現。

菩薩如是如不住相想應行布施

도무소주이행보시 기복덕취불가취량역복여시 선현

보살여시여불주상상응행보시

제5분 여리실견분(如理實見分)

· 모든 상이 상 아님을 알고
여래를 겉모습으로 보지말고
이치대로 존재 실상의 참모습을 보라.

तत्किं मनयसे सुभुते लक्षणसंपदा ततगते द्रष्टव्यः
। सुभुतौं आह । नो हिदं भगवन् न लक्षण संपदा
तथागतो द्रष्टव्थः। तत्कस्य हेतोः। या सा भगवन्
लक्षण संपत् तथगते न
भाषिता सैवालक्षणसंपत् । एवमु भगवानायुस्मंत
सुभुतिमेतवोचत् ।याव्
सुभुत लक्षणसंपत्तावनमुषा यावद् क्षण संप् ताव्
त्नमृषेति लक्षणालक्षणस्तथागतो द्रष्टव ।

Tat kim manyase Subhūte lakṣaṇ asampadā tathāgato
draṣṭavyaḥ| Subhūtir āha |
no hīdam bhagavan na lakṣaṇa sampa dātathāgato
draṣṭavyaḥ| tat kasya hetoḥ| yā sā Bhagavan lakṣaṇa
sampat tathāgatena bhāṣitā sa iva alakṣaṇa sampat |
evam ukte Bhagavān āyuṣmantam Subhūtim etad avocat |
yāvat Subhūte lakṣaṇa sampat tāvan mṛṣā yāvad alakṣaṇa
sampat tāvan na mṛṣeti hi lakṣaṇa alakṣaṇa tathāgato
draṣṭavyaḥ|

타트킴 만야세 수부테 라크샤나 삼파다 타타가토
드라스타브야흐/ 수부타르 아하/
노 히담 바가반 나 라크사나 삼파다 타타가토
드라스타브야흐/ 타트 카스야 헤토우/ 야 사 바가반 라크사나
삼파트 타타가테나 바시타 사 이바 라크사나 삼파트
에밤 욱테 바가반 아유스만탐 수부팀 에타드 아보차드/
야바트 수부테 라크사나 삼파트 타반 므르사 야바트 아라크사나
삼파트 타반 나 므르세티 히 라크사나 아라크사나 타타가토
드라스타브야흐/

타트: 그것, 킴: 무엇,
만야세: 생각하다, 수부테: 수보리,
라크사나: 성스러운 모습, 성스러운 몸
삼파다: 형태, 형태, 타타가타: 여래,
드라스타브야흐: 보다,
수부타르: 수보리, 이하: ~하다,
노: 아닌, 히담: 확실한,
바가반: 세존, 나: 아닌,
카스야: 무엇, 헤토우: 무엇, 야: 누구,
라크사나 삼파디 타타가타: 구족여래신상(具足如來身狀),
바시타: 말하다,
사: 접두사, 이바: 마치,
삼파트: 상징, 에밤: 이와 같이,
욱테: 말하다, 아유스만탐: 장로,
수부티: 수보리, 에타드: 앞에,
아보차드: 말하다, 야바트: ~하는 만큼,
므르사: 헛된, 타바: 그대,
므르세티: 헛된, 히: 왜냐하면,
아라크사나: 성스럽지 않는 몸,

"수보리여, 그대 생각은 어떠한가?
몸이 성스러운 모습의 신체적 형상을 갖추었다고 해서 여래로 볼 수 있는가?" 수보리가 말했다.
"없습니다. 세존이시여! 몸이 성스러운 모습의 신체적 형상을 갖추었다고 해서 여래라고 볼 수는 없습니다.

왜냐하면 세존이시여!
몸이 성스러운 모습의 신체적 형상을 갖추었다고, 그것은 여래께서 말씀하신 실제로 성스러운 모습을 갖춘 것이 아니기 때문입니다."
이와 같이 말했을 때 세존께서 수보리에게 말씀하셨다.
"수보리여, 성스러운 모습의 신체적 형상을 완벽하게 갖추었다고 성스럽다고 하면 거짓을 말하는 것이요, 성스러운 모습을 완벽하게 갖추지 않았다고 말하면 그것은 거짓으로 말하는 것이 아니다.
곧 신체적 형상은 형상이 아니기 때문이다.

그러므로 형상이 있는 것은 모두가 허망한 것이니,
만약 모든 형상이 실체적 형상이 아님을 본다면,
곧 여래의 참 모습을 볼 수 있으리라."

해 석

라크샤나 삼파다 (Lakṣaṇa sampadā)는 성스러운 모습의 형태인데, 32가지의 부처님의 상을 말하기도 한다.
이 절은 금강경에서 구마라습이 가장 아름답게 번역된 사구게의 하나인
"라크사나 삼파트 타반 므르사 야바트 아라크사나 삼파트 타반
나 므르세티 히 라크사나 아라크사나 타타가토 드라스타브야흐"
(Lakṣaṇa sampat tāvan mṛṣā yāvad alakṣaṇa sampat tāvan
na mṛṣeti hi lakṣaṇa alakṣaṇa tathāgato draṣṭavyaḥ)
"거룩한 모습을 완벽하게 갖추었다고 하면 가장해서 말하는 것이요, 거룩한 모습을 완벽하게 갖추지 않았다고 말하면 가장하여 말하는 것이 아니다. 그러므로 거룩한 모습을 갖추었거나 거룩한 모습을 갖추지 않았거나 여래를 볼 수 있어야 한다."
구마라습의 한역(漢譯)으로는

"범소유상개시허망 약견제상비상즉견여래(凡所有相皆是虛妄 若見諸相非相則見如來)" "모든 상은 다 허망한것이다. 만약 모든 상이 상 아님을 알게되면 그것은 바로 여래를 보는 이다."라고 하였다. 상대적인 색신(色身)은 변하는 상이 존재하는 유상(有相)이며 변하지 않는 절대적인 법신(法身)은 무상(無相)이다.

색신인 유상은 상대적인 요소에 의해 드러나는 것이며 무상은 상대적으로 드러나지 않지만 항상 존재하는 법신이다. 그것은 마치 수소와 산소의 존재가 물과 얼음과 수증기에서 존재하지만 드러나지 않는 것과 같다.

또한 나무의 진액이 줄기, 잎 꽃, 뿌리에 존재하지만 드러나지 않으면서 모든 곳에 존재하는 것 처럼 법신과 여래(如來)도 마찬가지로 모든 곳에 나투고 있는 것이다.

[鳩摩羅什]

須菩提 於意云何 可以身相 見如來不

不也 世尊 不可以身相 得見如來 何以故 如來所說身相

수보리 어의운하 가이신상 견여래부

불야 세존 불가이신상 득견여래 하이고 여래소설신상

卽非身相 佛告須菩提 凡所有相 皆是虛妄 若見諸相非相 卽見如來

즉비신상 불고수보리 범소유상 개시허망 약견제상비상 즉견여래

[玄奘]

佛告善現 於汝意云何 可以諸相具足觀如來不 善現答言

不也世尊 不應以諸相具足觀於如來

불고선현 어여의운하 가이제상구족관여래불 선현답언

불야세존 불응이제상구족관어여래

何以故 如來說諸相具足卽非諸相具足

說是語已佛復告具壽善現言 善現 乃至諸相具足

하이고 여래설제상구족즉비제상구족

설시어이불복고구수선현언 선현 내지제상구족

皆是虛妄 乃至非相具足皆非虛妄 如是以相非相應觀如來

개시허망 내지비상구족개비허망 여시이상비상응관여래

제6분 정신희유분(正信希有分)

· 집착하지 않는
바른 믿음은 아주 드물다.

एवं उक्ते आयुष्मा् सुभुतिर्भगवतं एतद् अवोचत् ।
आस्ति भगवन् केचित् सत्त्वा
भविष्य अन् अनागते ध्वनि पश्चिमे काले पश्चिमे
समये पश्चिमायां पञ्च शत्यं सद्धर्म विप्रलोप कले
वर्तमाने य इमेष्व एवंरुपेषु सत्रांतपदेषु भाष्यमाणेषु
भूत संक्षाम उत्पादयिष्यन्ति ।

Evam ukte āyuṣmān Subhūtir Bhagavantam etad avocat|
asti Bhagavan kecit sattvā bhaviṣyanty anāgate 'dhvani
paścime kāle paścime samaye paścimāyām pañca śatyām
saddharma vipralopa kale vartamāne ya imeṣv
evam rūpeṣu sūtrānta padeṣu bhāṣyamāṇeṣu bhūta
samjñām utpādayiṣyanti |

에밤 욱테 아유스만 수부티르 바가반탐 에타다 아보차드
아스티 바가반 케치드 사뜨바 바비스얀티 아나가테 아드바니
파스치마 칼레 파스치메 사마에 파스치마얌 판차
사트얌 사다르마 비파르롤파 깔레 바르타마네 야 이메슈 에밤
루페슈 수트란타 파데슈 바스야마네슈 부타
삼가남 우트파다이스얀티

욱테: 말하다, 아유스만: 장로, 아스티: ~이다, 케치드: 어떤, 사트바: 중생, 바비스얀티: ~있을 것이다, 아나가테: 미래, 아드바니: 시간, 파스치마: 뒤에, 칼레: 시간, 사마에: 가정의 시간, 파스치마얌: 후에, 판차: 다섯, 사트얌: 백, 사: 좋은, 다르마: 법, 비파르롤파: 파멸, 바르타마네: 향하다, 야: 누구, 이메슈: 이것, 에밤: 이와 같이, 루페슈: 되어 있는, 수트란타: 경전, 파데슈: 시구, 바스야마네슈: 말하다, 부타:실재의, 삼가남: 상념, 우트파다이스얀타: 마음에 지니고 있는

수보리가 부처님께 여쭈었다.
"세존이시여! 여래가 입멸한 후, 다가올 미래의 오백년이라는 시간에 정법이 쇠퇴하려는 그때, 중생들에게 이러한 경전을 설한다 해도 진실하게 참 된 것이라 믿는 중생이 누가 있겠습니까?"

해 석

아나가테 아드바니(Anāgate adhvani)는 미래세 또는 미래의 시간을 말한다. 파스치마 칼레 파스치메 사마에(Paścime kāle paścime samaye)는 다음의 시간과 다음의 시기를 말한다.
파스치마얌 판차 사트얌(Paścimāyām pañca śatyām)는 미래 시간에 오백년을 말한다. 대승불교로 오면서 500년씩을 나누어 정법(正法)과 말법(末法)을 나누는 것은 인도의 전통적으로 삿트유가(Sat yuga)에서 칼리 유가(Kali yuga)로 나뉘는 것과 비슷하다.

[鳩摩羅什]
須菩提 白佛言 世尊 頗有衆生 得聞如是言說章句 生實信不
수보리 백불언 세존 파유중생 득문여시언설장구 생실신부
[玄奘]
說是語已 具壽善現復白佛言 世尊 頗有有情 於當來世後時後分後五百歲正法將滅時分轉時 聞說如是色經典句生實想不
설시어이 구수선현복백불언 세존 파유유정 어당래세후시후분후오백세정법장멸시분전시 문설여시색경전구생실상불

भगवान् आह । मा सुभुते त्वमं एवं वोचः ।
अस्ति केचित् सत्त्वा भविष्यत्यनाति
अनगतेऽध्वनि पश्चिमे काले पश्चिमे समये
पश्चिमायं पंच शत्यां सद्धर्म विप्रलोपे वर्तमो य
इमेष्वेवंरुपेषु सुत्रन्त पदेषु भाष्यमाणेषु भत संक्षाम्
उत्पादयिष्यंति ।
अपि तु खलु पुनः सुभुते भविष्यत्यनागतेऽध्वनि
बोधिसत्त्वा महासत्त्वाः पश्चिमे काले पश्चिमे समये
पश्चिमायां पंच शत्यां सद्धर्म विप्रलोपे वर्तमाो
गुणवंतः शीलवंतः प्रक्षावंतश्चभाष्यन्ति य इमेषु ए
वं रुपेषु सुत्रन्त पदेषु भाष्यमाणेषु भत संक्षाम्
उत्पादयिष्यन्ति ।

Bhagavān āha । mā Subhūte tvam evam vocaḥ।
asti kecit sattvā bhaviṣyanty anāgate'dhvani paścime kāle
paścime samaye paścimāyām pañca śatyām saddharma
vipralope vartamāne ya imeṣv evam rūpeṣu sūtrānta
padeṣu bhāṣyamāṇeṣu bhūta samjñām utpādayiṣyanti ।
api tu khalu punaḥ Subhūte bhaviṣyanty anāgate'dhvani
bodhisattva mahāsattvāḥ pacime kale paścime samaye
paścimāyām pañca śatyām saddharma vipralope
vartamāne guṇavantaḥ śilavantaḥ
prajñāvantaśca bhaviṣyanti ya imeṣv evam rūpeṣu
sūtrānta padeṣu bhāṣyamāṇeṣu bhūta samjñām
utpādayiṣyanti ।

바가반 아하/ 마 수부테 트밤 에밤 보차흐/
아스티 케치트 사뜨바 바비스얀티 아나가테드바니 파스치마 칼레
파스치메 사마예 파스치마얌 판차 사뜨얌 사다르마 비프라롤페
바르타마네 야 이메슈 에밤 루페수 수트란타
파데수 바스야마네수 부타 삼갸남 우트파다이스얀티
아피 투 칼루 푸나흐 수부테 바비스얀티 아나가테 드바니
보디사뜨바 마하사뜨바 파스치메 칼레 파스치메 사마예
파스치마얌 판차 사뜨얌 사다르마 비프라롤페
바르타마네 구나밤타흐 실라반타흐
프라즈나반타스 바비스얀티 야 이메슈 에밤 루페수
수트란타 파데수 바스야마네수 부타 삼가남
우트파다이스얀티

바가반:세존, 아하:말하다, 마:아닌, 수부테:수보리,
트밤:당신, 에밤:이와같이, 보차흐:말하다, 아스티:~이다,
케치트:어떤, 사트바:중생, 파스치마:~뒤에, 파스치메:끝에,
칼레:시간, 사마예:가정하는 시간, 파스치마얌:뒤에,
판차:5, 사뜨얌:100, 사다르마:좋은 법, 비프라롤페:쇠퇴,
바르마타네:~향하게 하는, 야:누구, 이메슈:이것,
루페수:되어 있는, 수트란타:경전, 파데슈:시구,
바스야마네수:말하다, 부타:실제, 삼가남:생각,
우트파다이스얀티:마음에 간직하다, 아피:~도, 투:그러나,
칼루:실로, 푸나흐:다시, 바비스얀티:~있을 것이다,
아나:아닌, 아가테:오다, 아드바니:시간, 보디사뜨바:보살,
마하사뜨바:마하살, 구나밤타흐: 공덕을 갖춘,
실라반타흐:계율을 잘 수지한, 프라즈나반타스:지혜를 갖춘,
파데슈:시구, 부타: 실제, 삼갸남:생각,
우트파다이스얀티:마음에 간직하다, 일으키다

부처님께서 수보리에게 말씀하셨다.
"수보리여, 그렇게 말하지 말라.
여래가 입멸한 후, 다가올 미래의 오백세라는 시간이 흘러
정법이 쇠퇴하려는 그때,
중생들에게 이러한 경전을 설한다해도 참 된 것이라 진실하게
믿는 중생이 누가 있겠습니까? 라고 말하지 말라.

또한 "수보리여, 여래가 입멸한 후,
다가올 미래의 오백년이라는 시간에 정법이 쇠퇴하려는 그 때에도,
계를 지니며 복덕을 쌓고 지혜를 갖춘 보살 마하살이 있어서
그는 이와 같은 경전의 말씀들에 신심을 내어,
이것을 진실이라 여길 것이니라."

해 석

부타 삼갸남(Bhūta samjñām)은 참된 것이라는 마음을 일으키다는 것이다.
삼갸남이란 마음을 일으키거나 생각을 일으키다는 뜻이다.

구나밤타흐 실라반타흐 프라그야반타스(Guṇavantaḥ śilavantaḥ prajñāvantaś)는 공덕을 쌓고, 계를 지니고, 지혜를 갖추다는 뜻이다.

[鳩摩羅什]

佛告須菩提 莫作是說 如來滅後 後五百歲 有持戒修福者
於此章句 能生信心 以此爲實

불고수보리 막작시설 여래멸후 후오백세 유지계수복자
어차장구 능생신심 이차위실

[玄奘]

佛告善現 勿作是說 頗有有情於當來世後時後分後五百歲
正法將滅時分轉時 聞說如是色

불고선현 물작시설 파유유정어당내세후시후분후오백세
정법장멸시분전시 문설여시색

經典句生實想不 然復善現
有菩薩摩訶薩於當來世後時後分後五百歲 正法將滅時分轉時 具足

경전구생실상불 연복선현
유보살마하살어당내세후시후분후오백세 정법장멸시분전시 구족

尸羅具德具慧 佛告善現 勿作是說
頗有有情於當來世後時後分後五百歲 正法將滅時分轉時

시라구덕구혜 불고선현 물작시설
파유유정어당내세후시후분후오백세 정법장멸시분전시

聞說如是色經典句生實想不 然復善現
有菩薩摩訶薩於當來世後時後分後五百歲 正法將滅時分

문설여시색경전구생실상불 연복선현
유보살마하살어당내세후시후분후오백세 정법장멸시분

轉時 具足尸羅具德具慧

전시 구족시라구덕구혜

न खलु पुनस्ते सुभुते
महबोधिसत्त्वा एक बुद्धा अपर्युपासिता भविष्यंति
न एक बुद्धा अवरोपि कुशल मुला भविष्यंति आपि
तु खलु पुनः
सुभुते अनेक बुद्ध शतसहर अपर्युपासिता अनेक बुद्ध
शतसहरा अवरोपित कुशल मुलास् ते बोधिसत्त्वा
महासत्त्वा
भविष्यन्ति य इमेष्वेवरुपेषु सुत्रात पदेषु
भाष्यमाणेष्व् एकचित्त प्रसादं
अपि प्रतिलप्स्यन्ते ।

Na khalu punas te Subhūte
bodhisattva mahāsattvā eka Buddha paryupāsitā
bhaviṣyanti na eka Buddha
avaropita kuśala mūlā bhaviṣyanti api tu khalu punaḥ
Subhūte aneka Buddha śatasahasra paryupāsitā aneka
Buddha
śata sahasra avaropita kuśala mūlās te bodhisattvā
mahāsattvā bhaviṣyanti ya imeṣv evam rūpeṣu sūtrānta
padeṣu bhāṣyamāṇeṣv eka citta prasādam
api pratilapsyante ।

나 칼루 푸나스 테 수부테
보디사뜨바 마하사뜨바 에카
부따 파르유파시타 바비스얀티 나 에카 부따
아바로피타
쿠사라 물라 바비스얀티 아피 투 칼루 푸나흐 수부테
아네카 부따 사타사하스라 파르유파시타 아네카 부따
사타 사하스라 아바로피타 쿠살라 물라스 테 보디사뜨바
바비스얀티 야 이메스 에밤 루페수 수트란타
파데수 바스야마네스브 에카 치따 프라사담
아피 프라티라프스얀테

나 : 아닌, 칼루 : 참으로,
푸나스테 : 또한,
보디사뜨바 : 보살,
마하사뜨바 : 마하살, 에카 : 하나,
파르유파시타 : 섬기다,
바비스얀티 : ~이 되다, 에카 : 하나,
아바로피타 : 성장하게하다,
쿠사라 : 선한, 물라 : 뿌리,
테 : 그들, 아피 : ~도, 투 : 그러나,
푸나흐 : 다시, 부테 : 수보리,
아네카 : 많은, 사타 : 100,
사하라 : 1000, 야 : 누구,
이메스 : 이것, 루페수 : 되어 있는,
수트란타 : 경전,
파데수 : 시구, 바스야마네스 : ~설해지다,
에카치타 : 하나의 마음,
프라사담 : 청정, 어피 : 확실히,
프라티라프스얀테 : 획득하다

"또한 수보리여,
마땅히 알아야 한다.
이러한 보살 마하살들은 한 두분 부처님이나,
셋, 넷, 다섯분 부처님에게만 귀의하여 선근(善根)을 심어 섬겼던 것이 아니라,
이들 보살 마하살들은 이미 한량없는 천만 부처님들이
계신 곳에도 귀의하여, 여러 선근(善根)을 행했을 것이다.

이러한 경전의 글과 말씀을 들으며,
보살들은 확실히 한 생각으로 청정하고 깨끗한 믿음을 내느니라."

해 석

아바로피타 쿠살라 물라(Avaropita kuśala mūlā)는 선한 뿌리(善根)를 심는다는 뜻이다.
에카 치따 프라사담(Eka citta prasādam)이란 '한 마음으로 청정한 믿음' 을 말한다.

[鳩摩羅什]

當知是人 不於一佛二佛三四五佛 而種善根

已於無量 千萬佛所

당지시인 불어일불이불삼사오불 이종선근

이어무량 천만불소

種諸善根 聞是章句 乃至一念 生淨信者

종제선근 문시장구 내지일념 생정신자

[玄奘]

復次善現 彼菩薩摩訶薩非於一佛所承事供養

非於一佛所種諸善根 然復善現 彼菩薩摩訶

부차선현 피보살마하살비어일불소승사공양

비어일불소종제선근 연복선현 피보살마하

薩於其非一百千佛所承事供養

於其非一百千佛所種諸善根乃能聞說如是色經典句

살어기비일백천불소승사공양

어기비일백천불소종제선근내능문설여시색경전구

當得一淨信心

당득일정신심

ज्ञातास्ते सुभुते तथागतेन बुद्धज्ञानेन दृष्टास् ते सुभ
ुते तथागते बुद्धचक्षुषा बुद्धासते सुभुते तथागत ।
सर्वे ते सुभुतेऽप्रमेयम असंखयेयं पुण्यस्कंधं
प्रतिग्नहीष्यन्ते

Jñātās te Subhūte Tathāgatena
Buddha jñāna dṛṣṭ te Subhūte Tathāgatena
Buddha cakṣuṣā Buddhā te Subhūte Tathāgatena |
sarve te Subhūte'prameyam asamkhyeyam
puṇyaskandham prasaviṣyanti pratigrahīṣyanti |

갸나타스 테 수부테 타타가테나
부따그야네나 드리스타스 테 수부테 타타가테
부따 차슈사 부따수 테 수수테 타타가테
사르베 테 수부테 아프라메얌 아삼크예얌
푼야스칸드얌 프라사비스얀티 프라티그라히스얀티

갸나 : 아는, 지혜,
테 : 그들,
수부테 : 수보리,
타타가타 : 여래, 부따 : 부처님,
그야네나 : 지혜에 의해서,
드리스타스 : 보다,
사르베 : 모든,
아프라메얌 : 셀 수 없이 많은,
프라사비스얀티 : 생기다,
푼야스칸드얌 : 공덕, 미덕, 선행을 쌓다

“수보리여,
여래는 부처님의 지혜로서
모든 중생들이 이와 같은 한량없는 복덕을 얻으리라는 것을
다 알고 있으며, 다 보시고 있느니라.

수보리여,
여래는 부처님의 눈으로 그들을 보고 있으며,
수보리여,
여래는 그들을 보살피고 계신다.
수보리여,
그들 진실한 믿음을 가진 모두는 측량할 수도 없고 셀 수 없는 공덕을 쌓고, 얻을 것이다.”

[鳩摩羅什]

須菩提 如來 悉知悉見 是諸衆生 得如是無量福德

수보리 여래 실지실견 시제중생 득여시무량복덕

[玄奘]

善現 如來以其佛智悉已知彼 如來以其佛眼悉已見彼

善現 如來悉已覺彼 一切有情當生

선현 여래이기불지실이지피 여래이기불안실이견피

선현 여래실이각피 일체유정당생

無量無數福聚 當攝無量無數福聚

무량무수복취 당섭무량무수복취

तत्कस्य हेतोः ।
न हि सुभुते तेषां बोधिसत्त्वनां महासत्त्वां
अत्मासंज्ञा प्रवंर्तते न सत्वसंज्ञा न जीवसंज्ञा न
पुद्गलसंज न प्रवंर्तते । नापि तेषां सुभुते बोधिसत्त्वनां
महासत्त्वानां धर्मसंज्ञा प्रवंर्तते । एवं नाधर्मसंज्ञा ।
नापि तेषां सुभुते संज्ञा ना संज्ञा प्रवंर्तते ।

Tat kasya hetoḥ। na hi Subhūte teṣām bodhisattvānām
mahāsattvānām ātmasamjñā pravartate na sattva samjñā
na jīvasamjñā na pudgalasamjñā pravartate ।
nāpi teṣām Subhūte bodhisattvānām mahāsattvānām
dharmasamjñā pravartate । evam nādharmasamjñā ।
nāpi teṣām Subhūte samjñā nā samjñā pravartate ।

타트 카스야 헤토우/ 나히 수부테 테삼 보디사트바남
마하사뜨바남 아트마삼갸나 프라바르타테 나 사뜨바삼갸나
나 지바삼갸나 나 푸드가라삼갸나 프라바르타테/
나피 테삼 수부테 보디사뜨바남 마하사뜨바남
다르마삼갸나 프라바르타테/ 에밤 나다르마삼갸나/
나피 테삼 수부테 삼갸나 나 삼갸나 프라바르타테/

타트:그것, 카스야:누구의, 헤투:왜냐하면, 나:아닌,
히:참으로, 수부테:수보리, 테삼:그것이라는,
보디사뜨바남:보살, 마하사뜨바남:마하살,
프라바르타테:일어나게하다, 아트마삼갸나:나라는 생각,
사뜨바삼갸나:존재라는 생각, 지바삼갸나:목숨, 생명이라는 생각,
아피:또한, 테삼:그것이란, 다르마삼갸나:법이라는 각,
나 다르마삼갸나:법이 아니라는 생각, 나 삼갸나:생각이 아닌,

"왜냐하면 수보리여,
이 모든 보살 마하살들에게는 다시는 아상, 인상, 중생상, 수자상이라는 관념이 없기 때문이니라.
수보리여, 이와 같이 보살 마하살들에게는 법이라는 관념도 없고, 또한 법이 아니라는 관념도 없기 때문이다."

왜냐하면 모든 중생들이 만약 마음에 상을 취하면, 곧 아상, 인상, 중생상, 수자상에 빠져들기 때문이고,
만약 법이라는 관념에 집착하여도, 곧 나, 남, 중생, 수명이라는 관념에 빠져들기 때문이다.

[鳩摩羅什]

何以故 是諸衆生 無復我相人相衆生相壽者相
無法相 亦無非法相

하이고 시제중생 무부아상인상중생상수자상
무법상 역무비법상

何以故 是諸衆生 若心取相 卽爲着我人衆生壽者
若取法相 卽着我人衆生壽者

하이고 시제중생 약심취상 즉위착아인중생수자
약취법상 즉착아인중생수자

[玄奘]

何以故 善現 彼菩薩摩訶薩 無我想轉無有情想
無命者想 無士夫想 無補特伽羅想

하이고 선현 피보살마하살 무아상전무유정상
무명자상 무사부상 무보특가라상

無意生想 無摩納婆想 無作者想 無受者想轉
善現 彼菩薩摩訶薩無法想轉無非法想轉 無想轉 亦無非想轉

무의생상 무마납파상 무작저상 무수자상전
선현 피보살마하살무법상전무비법상전 무상전 역무비상전

तत्कस्य हेतोः ।
सचे् सुभुते तेषां बोधिसत्त्वनां महासत्त्वां धर्मसंज्ञ
ा प्रवंर्तते स एव तेषामातमग्राहो भवेत्सत्त्वाधशाहो
जीवधशाहः पुद्गलग्राहो भवेत ।
सचेद्धर्मसंज्ञा प्रवंर्तते स एव तेषामात्मधाहो
जीवग्राहः पुद्गलधाहो इति ।

Tat kasya hetoḥ |
sacet Subhūte teṣām bodhisattvānām mahāsattvānām
dharmasamjñā pravartate sa eva teṣām ātmagrāho bhavet
sattvagrāho jīvagrāhaḥ pudgalagrāho bhavet |
saced adharma samjñā pravarteta se eva teṣām
ātmagrāho bhavet sattvagrāho jīvagrāhḥ
pudgalagrāha iti |

타트 카스야 헤토우/
사체트 수부테 테삼 보디사뜨바남 마하사뜨바남
다르마삼갸나 프라바르테타 사 에바 테삼 아트마그라호 바베트
사뜨바그라호 지바그라하흐 푸드가라그라호 바베트/
사체트 아다르마삼갸나 프라바르테타 세 에바 테삼 아트마
그라호 바베트 사뜨바그라호 지바그라하흐 푸드가라그라하 이티/
타트:그것, 카스야:누구의,

헤투:왜냐하면, 보디사뜨바남:보살,
마하사뜨바남:마하살,
다르마삼갸나:법이라는 생각,
프라바르타테:일어나게하다, 사:그것,
에바:이와같이, 테삼:그것이라는,
아트마:나, 자아, 그라호:집착,
바베트:~이 되다, 사뜨바:중생, 존재하는 것,
지바 그라하흐:인간, 남, 영혼에 대한 집착,
푸드가라 그라하흐:수명, 개아라는 집착, 사체트:만약,
다르마삼갸나:법이라는 생각, 이티:~이다,

"그것은 왜냐하면 수보리여,
그들에게는 무엇이라는 관념도 무엇이 아니라는 관념도
일어나지 않기 때문이다.
수보리야, 만약에 그들 보살 마하살들이 법이라는 관념을
일으킨다면 그것이 바로 그들에게 나 또는 자아, 남 또는 사람,
중생, 수명이라는 관념에 빠져들기 때문이니라."

[鳩摩羅什]
何以故 若取非法相 卽着我人衆生壽者
하이고 약취비법상 즉착아인중생수자
[玄奘]
所以者何 善現 若菩薩摩訶薩有法想轉 彼即應有我執
有情執 命者執 補特伽羅等執
소이자하 선현 약보살마하살유법상전 피즉응유아집
유정집 명자집 보특가라등집
若有非法想轉 彼亦應有我執 有情執 命者執 補特伽羅等執
약유비법상전 피역응유아집 유정집 명자집 보특가라등집

तत्कस्य हेतोः ।
न खलु पुनः सुभुते बोधिसत्त्वनां महासत्त्वेन धर्मं
उद्ग्रहीतव्यो नाधर्मः ।
तस्माद् इयं तथगतेन संधाय वग्भषिता । कोलोपमं
धम पर्ययमा अजानद्भि धर्मा एव प्रागेव्धर्मा इति ।

Tat kasya hetoḥ।
na khalu punaḥ Subhūte bodhisattvena mahāsattvena
dharma udgrahtavyo nādharmaḥ।
tasmād iyam Tathāgatena samdhāya vāg bhāṣitā।
kolopamam dharma paryāyam ājānadbhir dharmā eva
prahātavyāḥ prāg eva adharmā iti ।

타트카스야 헤토우/
나 칼루 푸나흐 수부테 보디사뜨베나 마하사뜨베나
다르마 우드그라히타브요 나다르마흐/
타스마트 이얌 타타가테나 삼다야 바그 바시타/
코로파맘 다르마 파르야얌 아즈나드비르 다르마 에바
프라하타브야흐 프라그 에바 아다르마 이티/

타트:그것, 카스야:누구의,
헤투:왜냐하면, 나:아닌, 칼루:정말,
푸나흐:또한, 보디사뜨바남:보살, 마하사뜨바남:마하살,
다르마:법, 우드그라히타브요:마음에 두다,
나다르마:법이 아닌, 타스마드:그것 때문,
이얌:이것, 타타가테나:여래,

삼다야 : 결론을 짓다, 바그 : 경귀,
바시타 : 말하다,
코로파맘 : 뗏목의 비유, 파르야얌 : 알다,
에바 : 이와같이, 프라하타브야흐 : 버리다,
프라그 : 말할 것도 없이, 이티 : ~이다

그러므로 다시 수보리야,
보살 마하살은 마땅히 법을 취하지도 말고,
마땅히 법 아닌 것에도 마음을 집착해서는 안 된다.
이러한 연유로 여래는 항상 말씀하셨다.
"그대 비구들이여,
나의 설법은 '뗏목'에 비유함을 알아야 한다.
강을 건너고 나면 뗏목을 놓고 가야 하듯 부처님의 가르침에 집착하지 말라.
법문을 알면 오히려 법도 버려져야 할 것이거늘
하물며 법 아닌 것은 말할 필요가 있겠는가? 라고 말씀 하셨다."

[鳩摩羅什]
是故 不應取法 不應取非法
시고 불응취법 불응취비법
以是義故 如來常說 汝等比丘 知我說法 如筏喩者
法尙應捨 何況非法
이시의고 여래상설 여등비구 지아설법 여벌유자
법상응사 하황비법
[玄奘]
何以故 善現 不應取法不應取非法 是故如來密意而說筏喩法門
諸有智者法尙應斷何況非法
하이고 선현 불응취법불응취비법 시고여래밀의이설벌유법문
제유지자법상응단하황비법

제7분 무득무설분(無得無說分)

· 깨달아 얻을 것도 설할 것도 없다.

पुनरपरं भगवाना आयुष्मंतं
सुभूतिम् एतद् अवोचत् ।
तत्किं मत्यसे सुभूते अस्ति
स कश्चिद्ध धर्मो यस् तथगतेन अनानुरा
सम्यक्संबोधिरि इत्य अभिसंबुधः
कश्चिद्धा वा धमास् तथगतेन देशिः ।

Punar aparam Bhagavān āyuṣmantam
Subhūtim etad avocat ǀ
Tat kim manyase Subhūte asti
sa kaścid dharmo yas Tathāgatena anuttarā
samyaksambodhir ity abhisambuddhaḥ
kaścid vādharmas Tathāgatena deśitaḥ ǀ

푸나르 아파람 바가반 아유스만탐
수부팀 에타드 아보차드/
타트킴 만야세 수부테 아스티
사 카스치트 다르모 야스 타타가테 아누타라
삼약삼보디르 이티 아비삼부따흐
카스치트 바 다르마 타타가테 데시타흐
푸나르: 다시, 아파람: 뒤의, 아유스만탐: 장로,

수부팀:수보리, 에타드:앞에 있는 것, 아보차드:말하다,
타트:그것, 킴:무엇, 만야세:생각하다, 수부테:수보리,
아스티:~이다, 사:그것, 카스치트:그 어떤,
다르마:법, 야스:누구, 타타가테:여래,
아누타라:위가 없는, 삼약:완전한, 삼:함께,
보디르:깨달음, 지혜, 무상정등각(無上正等覺)
이티:~이다, 아비삼부따:높은 깨달음, 바:어느 누구,
타타가테나:여래, 다르마스:법, 데시타흐:보여진

다시 세존께서 수보리에게 말씀하셨다.
"수보리여, 그대는 어찌 생각하느냐?
여래가 아누다라삼막삼보리의 올바른 최상의 깨달음을 얻었다고 생각하는가?
또한 여래가 법이나 진리를 설하였다고 생각하느냐?"

해 석

아누타라 삼약삼보디르(Anuttarā samyaksambodhir) 위가 없는 올바른 깨달음인 무상정등각(無上正等覺)은 가장 높은 최상의 깨달음을 말한다.

[鳩摩羅什]
須菩提 於意云何 如來 得阿耨多羅三藐三菩提耶 如來有所說法耶
수보리 어의운하 여래 득아누다라삼막삼보리야 여래유소설법야
[玄奘]
佛復告具壽善現言 善現 於汝意云何
頗有少法如來應正等覺證得阿耨多羅三藐三菩提耶
불복고구수선현언 선현 어여의운하
파유소법여래응정등각증득아누다라삼막삼보리야
頗有少法如來應正等覺是所說耶
파유소법여래응정등각시소설야

एवं उआयुष्म् सुभूतिं
भगवन्तं एत् अभेचत्।
यथा अहं भगवन् भगवतो भाषितस्य अर्थमां
आजानामि नास्ति स कश्चिद्धा धर्मो यस्
तथगतेन अनुत्तरा सम्यक्सं‍बोर्धि
इत्य अभिसंबुद्धः
न आस्ति धर्मो यस् तथगतेन देशिः।

Evam ukta āyuṣmān Subhūtir
Bhagavantam etad avocat |
yathā aham Bhagavan Bhagavato bhāṣitasya artham
ājānāmi nāsti sa kaścid dharmo yas Tathāgatena
anuttarā samyaksambodhir ity abhisambuddhaḥ,
nāsti dharmo yas Tathāgatena deśitaḥ|

에밤 욱타 아유스만 수부티르
바가반탐 에타드 아보차트/
야타 아함 바가반 바가바테 바시타스야 아르탐
아자나미 나스티 사 카스치트 다르모 야스 타타가테나
아누따라 삼약삼보티르 이티 아비삼약삽부따흐
나스티 다르모 야스 타타가테나 데시타흐

에밤:이와 같이, 욱테:말하다,
아유스만:장로, 수부티르:수보리, 바가반탐:세존,
아보차트:말하다, 야타:~와 같이, 아함:나,
바가반:세존, 바가바테:세존이란,
바시타스야:~말한 것에 의한, 아르탐;~을 위해,
아자나미:이해하다, 나:아닌, 아스티:있다, 사:그것,
카스치트:어떤, 다르모:법, 야스:누구, 타타가테:여래,
아누따라:위없는, 삼약삼부티르:완전한, 아비삼부따:깨달음,
타타가테나:여래, 데시타흐:보여준

이와 같이 말했을 때 수보리가 세존께 말씀드렸다.
"세존이시여! 제가 부처님께서 말씀하신 뜻을 이해하기로는,
여래가 위가 없는 올바른 최상의 깨달음인 아누다라삼막삼보리
라고 이름할 만한 일정한 법이 없으며,
여래께서 또한 일정한 법을 여래께서 말씀하신 것도 없습니다."

[鳩摩羅什]
須菩提言 如我解佛所說義 無有定法 名阿耨多羅三藐三菩提
亦無有定法 如來可說
수보리언 여아해불소설의 무유정법 명아누다라삼막삼보리
역무유정법 여래가설
[玄奘]
善現答言 世尊 如我解佛所說義者
無有少法如來應正等覺證得阿耨多羅三藐三菩提 亦無
선현답언 세존 여아해불소설의자
무유소법여래응정등각증득아누다라삼막삼보리 역무
有少法是如來應正等覺所說
유소법시여래응정등각소설

तत् कस्य हेतोः।
योऽसौ तथागतेन धर्मो ऽभिसंबुद्धो देशिती वा
अग्राह्यः सोऽनभिलप्यः।
न स धर्मो नाधर्मः। तत् कस्य हेतोः।
असंस्कृत प्रभाविता ह्य आर्यपुद्गलाः ॥ ७ ॥

Tat kasya hetoḥ|
yo'sau Tathāgatena dharmo'bhisambuddho deśito vā,
agrāhyaḥ so'nabhilapyaḥ|
na sa dharmo nādharmaḥ| Tat kasya hetoḥ |
asamkrta prabhāvita hy āryapudgalāḥ |

타트 카스야 헤투흐/
야스 아사우 타타가테나 다르모 아비삼부또 데시토 바
아그라히아바 소 아나비라프야흐
나 사 다르모 나다르마흐 타트 카스야 헤투흐
아삼스크르타 프라바비타 히야 아르야푸드가라

타트:그것, 카스야:누구의,
헤투:왜냐하면, 야스:누구,
아사우:그것, 타타가테나:여래,
아비삼부따:깨달음을 얻은,
데시타:표현하다, 아그라히아바:파악하다,
소:그것, 아나비라프야흐:말할수 없는,
나:아닌, 사:그것,

다르모:법, 나다르모:법이 아닌,
헤투:왜냐하면,
아삼스크르타:무위(無爲)의, 함이 없이,
프라바비타:드러내다, 히야:참으로, 아르야푸드가라:성인

"왜냐하면 여래께서 깨달아 가르친 그 법은
취(取)할 수도 없고, 또 그것은 설할 수도 없고,
그것은 법도 아니고, 법이 아닌 것도 아니기 때문입니다.

참으로 이유가 무엇이냐면,
그것은 모든 현인과 성자들은 진리인 무위법(無爲法)
즉 열반을 체험했다는 것은 같으나,
그 안에서도 계위에 따라 여러가지 차별을 두기 때문입니다."

해 석

아삼스크르타 프라바비타(Asamkrta prabhāvita)는 어떠함이 없이 드러내다이며 무위(無爲) 함을 나타낸다.

[鳩摩羅什]
何以故 如來所說法 皆不可取 不可說 非法 非非法
所以者何 一切賢聖 皆以無爲法 而有差別
하이고 여래소설법 개불가취 불가설 비법 비비법
소이자하 일체현성 개이무위법 이유차별
[玄奘]
何以故 世尊 如來應正等覺 所證所說所思惟法
皆不可取不可宣說非法非非法
하이고 세존 여래응정등각 소증소설소사유법
개불가취불가선설비법비비법

제8분 의법출생분(依法出生分)

· 이 반야바라밀법에 의거하여
부처님의 깨달음이 나옴

भगवान् आह ।
तत् किं मन्यसे सुभूते यः कश्चिद्ध कुलपुत्रो वा
कुलदुहिता वेमं त्रिसाहक्षमहासाहाक्षम् लोकधतुं
सप्त रत्नपरिपूर्णं कृत्वा तथागातेभ्योऽर्हद्भ्यः
साम्यक्संबुद्धेभ्यो दानं दद्यात् अपि नु स कुलपुत्रो
वा कुलदुहिता वा निदानं
बहु पणयस्कंधं प्रसन्यत् ।

Bhagavan āha |
Tat kim manyase Subhūte yaḥ kaścit
kulaputro vā kuladuhitā vemam trisāhasra
mahāsāhasram
lokadhātum sapta ratna paripūrṇam kṛtvā
tathāgatebhyo'rhadbhyaḥ samyaksaṃbuddhebhyo
dānam dadyāt,
api nu sa kulaputro vā kuladuhitā vā tato nidānam
bahutaram puṇyaskandham prasunuyāt |

바가반 아하/
타트 킴 마나세 수부테 야흐 카스치트
쿨라푸트로 바 쿨라두히타 베맘 트리사하스라
마하사하스람
로카다툼 사프타 라트나 파리푸라맘 크르트바
타타가테브요 아르하드브야흐 삼약삼부떼브요
다남 다드야트
아피 누 사 쿨라푸트로 바 쿨라두히타 바 타토
니다남 바후타람 푼야스칸담 프라순야트

아하:말하다,
타트:그것, 킴:무엇,
마나세:생각하다, 야흐:누구,
카스치트:어떤,
쿨라푸트로:선남자(善男子), 바:혹은,
쿨라두히타:선여인(善女人), 착한딸,
에밤:혹은, 이맘:이것,
트리사하스라:삼천(三千),
마하사하스람:대천(大千),
로카다툼:세계, 사프타:일곱,
라트나:보물, 파리푸라맘:가득채우다,
크르트바:~한후,
아르하데브야흐:아라한,
삼약삼부떼브요:정변지,
다드야트:주다, 누:지금,
사:그들, 타토:그로부터,
니다남:묶다, 바후타람:더 많은,
푼야스칸담:미덕,
프라순야트:결실을 얻다

세존께서 말씀하셨다.
"수보리여, 그대의 생각은 어떠한가?
만약 어떤 사람이 삼천대천세계에 가득한 일곱 가지 보물로
여래, 아라한, 정등각에게 널리 보시를 한다면,
이런 인연으로 이 사람은 얻을 복덕은 많겠다고 생각하느냐?"

해 석

트리사하스라 마하사하스람 로카다툼(Trisāhasramahāsāhasram lokadhātum)은 삼천대천세계(三千大千世界)를 말한다.

사프타 라트나 파리푸라맘 크르트바(Saptaratnaparipūrṇam kṛtvā)는 일곱 가지 보물(七寶)로 가득 채워서라는 것은 법화경에서는 금(金), 은(銀)., 마노(瑪瑙), 유리(琉璃), 자거(**硨磲**), 진주(珍珠), 매괴(**玫瑰**).를 말한다
초기불교의 경전에는 칠보(七寶)를 윤보(輪寶, Cakkaratana), 상보(象寶, 히띠리타나, Hitthiratana), 마보(馬寶, Assaratana, 아싸라타나), 여의주보, 마니보(如意珠寶,Maṇiratana, 마니라타나), 여자보(女寶, Itthīratana, 이띠라타나), 장군보(將軍寶,Gahapatiratana, 가파티라타나),주장신보(主藏臣寶,Pariṇāyakaratana, 파리나야카라트나)를 말한다.

[鳩摩羅什]

須菩提 於意云何 若人 滿三千大千世界七寶 以用布施
是人 所得福德 寧爲多不

수보리 어의운하 약인 만삼천대천세계칠보 이용보시
시인 소득복덕 영위다부

[玄奘]

佛告善現 於汝意云何 若善男子或善女人
以此三千大千世界盛滿七寶持用布施 是善男子

불고선현 어여의운하 약선남자혹선여인
이차삼천대천세계성만칠보지용보시 시선남자

或善女人 由此因緣所生福聚寧為多不

혹선여인 유차인연소생복취영위다불

सुभूतिर्तिं अह ।
बहु भगवान् बहु सुभूत स कुलपुत्रो वा कलदुहिता
वा ततो निदानं पुणयस्कं प्रसुनुयात् ।

Subhūtir āha |
bahu Bhagavan bahu sugata sa kulaputro
vā kuladuhitāvā tato nidānam
puṇyaskandham prasunuyāt |

수부티르 아하/
바후 바가반 바후 수가타 사 쿨라푸트로
바 쿨라두히타 바 타토 니다남
푼야스칸담 프라수누야트/

수부티르:수부티, 아하:말하다,
바후:더 많은, 바가반:세존,
바후:더 많은, 수카타:잘가다,
사:그것, 바:또는,
쿨라푸트르:착한 아들, 선남자(善男子),
쿨라두히타:착한 딸, 선여인(善女人),
타토:그로부터, 니다남:묶다,
푼야스칸담:공덕(功德),
프라수누야트:결실을 얻다,

수보리가 부처님께 말씀드렸다.
“매우 많습니다. 세존이시여! 많습니다.
깨달음에 이르신 분이시여,
그들 선남자들이나 선여인들은 이로 인하여 많은 복덕을 쌓을 것입니다.”

[鳩摩羅什]

須菩提言 甚多世尊

수보리언 심다세존

[玄奘]

善現答言 甚多世尊 甚多善逝 是善男子或善女人
由此因緣所生福聚其量甚多

선현답언 심다세존 심다선서 시선남자혹선여인
유차인연소생복취기량심다

तत् कस्य हेतोः ।
योऽसौ भगवन्पुयस्थागन भषितेः अस्कधः
स तथगतेन भाषितः ।
तस्मात्तथागतो भाषते पुय स्कन्धः पुय स्कन्ध
इति ।

Tat kasya hetoḥ|
yo'sau Bhagavan puṇyaskandhas Tathāgatena
bhāṣito'skandhaḥ sa Tathāgatena bhāṣitāḥ|
tasmāt Tathāgato bhāṣate puṇyaskandhaḥ
puṇyaskandha iti |

타트 카스야 헤토흐/
요사우 바가반 푼야스칸다스 타타가테나
바시토 스칸다흐 사 타타가테나 바시타흐/
타스마트 타타가토 바사테 푼야스칸다흐
푼야스칸다 이티/

타트:그것, 카스야:누구의,
헤토흐:왜냐하면,
바가반:세존, 푼야스칸다스:공덕,
타타가테나:여래, 바시토:말하다,
이스칸다스:덕이 아닌, 사:그것,
타타가테나:여래, 바시타흐:말하다,
타스마트:그것 때문에, 바사테:말하다,
푼야스칸다흐:공덕, 이티:말하다

"세존이시여,
여래께서 복덕을 쌓는다고 말씀하셨지만,
그것은 쌓는 것이 아니라고 여래께서 말씀하셨습니다.
왜냐하면,
이 복덕은 바로 복덕의 본질(福德性)이 아니기 때문에,
그러므로 여래께서는 '복덕이 많다' 라고 말씀하셨습니다."

해 석

푼야스칸다흐 푼야스칸다 이티(Puṇyaskandhaḥ puṇyaskandha iti)는 '공덕을 쌓는다, 공덕을 쌓는다.' 는 의미인데,
반복적인 것은 초기경전에 나타나는 현상이다.

[鳩摩羅什]
何以故 是福德 卽非福德性 是故 如來說福德多
하이고 시복덕 즉비복덕성 시고 여래설복덕다

[玄奘]
何以故 世尊 福德聚福德聚者 如來說為非福德聚
是故如來說名福德聚福德聚佛復告善現言
하이고 세존 복덕취복덕취자 여래설위비복덕취
시고여래설명복덕취복덕취불복고선현언

भगवान् आह । यश्च खलु पनः
सुभूते कुलपुत्रो वा कुनदुहिता बेमं त्रिसाहक्ष
महासाहाक्षम् लोकधतुं सप्त रत्नपरिपूणं कृत्वा
तथागातेभ्योऽर्हद्भ्यः साम्यक्संबुद्धेभ्यो दानं दद्यात्
यशचेते धर्मपर्यायाद् अनतशश चतुष्पादिकामपि
गाथां उद्ग्रह परेभ्यो विस्तरेण देशयेत्
संप्रकाशयेदयमेव ततो निदानं बदुतरं पुयस्कं
प्रसुनुयाद् अप्रमेयं असंख्येयं ।

Bhagavan āha |
yaś ca khalu punaḥ Subhūte kulaputro vā kuladuhitā
vemam trisāhasramahāsāhasram lokadhātum sapta
ratna paripūrṇam kṛtvā tathāgatebhyo'rhadbhyaḥ
samyaksambuddhebhyo dānam dadyāt yaśceto
dharmaparyāyād antaśaś catuṣpādikām api gāthām
udgṛhya parebhyo vistareṇa deśayet samprakāśayed,
ayam eva tato nidānam bahutaram puṭyaskandham
prasunuyād aprameyam asamkhyeyam |

바가반 아하
야스 차 칼루 푸나흐 수부테 쿨라푸트로 바 쿨라두히타
베맘 트리사하스라마하사하스람 로카다툼 사프타
라트나 파리푸르남 크르트바 타타가테브요 아르하드브야흐
삼약삼부떼브요 다남 다드야트 야스체토
다르마파르야야드 안타사스 차투스파디캄 아피 가탐
우드그르흐야 파레브요 비스타레나 데사에트 삼프라카사예드
아얌 에바 타토 디다남 바후타람 푼야스칸담
프라수누야드 아프라메얌 아삼크예얌

바가반 : 세존, 아하 : 말하다,
야스 : 그, 차 : 그리고,
칼루 : 참으로, 푸나흐 : 다시,
수부테 : 수보리,
쿨라푸트레나 : 선남자,
바 : 또는, 에맘 : 혹은,
쿨라두히트라 : 선여인,
트리사하스라마하사하스람 : 삼천대천,
로카다툼 : 세계, 사프타 : 일곱,
라트나 : 보물, 파리푸르남 : 채우다,
크르트바 : ~한 후에,
타타가테브요 : 여래,
아르하드브야흐 : 아라한,
삼약삼부떼브요 : 순수한 경지,
다남 : 보시, 다드야트 : 주다,
이타스 : 이것, 다르마 : 법,
파르야야드 : 가르침, 안타사스 : 끝,
차투스파디캄 : 4구절, 사구게(四句偈),
아피 : 적어도, 가탐 : 노래하다,
우드그르흐야 : 발췌하다,
파레브요 : 타인,
비스타레나 : 퍼트리다,
데사예트 : 가르치다,
삼프라카사예드 : 설명하다,
아얌 : 이것, 타토 : 그것,
니다남 : 묶다, 바후타람 : 더 많은,
푼야스칸담 : 덕,
프라수누야드 : 결실을 얻다,
아프라메얌 : 수많은,
아삼크에얌 : 셀 수 없는

세존께서 말씀하셨다.

"수보리여,

그리고 다시 참으로 선남자들이나 선여인들이 삼천대천세계에 가득한 일곱 가지 보물로 여래, 응공, 등정각들에게 보시를 하는 것보다

만약 어떤 사람이 이 법문에서 단지 4구절로 된 게송만이라도 잘 받아 배워서 다른 사람을 위해 널리 가르치며 설한다면,

이 복덕은 칠보로 보시한 앞의 복덕보다 더욱 훌륭할 것이다.

이러한 것은 측량할 수도 없고 셀 수도 없이 많은 공덕을 쌓는 것이 될 것이다."

해 석

안타사스 차투스파디캄 아피 가탐(Antaśaś catuṣpādikām api gāthām) '단지 4구절로 된 게송을' 이란 차투스는 4를 말하며 파디카는 장(章)을 말하며 가타는 노래를 말한다.

가타(Gāthā)는 베다(Veda) 경전이나 우파니샤드(Upanishad) 경전에 나오는 낭송하는 방법의 여러 찬다스(Chandas) 운율에서 유래되었다.

[鳩摩羅什]

若復有人 於此經中 受持乃至四句偈等 爲他人說
其福勝彼

약부유인 어차경중 수지내지사구게등 위타인설
기복승피

[玄奘]

善現 若善男子或善女人 以此三千大千世界盛滿七寶持用布施
若善男子或善女人 於此法

선현 약선남자혹선여인 이차삼천대천세계성만칠보지용보시
약선남자혹선여인 어차법

門乃至四句伽陀 受持讀誦究竟通利 及廣為他宣說開示如理作意
由是因緣所生福聚 甚多於前 無量無數

문내지사구가타 수지독송구경통리 급광위타선설개시여리작의
유시인연소생복취 심다어전 무량무수

तत् कस्य हेतोः।
अते निर्जाता हि सुभूते तथागतानाम अर्हता
संयक्संबुधानां अनुत्तरा सम्यक्संबोर्धि अते
र्निजातश्च च बुद्धा भगवन्तः।

Tat kasya hetoḥ|
ato nirjātāhi Subhūte Tathāgatānām arhatām
samyaksambuddhānām anuttarā samyaksambodhir
ato nirjātāś ca Buddhā Bhagavantaḥ|

타트 카스야 헤토우/
아토 니르자타 히 수부테 타타가타남 아르하탐
삼약삼부따남 아누따라 삼약삼보디르
아토 니르자나 차 부따 바가반타흐/

타트 : 그것, 카스야 : 누구의,
헤투 : 왜냐하면, 아토 : 그러므로,
니르자타 : 생기다, 낳다, 히 : 정말,
수부테 : 수보리, 타타가타남 : 여래, 아르하탐 : 아라한,
삼약삼부따남 : 정등각, 정확한 깨달음,
아누따라 : 무상(無上), 가장 높은,
삼약삼보디르 : 정등각(正等覺), 깨달음,
니르자타 : 생기다, 낳다,
부따 : 부처님, 바가반타스 : 세존

"왜냐하면 수보리여,
참으로 여래, 아라한, 정등각들의 무상정등각의 모든 부처님과 세존들도 이 경전으로부터 나왔고,

또한 모든 부처님의 가장 높고 바른 최상의 깨달음의 도리인 아누다라삼막삼보리법이 모두 이 경전으로부터 나왔기 때문이니라."

[鳩摩羅什]

何以故 須菩提 一切諸佛 及諸佛阿耨多羅三藐三菩提法 皆從此經出

하이고 수보리 일체제불 급제불아누다라삼막삼보리법 개종차경출

[玄奘]

何以故 一切如來應正等覺阿耨多羅三藐三菩提皆從此經出 諸佛世尊 皆從此經生

하이고 일체여래응정등각아누다라삼막삼보리개종차경출 제불세존 개종차경생

तत् कस्य हेतोः ।
बुद्धधर्मा बुद्धधर्मा इति सुभूते बुद्धधर्माश् चइव
तथागतोन भाषिताः ।
तेनोच्यते बुद्धधमा इति ।८ ।

Tat kasya hetoḥ।
Buddhadharmā buddhadharmā iti
Subhūte'Buddhadharmāś caiva te
Tathāgatena bhāṣitāḥ।
tenocyante Buddhadharmā iti ।

타트 카스야 헤토우/
붓다다르마 붓다다르마 이티
수보테 아붓다다르마 차이바 테
타타가테나흐 바이시타흐
테즈노얀테 붓다다르마 이띠

타트:그것,
카스야:누구의,
헤투:왜냐하면,
붓다다르마:깨달은이의 가르침, 불법(佛法),
이띠:~이다, 수보테:수보리,
아붓다다르마:비불법,
차이바:그것, 타타가테나:여래,
바이시타흐:말하다,
테즈노얀테:그렇기 때문에,
붓다다르마:부처님의 가르침,

"그러므로 수보리여,
부처님의 가르침인 불법(佛法)은
불법이라고 말한다면 곧 불법 (佛法)이 아닌 것이다.

즉 불법 (佛法)을 깨달은 이의 깨우침이나 깨달은 이의 가르침이라고 말하지만,
여래는 그것 역시 깨달은 이의 가르침이 아니라고 말했다.
그러하기 때문에 깨달은 이의 가르침이라고 말하는 것이다."

[鳩摩羅什]
須菩提 所謂佛法者 卽非佛法
수보리 소위불법자 즉비불법
[玄奘]
所以者何 善現 諸佛法諸佛法者 如來說為非諸佛法
是故如來說名諸佛法諸佛法
소이자하 선현 제불법제불법자 여래설위비제불법
시고여래설명제불법제불법

제9분 일상무상분(一相無相分)

· 하나의 상도 상이라고 내지 않음을 깨달아 가는 수행의 단계와 의미

- 성자의 흐름에 들었다는 수다원(srota āpanna, 須陀洹)에 대하여

तत् कस्य मन्यसे सुभूते अपि नु स्रोतआपन्नस्यैवं भवति मया स्रोतआपत्ति फलं प्रप्तमिति इति। सुभूतिर्ति आह। नो हीदं भगवन् । न स्रोतआपन्नस्यैवं भवति मया स्रोतआत्ति फलं प्रप्तमिति इति।

Tat kim manyase Subhūte api nu srota āpannasya ivam
bhavati mayā srotaāpatti phalam prāptam iti |
Subhūte āha | no hīdam Bhagavan |
na srotaāpannasyaivam bhavati mayā Srotaāpatti
phalam prāptam iti |

타트 카스야 만야세 수부테 아피 누 스로타 파나스야 이밤
바바티 마야 스로타아파티 팔람 프라프탐 이티
수부티르 아하/ 노 히담 바가반/
나 스로타아판나스야이밤 바바티 마야 스로타파티
팔람 프라프탐 이티/

타트:그것, 카스야:누구의, 만야세:생각하다, 아피:~이다,
누:지금, 스로타아판나스야이밤:흐름에 들어간, 듣는,
아판나스야:획득하다, 바바티:~이 되다,
마야:나에 의해, 스로타:듣는, 아파티:들어가다, 팔람:결과,
프라프탐:얻다, 수부티르아하:수보리는 말했다,
나:아닌, 히탐:그라하다, 바가반:세존, 아판나스야:얻는,
에바:이와같이, 바바티:~라고 말하다, 스로타:듣는다,
아파티:상태에 들어가다, 이티:~을 얻다,

"수보리여, 어떻게 생각하느냐?
성자의 흐름에 들어갔다고 생각하는 수다원이 '나는 예류과(預流果) 또는 수다원과(須陀洹果)을 얻어 증득(證得)했다' 는 생각을 하겠느냐?" 수보리가 대답하였다.
"세존이시여, 그렇지 않습니다. 성자의 흐름에 들어간 자는 "나는 예류과를 얻었다" 라고는 하지 않습니다."

해 석

스로타 파나스야(Srota āpannasya) '흐름에 들어간 자' 는 예류(預流), 또는 수다원과(須陀洹果) 또는 예류과(預流果)를 말하며 이것은 진리를 잘못 아는 것에서 생겨나는 미혹함을 끊고자 수행해가는 과정과 그 결과를 이르는 말.

[鳩摩羅什]
須菩提 於意云何 須陀洹 能作是念 我得須陀洹果不
須菩提言 不也世尊
수보리 어의운하 수다원 능작시념 아득수다원과부
수보리언 불야세존
[玄奘]
佛告善現 於汝意云何 諸預流者頗作是念 我能證得預流果不
善現答言 不也世尊 諸預流者不作是念 我能證得預流之果
불고선현 어여의운하 제예류자파작시념 아능증득예류과불
선현답언 불야세존 제예류자불작시념 아능증득예류지과

तत् कस्य हेतोः । न हि स भगवन् कंचिद् धर्मं आपन्नः । तेनोच्यते स्रोतआपन्न इति । न रुपमा आपन्नो न शव्दान्न न गन्धान्न न रसान् न स्प्रष्टव्यान् न धर्मा न आपन्नः । तेनोच्यते स्रोतओपन्न इति । सचेद् भगवन् स्रोतपन्नस्वैवं भवेन् मया स्रोतआपत्तिफलं प्राप्तमिति स एव तस्य आत्मग्राहे भवेत् सत्त्वग्राहे जिवग्राहः पुद्गलग्राहे भवेद् इति ।

Tat kasya hetoḥ।
na hi sa bhagavan kamcid dharmam āpannaḥ।
tenocyate srotaāpanna iti ।
na rūpam āpanno na śabdān na gandhān na rasān na
spraṣṭavyān na dharmān āpannaḥ।
tenocyate srotaāpanna iti ।
saced Bhagavan srotaāpannasyaivam bhaven: mayā
srotaāpatti phalam prāptam iti sa eva tasya ātmagrāho
bhavet sattvagrāho jīvagrāhaḥ pudgalagrāho bhaved iti ।

타트 카스야 헤토우/
나 히 사 바가반 캄치트 다르맘 아나흐/
테노츠야테 스로타 아파나 이티/
나 루팜 아파노 나 사브단 나 간단 나 라산 나
스프라스타브얀 나 다르만 아판나흐/
테노츠야테 스로타라판나 이티/
사체드 바가반 스토라아판나스야이밤 바벤 마야
스로타아파띠팔람 프라프탐 이티 사 에바 타스야 아트마그라호
바베트 사뜨바그라호 지바그라호 푸드갈라그라호 바베트 이티/

타트:그것, 카스야:누구의, 헤투:왜냐하면, 나:아닌, 히:참으로, 사:그것, 캄치트:어떤 것, 다르마:법, 아판나:얻지않는, 스로타아판나:수다원(須陀洹) 또는 예류과(預流果) 흐름에 들어가는, 아판나스야:흘러가는, 바벤:~이 되다, 마야:~이다, 스로타:수다원(須陀洹), 흐름, 아파티:들어갔다, 팔람:결실, 프라프탐:얻다, 타스야:그것 같이, 아트마그라호:자아 집착(我相) 사뜨바그라호:중생에 대한 집착, 지바그라호:영혼에 대한 집착, 푸드갈라그라호:개아라는 집착, 바베트 이티:그렇게되다

"왜냐하면 세존이시여, 수다원은 '성자의 흐름에 든 자'라 불리지만 사실은 어디에 들어가는 것이 아니고, 이름만 수다원인 성자의 흐름에 들었기에, 진실로 법을 얻어 영원한 성자의 흐름에 들었다라는 생각은 없습니다.
눈, 귀, 코, 혀, 피부, 마음, 어떠한 법(法)에도 들어가지 않음을 '수다원' 이라 이름을 하기 때문입니다.
그래서 '수다원에 들어갔다' 고 합니다.
세존이시여! 만약에 '수다원'에 들어간 자가 '나는 예류과를 얻었다' 고 생각한다면 그것은 자아에 대한 집착이 될것이며, 개아, 중생, 영혼・생명이라는 것에 집착한다고 하겠습니다."

[鳩摩羅什]

何以故 須陀洹 名爲入流 而無所入 不入色聲香味觸法 是名須陀洹

하이고 수다원 명위입류 이무소입 불입색성향미촉법 시명수다원

[玄奘]

何以故 世尊 諸預流者無少所預故名預流

不預色聲香味觸法故名預流 世尊 若預流者作

하이고 세존 제예류자무소소예고명예류

불예색성향미촉법고명예류 세존 약예류자작

如是念 我能證得預流之果 即為執我有情命者士夫補特伽羅等

여시념 아능증득예류지과 즉위집아유정명자사부보특가라등

– 한번만 태어나는 사다함(Sakṛdāgām, 斯陀含)에 대하여

भगवान् आह ।
तत्किं मन्यसे सुभुते अपि नु सकृदागामिन एवं भवति मया सकृदागामिफलं प्रप्तमिति ।
सुभूतर्ति आह ।
नो हीदं भगवान् न सकृदागामिन एवं भवति मया सकृदागामिफलं प्रप्तमिति ।

Bhagavan āha |
tat kim manyase Subhūte api nu sakṛdāgāmina
evam bhavati mayā sakṛdāgāmiphalam prāptam iti |
Subhūtir āha |
no hīdam Bhagavan na sakṛdāgāmina
evam bhavati mayā sakṛdāgāmiphalam prāptam iti |

바가반 아하/
타트킴 만야세 수부테 아피 누 사크르다가미나
에밤 바바티 마야 사크르다가미파람 프라프탐 이티/
수부티라 아하/
노 히담 바가반 나 수크르다가미나
에밤 바바티 마야 사크르다다미파람 프라프탐 이티/

바가반:세존, 아하:말하다, 타트:그것,
킴:무엇, 만야세:생각하다, 아피:가까이, 누:지금,
사크리트:한번에, 아가미나:드러내다,
에밤:이와 같이, 바바티:~이 되다,
마야:나에 의해, 팔람:결과(一來果),
프라프탐:얻다, 수부티라:수보리가 말하였다,
노:아닌, 히담:그러한, 나:아닌, 아가미나:오다,
에밤:이와 같이, 바바티:~이 되다, 이티:~이다,

세존께서 말하셨다. "수보리여, 그대는 어떻게 생각하느냐?
다시 한번 더 태어난다는 사다함이 '나는 한번 더 태어나는(一來) 사다함 과위라는 결과를 얻었다' 하겠느냐?"
수보리가 말하였다. "세존이시여! 그렇지 않습니다.
다시 한번 더 태어나는 자는 '나는 다시 한번 더 태어나는 사다함이라는 과(果)를 얻었다' 고 하지 않습니다."

해 석

사크르다가미나(Sakṛdāgāmina)는 한번만 더 태어나는(一來) 또는 사다함(斯陀含)을 말한다.

[鳩摩羅什]

須菩提 於意云何 斯陀含 能作是念 我得斯陀含果不
須菩提言 不也世尊

수보리 어의운하 사다함 능작시념 아득사다함과부
수보리언 불야세존

[玄奘]

佛告善現 於汝意云何 諸一來者頗作是念 我能證得一來果不
善現答言 不也世尊 諸一來者不作是念。我能證得一來之果

불고선현 어여의운하 제일래자파작시념 아능증득일래과불
선현답언 불야세존 제일래자불작시념 아능증득일래지과

तत्कस्य हेतोः ।
न हि स कश्चिद्धर्मो यः सकृदागामित्वमा अपन्नः ।
तेनोच्यते सकृदागामी इति ॥

Tat kasya hetoḥ।
na hi sa kaścid dharmo yaḥ sakṛdāgāmitvam
āpannaġ।
tenocyate sakṛdāgāmi iti

타트 카스야 헤토우/
나 히사 카스치트 다르모 야흐 사크르다가미트밤
아파나흐/
테노츠야테 사크르다가미 이티/

타트:그것,
카스야:누구의,
헤토우:왜냐하면,
나:아닌,
히:참으로,
사:그것,
카스치트:어떤,
다르마:법,
사크리트:한번,

아가미트밤 : 드러내다,
아나파나흐 : 얻다,
테노츠야테 : 그러하기 때문에,
아가미 : 드러내다,
이티 : ~이다

왜냐하면 사다함은 '깨달음을 얻어
한번 더 태어나 돌아올 자'를 사다함이라 하지만,

사실은 가고돌아옴(往來)이 없으므로,
이름만 '사다함'이라 불리울 뿐입니다.

그렇기 때문에
"사다함은 다시 한번 더 태어난다고 말합니다."

[鳩摩羅什]

何以故 斯陀含 名一往來 而實無往來 是名斯陀含

하이고 사다함 명일왕래 이실무왕래 시명사다함

[玄奘]

何以故。世尊。以無少法證一來性故名一來。

하이고 세존 이무소법증일래성고명일래

– 다시 돌아오지 않는다는 마음을 내는 아나함(Anāgāmi, 阿那含)에 대하여

भगवान् आह ।
तत्किं मन्यसे सुभुते अपि नु अगामिन एवं भवति
मया अनागामि फलं प्रप्तमि इति ।
सुभूतर्ति आह ।
नो हीदं भगवान् न अनागामिन एवं भवति मया
अनागामि फलं प्रप्तमि इति ।
तत्कस्य हेतोः ।
न हि स भगवन् कश्चिद्ध धर्मों ये नागामित्वमा
अपन्नः । तेनोच्यते नागामी इति ॥

Bhagavan āha |
tat kim manyase Subhūte api nv anāgāmina evam bhavati
mayā anāgāmi phalam prāptam iti |
Subhūtir āha |
no hīdam Bhagavan na anāgāmina evam bhavati mayā
anāgāmi phalam prāptam iti |
tatkasya hetoḥ|
na hi sa bhagavan kaścid
dharmo o'nāgāmitvam āpannaḥ|
tenocyate'nāgāmi iti |

바가반 아하/
타트킴 만야세 수부테 아피 누 아가미나
에밤 바바티 마야 아나가미 팔람 프라프탐 이티/
수부테르 아하/
노 히담 바가반 나 아나가미나 에밤
바바티 마야 아나가미 팔람 프라프탐 이티/
타트카스야 헤토우/
나 히 사 바가반 카스치트
다르모 요 나가미트밤 아파나흐/
테노츠야테 나가미 이티/

바가반 : 세존,
아하 : 말하다,
타트 : 그것,
킴 : 무엇,
만야세 : 생각하다,
수부테 : 수보리,
아피 : 가까이,
누 : 지금,
아가미나 : 드러내다,
에밤 : 이와 같이,
바바티 : ~이 되다,
마야 : 나에 의해,
팔람 : 결과,
프라프탐 : 얻다,
이티 : 얻다,
수부티라 : 수보리가 말하였다,
노 : 아닌, 히담 : 그러한,
나 : 아닌,

사크리트:한번,
아가미나:오다, 아나함(阿那含),
팔람:결과,
프라프탐:얻다,
이티:~이다, 타트:그것,
카스야:누구의,
헤토우:왜냐하면,
히:정말로, 사:그것,
카스치트:어떤, 다르마:법,
아가미트밤:드러내다,
아나파나흐:얻다,
테노츠야테:그러하기 때문에,

세존이 말했다.
"수보리여, 그대는 어떻게 생각하는가?
다시 돌아오지 않는 아나함이
"나는 마땅히 다시 돌아오지 않는 아나함 과위(果)를 얻었다'
라고 그런 생각을 하겠느냐?"
수보리가 말했다.
"세존이시여, 그렇지 않습니다.
다시 돌아오지 않는 아나함이
'나는 다시 돌아오지 않는 아나함과(果)를 얻었다' 고 하지
않습니다.
왜냐하면 세존이시여!
아나함은 다시 돌아오지 않는 자라고 불리지만 ,
사실은 돌아오지 아니함이 없으므로 이름을 아나함이라 하기
때문입니다.
그러므로 '다시 돌아오지 않는다' 고 말합니다."

[鳩摩羅什]

須菩提 於意云何 阿那含 能作是念 我得阿那含果不

須菩提言 不也世尊 何以故 阿那含

수보리 어의운하 아나함 능작시념 아득아나함과부

수보리언 불야세존 하이고 아나함

名爲不來 而實無不來 是故 名阿那含

명위불래 이실무불래 시고 명아나함

[玄奘]

佛告善現 於汝意云何 諸不還者頗作是念

我能證得不還果不善現答言 不也世尊 諸不

불고선현 어여의운하 제불환자파작시념

아능증득불환과불선현답언 불야세존 제불

還者不作是念。我能證得不還之果。

何以故。世尊以無少法證不還性故名不還

환자불작시념 아능증득불환지과

하이고 세존이무소법증불환성고명불환/

– 아라한은 내가 아라한(Arhat, 阿羅漢)이라고 마음을 내지 않는다.

भगवान् आह । तत्किं मन्यसे सुभुते अपि नु अर्हते एवं भवति मया अर्हत्त्वं प्रप्तमि इति ।
सुभूर्ती आह । नो हीदं भगवान् न अरहत एवं भवति मया अर्हत्त्वं प्रप्तमि इति । तत्कस्य हेतोः ।
न हि स भगवन् कश्चिद्ध धर्मों येऽहन् नाम ।
तेनोच्यते अर्हन् इति ॥

Bhagavan āha | tat kim manyase Subhūte api nv arhata evam bhavati mayā arhattvam prāptam iti |
Subhūtir āha | no hīdam bhagavan na arhata evam bhavati mayā arhattvam prāptam iti |
tatkasya hetoḥ| na hi sa bhagavan kaścid dharmo yo'rhan nāma | tenocyate'rhann iti |

바가반 아하/ 타트킴 만야세 수부테 아피 누 아르하테 에밤 바바티 마야 아르하땀 프라프탐 이티/
수부테르 아하/ 노 히담 바가반 나 아르하타 에밤 바바티 마야 아르하뜨밤 프라프탐 이티.
타트카스야 헤토우/ 나 히 사 바가반 카스치드 다르모 요아르한 나마/ 테노츠야테 아르한 이티/

아하:말하다, 타트:그것, 킴:무엇, 만야세:생각하다,
아피:가까이, 누:지금, 아르하테:존경할만한, 바바티:~이 되다,
마야:나에 의해, 이르하땀:존경하는, 프라프탐:얻다,
수부티르:수보리는, 타트:그것, 카스야:누구의, 나:아닌,
히:참으로, 사:그것, 카스치트:어떤, 다르모:법, 아르한:존경하는,
나마:이름부르다, 테노츠야테:그러하기 때문에,

세존이 말했다. "수보리여, 그대는 어떻게 생각하는냐?
아라한이 '자신이 능히 아라한 도를 얻었다' 라고 생각을
하겠느냐?" 수보리가 말했다.
"세존이시여, 아닙니다. 왜냐하면 아라한이라 할 법도 없고,
사실 아무 법도 있지 않은 것을 부르기를 아라한이라 할 뿐입니다.

해 석

요 아라한 나마(Yo Arhat nāma) '참으로 아라한이라고 말하는' 것이란 이미 넘어선 경지이며 수다원, 사다함, 아나함의 경지를 넘어서 구경(究竟)의 경지를 말한다.

[鳩摩羅什]

須菩提 於意云何 阿羅漢 能作是念 我得阿羅漢道不
須菩提言 不也世尊 何以故 實無有法 名阿羅漢

수보리 어의운하 아라한 능작시념 아득아라한도부
수보리언 불야세존 하이고 실무유법 명아라한

[玄奘]

佛告善現 於汝意云何 諸阿羅漢頗作是念 我能證得阿羅漢不
善現答言 不也世尊

불고선현 어여의운하 제아라한파작시념 아능증득아라한불
선현답언 불야세존

諸阿羅漢不作是念 我能證得阿羅漢性
何以故 世尊 以無少法名阿羅漢 由是因緣名阿羅漢

제아라한불작시념 아능증득아라한성
하이고 세존 이무소법명아라한 유시인연명아라한

सचेद् भगवन्नअर्हत एवं भवति मया अर्हत्त्वं प्रप्तमि इति स एव तस्य आत्मग्रहे जिवग्रहः पुद्गलग्राहे भवेत् ॥

saced Bhagavann arhata evam bhaven
mayā arhattvam prāptam iti
sa eva tasya ātmagrāho bhavet
sattvagrāho jīvagrāhaġ pudgalagrāho bhavet ।

사체드 바가반느 아르하타 에밤 바벤
마야 아르하땀 프라프탐 이티
사 에바 타스야 아트마그라호 바베트
사뜨바그라호 지바그라하흐 푸드갈라그라호 바베트/

사체트 : 만약, 바가반 : 세존,
아르하타 : 존경하는, 에밤 : 이와같이,
바벤 : ~되다, 마야 : 나에 의해,
프라프탐 : 얻다, 이티 : ~이다,
사 : 그것, 에바 : 이와 같이,
타스야 : 그것과 같이,
아트마그라호 : 자아에 대한 집착(我相),
바베트 : ~이 되다,
사뜨바그라호 : 중생이란 집착,
지바그라하 : 영혼의 집착,
푸트갈라그라호 : 자아의 직찹,
바베트 : 인정하다

"세존이시여!
참으로 그가 아라한을 얻었다면 아라한이라 할 어떤 법도 없기 때문입니다.
그렇기 때문에 아라한이라 불립니다.
세존이시여!
만약 아라한이 '나는 아라한의 경지를 얻었다.'라고 생각한다면, 그는 그것 때문에 아상, 인상, 중생상, 수자상 즉 자아라는 집착, 개아라는 집착, 중생이라는 집착, 영혼·생명이라는 집착에 빠져드는 것입니다."

[鳩摩羅什]

世尊 若阿羅漢 作是念 我得阿羅漢道 卽爲着我人衆生壽者

세존 약아라한 작시념 아득아라한도 즉위착아인중생수자

[玄奘]

世尊 若阿羅漢作如是念 我能證得阿羅漢性
即為執我有情命者士夫補特伽羅等

세존 약아라한작여시념 아능증득아라한성
즉위집아유정명자사부보특가라등

तत् कस्य हेतोः ।
अहम् अस्मि भगवंस् तथागतेना अर्हता
सम्यक्संबुद्धेन अरणा विहारिणां अग्रये निर्दिष्टः ।
अहम् अस्मि भगवन्न अर्हन् वीतरागः ।
न च मे भगवन्न एवं भवति अर्हन्नअस्मि अहं
वीतराग इति

Tat kasya hetoḥ।
aham asmi Bhagavaṃs Tathāgatena
arhatāsamyaksambuddhena araṇā
vihāriṇām agryo nirdiṣṭaḥ।
aham asmi bhagavann arhan vītarāgaḥ।
na ca me Bhagavann evam bhavati arhann asmy aham
vītarāga iti ।

타트 카스야 헤토우/
아함 아스미 바가밤스 타타가테나
아르하테 삼약삼부테나 아라나
비하리남 아르요 니르디스타흐/
아함 아스미 바가반 아르한 비타라가흐/
나 차 메 바가반 에밤 바바티 아르한 아스미 아함
비타라가 이티/

타트:그것, 카스야:누구의, 헤토우:왜냐하면,
아함:나는, 아스미:~이다, 바가밤스:세존,
타타가타남:여래, 아르하테:아라한, 삼약삼부따나:정확한 깨달음,
아라나:조용한, 비하리남:유유자적한,
아그르요:지적하다, 아함:나는, 아스미:~이다,
아르한:가치있는, 비타라가흐:냉정한, 나:아니다, 차:~이지만,
메:나에게, 에밤:이와 같이, 바바티:~일지 모른다, 이티:~이다,

"세존이시여!
부처님께서는 '수보리는 다툼 없는 삼매(三昧)를 얻은 사람 가운데 제일이다.' 라고 여래, 아라한, 정등각께서 말씀하셨습니다.
그래서 저는 욕망에서 벗어난 제일의 아라한이지만
그러나 세존이시여! '나는 욕망에서 벗어난 아라한이다' 라고 생각을 하지는 않습니다."

해 석

아라나 비하리남(Araṇā vihāriṇām)은 '다툼을 떠나 머무는 이 가운데' 이며 상대세계의 치열함은 시대와 관계없이 진행형이다.
비타라가흐(Vītarāgaḥ)는 욕망에서 벗어난 이를 말한다.
바가바드 기타와 우파니샤드에서도 설명되었다.

[鳩摩羅什]

世尊 佛說我得無諍三昧人中 最爲第一 是第一離欲阿羅漢
世尊 我不作是念 我是離欲阿羅漢

세존 불설아득무쟁삼매인중 최위제일 시제일이욕아라한
세존 아부작시념 아시이욕아라한

[玄奘]

所以者何 世尊 如來應正等覺說我得無諍住最為第一 世尊
我雖是阿羅漢永離貪欲 而我未曾 作如是念 我得阿羅漢永離貪欲

소이자하 세존 여래응정등각설아득무쟁주최위제일 세존
아수시아라한영이탐욕 이아미증 작여시념 아득아라한영이탐욕

सचेन् मम भगवन्न एवं भवेन् मया अर्हत्त्वं प्राप्तम् इति न मां तथागतो व्याकरिष्यद्ः अरेणा विहारिणां अग्र्यः सुभूतिः कुलपुत्रे न क्वदि विहरति तेनोच्यतेऽरणा विहारी अरेनविहारी इति

Sacen mama Bhagavann evam bhaven:
mayā arhattvam prāptam iti na mām Tathāgato
vyākariṣyad: areṇā vihāriṇām agryaḥ subhṝtiḥ
kulaputro na kvacid viharati tenocyate'raṇā
vihāry arenavihāri iti ।

사첸 마마 바가반 에밤 바벤
마야 아르하탐 프라프탐 이티 나 맘 타타가토
브야카리스야드 아레나 비하리남 아그르야흐 수부티흐
쿨라푸트로 나 크바치드 비하라티 테노츠야테 아라나 비하리
아레나 비하리 이티/

사첸 : 만약, 마마 : 나에 의해,
바가반 : 세존, 에밤 : 이와 같이,
바벤 : ~이다, 마야 : 나에 의해,
아르하트밤 : 존경할만한,
프라프탐 : 얻다,
이티 : 이다, 나 : 아닌, 맘 : 나,
타타가토 : 여래,
브야카리스야드 : 예언하다,
라남 : 다툼, 아그르오 : 최상,
수부티흐 : 수보리, 쿨라푸트로 : 선남자,

크바치트 : 어디에도,
비하라티 : 유유자적한,
테노츠야테 : 그렇기 때문에,
비하리 : 유유자적한, 아레나 : 조용한,

"세존이시여,
만약 제가 '수보리는 존경받을 만한 아라한의 경지를 얻었다' 고 생각을 한다면,
세존께서는 '수보리는 다툼을 떠나 유유자적하는 아란나행(阿蘭那行)을 즐기는 자이다.'라고 말씀하시지 않았을 것입니다.
왜냐하면
수보리는 실로 유유자적한 행을 한 바가 없기 때문에 ,
그러므로 "수보리라는 사람은 유유자적한 아란나행(阿蘭那行)을 즐기는 자" 라고 이름하여 부르셨습니다."

[鳩摩羅什]
世尊 我若作是念我得阿羅漢道 世尊 卽不說 須菩提
是樂阿蘭那行者 以須菩提 實無所行
세존 아약작시념 아득아라한도 세존 즉불설 수보리
시요아란나행자 이수보리 실무소행
而名須菩提 是樂阿蘭那行
이명수보리 시요아란나행
[玄奘]
世尊 我若作如是念 我得阿羅漢永離貪欲者 如來不應記說我言
善現 善男子得無諍住最
세존 아약작여시념 아득아라한영이탐욕자 여래불응기설아언
선현 선남자득무쟁주최
為第一 以都無所住 是故如來說名無諍住無諍住
위제일 이도무소주 시고여래설명무쟁주무쟁주

제10분 장엄정토분(莊嚴淨土分)
·훌륭한 불국토가 장엄함으로 빛남

भगवन् अह । तत्किं मन्यसे सुभूते अस्ति स कश्चिद्ध धर्मो यस् तथागतेन दीपपंकरस्य तथागतेना अर्हतः सम्यक्संबुद्धेनस्य अनतिकाद् उद्गृहीतः । सुभूर्ती आह । नो हीदं भगवान् नास्ति स कश्चिद्ध धर्मो यस्तथागतेन दीपपंकरस्य तथागतस्य अर्हता सम्यक्संबुद्धेनस्य अनतिकाद् उद्गृहीतः ।

Bhagavan āha | tat kim manyase Subhūte, asti sa kaścid dharmo yas Tathāgatena dipamkarasya Tathāgatasya arhataḥ samyaksambuddhasya antikād udgṛhītaḥ| Subhūtir āha | no hīdam Bhagavan, nāsti sa kaścid dharmo yas Tathāgatena dipamkarasya Tathāgatasya arhataḥ samyaksambuddhasya antikād udgṛhītaḥ|

바가반 아하/ 타트킴 만야세 수부테 아스티 사 카스치드 다르모 야스 타타가테나 디팜카라스야 타타가테나 아르하타흐 삼약삼부따스야 안티카드 우드그라히타흐/ 수부티르 아하/ 노 히담 바가반 나스티 사 카스치드 다르모 야스 타타가테나 디팜카라스야 타타가테나 아르하타흐 삼약삼부따스야 안티카드 우드그라히타흐/

타트:그것, 킴:무엇, 아스티:~이다,
야스타타가테나:여래가, 디팜카라스야:연등불의,
아르하타흐:아라한의, 삼약삼부따스야:정변지의,
안티카드:가까이에서, 우드그그라히타흐:들다, 노:아닌,

부처님께서 수보리에게 말씀하셨다.

"수보리여, 그대는 어떻게 생각하느냐?
여래가 옛적에 연등여래불, 아라한, 정등각 계신 곳에서 법에 대해 얻은 것이 있다고 생각하느냐?"

수보리가 말했다.

"그렇지 않습니다. 세존이시여! 여래께서 연등여래불, 아라한, 정등각 계신 곳에서 실제로 법에 대하여 얻은 것이 없습니다."

해 석

카스치드 다르모 야스 타타가테나 디팜카라스야 타타가테나 아르하타흐 삼약삼부따스야 안티카드 우드그라히타흐(Kaścid dharmo yas Tathāgatena dipamkarasya Tathāgatasya arhataḥ samyaksambuddhasya antikād udgṛhītaḥ)는 '연등여래, 아라한, 정등각의 앞에서 얻은 그 어떤 법도 없습니다.' 이며 수다원과 사다함, 아나함, 아라한마저도 상념이라고하며 세존도 연등여래 옆에서 어떠한 법도 얻지 않았다고 하였다. 어떠한 상이나 상념인 삼갸나(Samjñā) 를 넘어서기 쉽지 않다는 것이다.

[鳩摩羅什]

佛告須菩提 於意云何 如來 昔在燃燈佛所 於法 有所得不

不也世尊 如來在燃燈佛所 於法 實無所得

불고수보리 어의운하 여래 석재연등불소 어법 유소득부

불야세존 여래재연등불소 어법 실무소득

[玄奘]

佛告善現 於汝意云何

如來昔在然燈如來應正等覺所頗於少法有所取不 善現答言

불고선현 어여의운하

여래석재연등여래응정등각소파어소법유소취불 선현답언

不也 世尊 如來昔在然燈如來應正等覺所都無少法而有所取

불야 세존 여래석재연등여래응정등각소도무소법이유소취

भगवन् अह। यः कश्चिद्ध सुभूते बोधिसत्त्व एवं वदेद् अहं क्षेत्रव्यूहान् निष्पादयिष्यामी इति। स वितथं वदेत्। तत्कस्य हेतोः।
क्षेत्रव्यूहा क्षेत्रव्यूहा इति सुभूते व्यूहास् ते तथागतेन भाषितः।
तेनोच्यन्ते क्षेत्रव्यूहा इति॥

Bhagavan āha |
yaḥ kaścit Subhūte bodhisattva evam vaded:
aham kṣetravy vyūhā niṣpādayiṣyāmi iti, sa vitatham vadet|
tat kasya hetoḥ|
kṣetra vyūhāḥ kṣetra vyūhā iti
Subhūte' vyūhās te Tathāgatathena bhāṣitāḥ|
tenocyante kṣetra vyūhā iti |

바가반 아하/
야흐 카스치트 수부테 보디사뜨바 에밤 바데드
아함 크세트라 브유하 니스파다이스야미 이티 사 비타탐 바데트
타트 카스야 헤토흐/
크세트라 브유하흐 크세트라 브유하 이티/
수부테 브유하 테 타타가테나 바쉬타흐/
테노츠야테 크세트라 브유하 이티/
바가반: 세존, 아하: 말하다, 카스치트: 어떤,

수부테:수보리, 보디사뜨바:보살, 에밤:이와 같이,
바데드:말하다, 아함:나, 크세트라:부처님의 땅, 몸, 육신, 대지,
브유하:집단, 장엄(莊嚴), 정돈, 바뀌다,
니스파다이스얌:성취하다, 이티:~이다, 사:그것,
비바탐:진실이 아닌, 타트:그것, 카스야:누구의,
헤토우:왜냐하면, 타타가테나:여래,
바쉬타흐:말하다, 테노츠야테:그러하기 때문에

세존께서 말씀하셨다.
"수보리여, 그대는 어떻게 생각하느냐?
만약 어떤 보살이 '불국토를 장엄하게 빛냈다' 고 생각하는가?
아닙니다. 세존이시여! 왜냐하면 불국토를 장엄하게 한다는 것은 장엄하게 빛냈다는 것이 아니라, 그 이름이 장엄하다는 것 뿐이기 때문입니다.

[鳩摩羅什]
須菩提 於意云何 菩薩 莊嚴佛土不
不也 世尊 何以故 莊嚴佛土者 卽非莊嚴 是名莊嚴
수보리 어의운하 보살 장엄불토부
불야세존 하이고 장엄불토자 즉비장엄 시명장엄
[玄奘]
佛告善現 若有菩薩作如是言 我當成辦佛土功德莊嚴
如是菩薩非真實語 何以故 善現佛土功德莊
불고선현 약유보살작여시언 아당성판불토공덕장엄
여시보살비진실어 하이고 선현불토공덕장
嚴佛土功德莊嚴者 如來說非莊嚴
是故如來說名佛土功德莊嚴佛土功德莊嚴
엄불토공덕장엄자 여래설비장엄
시고여래설명불토공덕장엄불토공덕장엄

तस्मात् तर्हि सुभूते बोधिसत्त्व न महाबोधिसत्त्वेनैवं
अप्रतिष्ठतं चित्तं उत्पदयितव्यं यन्नकश्चिद्ध
प्रतिष्टतं चित्तं उत्पदयितव्यं न रुप प्रतिष्टतं चित्तं
उत्पदयितव्य न शब्द गन्ध रस स्प्रष्टव्य धमा
प्रतिष्टतं चित्तं उत्पदयितव्य।
तद् यता अपि नाम सुभूाते पुरुषो भवेद् उपेत काये
महा काये यत् तस्यैवं रुाप आत्म िवः स्यात् तद्
यता अपि नाम सुमेरुः पर्वतराजः तत्किं मन्यसे सुभ
ूते अपि नु महान् स
आत्मभावो भवेत्।

Tasmāt tarhi Subhūte bodhisattvena
mahāsattvena ivam
apratiṣṭhitam cittam utpādayitavyam yanna kvacit
pratiṣṭhitam cittam utpādayitavyam na rūpa pratiṣṭhitam
cittam utpādayitavyam na śabda gandha rasa spraṣṭavya
dharma pratiṣṭhitam cittam utpādayitavyam |
tad yathāpi nāma Subhūte puruṣo bhaved upetakāyo
mahā kāyo yat tasya ivam rūpa ātma bhāvaḥ syāt tad
yathāpi nāma sumeruḥ parvata rājaḥ
tat kim manyase Subhūte api nu mahān sa ātmabhāvo
bhavet |

타스마트 타르히 수부테 보디사뜨베나 마하사뜨베나 에밤
아프라티스티탐 치땀 우트파다야이타브얌 야나 카스치트
프라티스티탐 치땀 우트파다야이타브얌 나 루파 프라티스티탐
치땀 우트파다야이타브얌 나 사브다 간다 라사 스파라스타브야
다르마 프라티쉬탐 치땀 우트파다야이타브얌/
타드 야타피 나마 수부테 푸루소 바베드 우페타카요
마하 카요 야트 타스야 에밤 루파 아트마 바바흐 스야트 타드
야타피 나마 수메루흐 파르바타 라자흐
타트 킴 만야세 수부테 아피 누 마한
사 아트마바보 바베트/

타스마트:그것으로부터,
타르히:그때, 수부테:수보리,
보디사뜨베나:보살은,
마하사뜨베나:마하살,
에밤:이와같이,
아프라티스티탐:머물러선 안된다, 치땀:마음,
우트파다야이타브얌:일어나다,
야나:아닌, 카스치트:어떤,
프라티스티탐:머물다, 나:아닌,
루파:눈에 보이는, 사브다:소리,
간다:냄새, 라사:맛,
스파라스타브야:촉감, 다르마:의식,
프라티쉬탐:머물다, 타드:그것,
야타피:같다하더라도,
나마:~라고 부르다, 푸루소:사람,
바베드:말하다,
우페타카요:완전한 몸, 구족색신(具足色身),
마하카요:위대하게 보이는, 야트:그것,

타스야:이와같이,
아트마 바바흐:자아가 되다,
스야트:~이다,
수메루흐:수미산(須彌山),
파르바타:산높이,
라자흐:군림하다, 킴:무엇,
만야세:생각하다,

“그러므로 수보리여,
모든 보살 마하살은 마땅히 이와 같이 집착 없는 텅빈 청정한 깨끗한 마음을 일으키도록 해야만 한다.
어떤 형상에 집착하는 마음을 일으키서는 안된다.
또한 눈에 보이는 것에 집착하는 마음을 일으켜서도 안되고,
소리, 냄새, 맛, 촉감, 법에 집착하는 마음을 일으켜서도 안 된다.
마땅히 머믈러 집착함이 없이 그 마음을 내어야 한다.

수보리여,
비유하자면 어떤 사람의 몸이 큰 수미산왕(須彌山王)만 하다면,
그 몸이 위대(爲大)하다고 하겠는가?"
수보리가 부처님께 말씀드렸다.
"매우 큽니다. 세존이시여!
왜냐하면 부처님께서 말씀하시는 큰 몸은 실제 몸이 큰 것이 아니라,
그 이름이 큰 몸일 뿐 이라고 말씀하셨기 때문입니다.

해 석

수메루흐 파르바타 라자흐(Sumeruḥ parvata rājaḥ)에서
수메르는 인도신화에서 우주중심에 있는 산인 파르바타(Parvata)
이며, 산중의 왕인 라자(Rāja)라는 뜻이다.

[鳩摩羅什]

是故 須菩提 諸菩薩摩訶薩 應如是生淸淨心

不應住色生心 不應住聲香味觸法生心

시고 수보리 제보살마하살 응여시생청정심

불응주색생심 불응주성향미촉법생심

應無所住 而生其心 須菩提 譬如有人 身如須彌山王

於意云何 是身爲大不

응무소주 이생기심 수보리 비여유인 신여수미산왕

어의운하 시신위대부

須菩提言 甚大世尊 何以故 佛說非身 是名大身

수보리언 심대세존 하이고 불설비신 시명대신

[玄奘]

是故善現 菩薩如是都無所住應生其心 不住於色應生其心

不住非色應生其心 不住聲香味

시고선현 보살여시도무소주응생기심 불주어색응생기심

불주비색응생기심 불주성향미

觸法應生其心 都無所住應生其心 佛告善現 如有士夫具身大身其

촉법응생기심 도무소주응생기심 불고선현 여유사부구신대신기

色自體。假使譬如妙高山王。

善現。於汝意云何。彼之自體為廣大不

색자체 가사비여묘고산왕

선현 어여의운하 피지자체위광대불

सुभूतिर् आह ।
महान् स भगवान् महान् सुगत स आत्मभावो
भवेत् । तत् कस्य हेतोः ।
आत्मभाव आत्मभाव इति भगवन्नअभावः
स तथागतेन भाषितः । तेनोच्यत आत्मभाव इति ।
न हि भगवान् स भावे नाभावः ।
तेनोच्यन्ते आत्मभावा इति ॥

Subhūtir āha |
mahān sa Bhagavan mahān sugata sa ātmabhāvo bhavet |
tatkasya hetoḥ|
ātmabhāva ātmabhāva iti bhagavann abhāvaġsa
Tathāgatena bhāṣitāḥ |
tenocyata ātmabhāva iti |
na hi Bhagavan sa bhvāo nābhāvaġ |
tenocyata ātmabhāva iti |

수부테 아하/
마한 사 바가반 마한 수가타 사 아트마바보 바베트/
타트카스야 헤토우/
아트마바바 아트마바바 이티 바가반 아바바흐
사타타가테나 바시타흐/
테노츠야타 아트마바바 이티/ 나 히 바가반 사 바보 나바바흐/
테노츠야타 아트마바바 이티/

수부테:수보리, 아피:또한,
누:역시, 마한:위대한, 사:그것,
아트마바보:자아가되다, 바베트:말하다,
아피:또한, 타트:그것,
카스야:누구의, 헤토우:왜냐하면,
아트마바바:자아의 존재, 이티:~이다,
바가반:세존, 아바바흐:자아의 존재가 아니다,
타타가테나:여래는, 바시타흐:말하다,
테노츠야타:그렇기 때문에,

수보리가 말하였다.
"세존이시여! 그는 크다고 하겠나이다.
깨달음에 이르신 분이시여, 그의 자아의 존재는 큽니다.
세존이시여!
왜냐하면 '자아의 존재' 라고 하지만,
실로 그것은 '자아의 존재'가 아니고,
그 이름이 '자아의 존재'이기 때문에 그렇게 부르는 것 입니다.
그렇기 때문에 '자아의 존재'라고 합니다."

[鳩摩羅什]

[玄奘]

善現答言 彼之自體 廣大世尊 廣大善逝

何以故 世尊彼之自體如來說非彼體故名自體

선현답언 피지자체 광대세존 광대선서

하이고 세존피지자체여래설비피체고명자체

非以彼體故名自體

비이피체고명자체

제11분 무위복승분(無爲福勝分)

· 작위적이지 않은 본래 본성을 갖춘
무위의 복덕은 뛰어남

भगवन् अह।
तत्किं मन्यसे सुभूते यावत्यो गङ्गायां महानद्यां
वालुकास् तावत्य एव गङ्गा नद्यो भवेयुः
तासु या वालुका अपि नु ता बहव्ये भवेयुः।
सुभूर्ति आह।
ता एव तावद् भगवन् बहव्ये
गङ्गा नद्यो भवेयुः प्राग् एव यास् तासु
गङ्गानदीषु वालुकः।

Bhagavan āha |
tat kim manyase Subhūte yāvatyo gaṅgāyām
mahānadyām vālukās tāvatya
eva gaṅgā nadyo bhaveyuḥ tāsu yā vālukā api nu
tābahavyo bhaveyuḥ|
Subhūir āha |
tā eva tāvad bhagavan bahavyo gaṅgā nadyo
bhaveyuḥ prāg eva yās tāsu gaṅgā nadīṣu vālukāḥ|

바가반 아하/
타트 킴 만야세 수부테 야바트요 강가얌
마하나드얌 바루카스 타바트야
에바 강가 나드요 바베유흐
타수 야 바루카 아피 누 타 바바브요 바베유흐/
수부티르 아하/
타 에바 타바드 바가반 바하브요 강가 나드요
바베유흐 프라그 에바 야스 타수 강가 나디수 바루카흐/

바가반:세존, 아하:말하다,
타트:그것, 킴:무엇,
만야세:생각하다,
야바트요:가령,
마하나드얌:큰강,
바루카스:모래알,
타바트야:그러한, 에바:이와 같이,
강가나드요:갠지스강 같이,
바베유흐:~가 되다,
타수:그것, 야:누구,
바루카:모래, 아피:~도,
누:확실히, 타:그것,
바바브요:많은, 바베유흐:~이 있다,
수부티르:수보리, 아하:말하다,
타:그, 에바:역시,
타바드:그러한, 바바브요:많다,
프라그 에바:말할 수 없이,
야스:누구,
강가나디수:갠지스강들 가운데,
바루카흐:모래알들

세존께서 말씀하셨다.
"수보리여,
큰 강인 항하 갠지스강에 모래알들이 있고,
그 모래알들의 수만큼 항하 갠지스강이 있다고 한다면,
어찌 생각하는냐?
그 모든 항하 갠지스강들의 모래알들의 갯수는 많다고
하겠느냐?"
수보리가 대답하였다.
"매우 많습니다. 세존이시여!
이미 모든 갠지스강의 수만 하더라도 이미 헤아릴 수 없을 정도로
무수히 많은데,
하물며 그 모든 갠지스강들에 있는 모래알들의 갯수야 말해서
무엇 하겠습니까?"

해 석

강가얌 마하나드얌 바루카스(Gaṅgāyām mahānadyām vālukās)
갠지스 강의 모래알들 만큼이나 라는 것은 금강경을 통하여
한계없는 것에 대한 비유를 하였다.

마치 밤하늘을 보고 있으면 거시적(巨視的, Macroscopic) 으로
별들과 수많은 끝없는 은하계를 보는 것처럼 또한 현대과학으로
미시적(微視的, Microscopic)으로 들어가면 끝없는 소립자나
바이러스처럼 한계없음을 표현하였다.
초기불교의 경전이나 금강경에서 볼수 있는 비유이다.

[鳩摩羅什]

須菩提 如恒河中 所有沙數 如是沙等恒河 於意云何
是諸恒河沙 寧爲多不

수보리 여항하중 소유사수 여시사등항하 어의운하
시제항하사 영위다부

須菩提言 甚多世尊 但諸恒河 尚多無數 何況其沙

수보리언 심다세존 단제항하 상다무수 하황기사

[玄奘]

佛告善現 於汝意云何 乃至殑伽河中所有沙數
假使有如是沙等殑伽河 是諸殑伽河沙寧為

불고선현 어여의운하 내지긍가하중소유사수
가사유여시사등긍가하 시제긍가하사녕위

多不 善現答言 甚多世尊甚多善逝 諸殑伽河尚多無數何況其沙

다부 선현답언 심다세존심다선서 제긍가하상다무수하황기사

भगवन् अह । आरोचयमि ते सुभूते प्रतिवेदयामि ते
यावत्यस् तासु गङ्गागनदीषु वालुकः
भवेयुस् तावतो लोकधातून् कश्चिद्ध एव स्त्रीा वा
पुरुषो वा सप्त रत्न परिपुर्णं कृत्वा
तथगतेभयोऽर्हभ्यः सम्यक्संबुद्धेभ्या दानं दद्यात्
तत्किं मन्यसे सुभूते अपि नु सा स्त्रीा वा पुरुषो वा
तते निदानं बहु पय स्कन्धं प्रसुनुयात् ।

Bhagavan āha | ārocayāmi te Subhūte prativedayāmi te
yāvatyas tāsu gaṅgā nadīṣu vālukās bhaveyus, tāvato
lokadhātūn kaścid eva strī vā puruṣo
vā sapta ratna paripūrṇam kṛtvā
Tathāgatebhyo'rhadbhyaḥ samyaksambuddhebhyo
dānam dadyāt, tatkim manyase Subhūte api nu sā strī vā
puruṣo vā tato nidānam bahu puṇyaskandham prasunuyāt |

바가반 아하/ 아로차야미 테 수부테 프라티베다야미
테 야바트야스 타수 강가 나디수 바루카 바베유스
타바토 로카다툰 카스치트 에바 스트리 바 푸루소
바 사프타 라트나 파리푸르남 크르트바
타타가테브요 아라드브야흐 삼약삼부떼브요
다남 다드야트 타트킴 만야세 수부테 아피 누 사 스트리
바 푸루소 바 타토 디다남 바후 푼야 스칸담 프라수누야트/

아하 : 말하다, 아로차야미 : 명백한,
프라티베다야미 : 이해하다, 야바트 : 그러한,
야스 : 누구, 강가나디수 : 갠지스강 가운데,
바루카 : 모래, 바베유스 : ~있는 만큼,

타바토:그와 같은, 로카다툰:세계, 카스치트:어떤,
스트리:자손을 낳다, 바:이거나, 푸루소:남자,
바:당신, 사프타:일곱, 라트나:보배, 파리푸르나:가득 채우다,
크르트바:행하다, 타타가테브요:여래,
아르하드브야하:아라한들, 삼약삼부데:정등각(正等覺),
브요:들에게, 다남:보시, 다드야트:주다, 타트:그것, 킴:무엇,
만야세:생각하다, 아피:~도, 누:확실히, 사:그, 스트리:여인,
타토:그것으로부터, 니다남:인연, 묶다, 바후:많은,
푼야스칸담:공덕의 축척, 프라수누야트:결실을 맺다

세존께서 말씀하셨다.
"수보리여, 내가 지금 그대에게 진실로 이르노니,
만약 어떤 선남자나 선여자가 저 항하 갠지스강에 있는 모래알 수
만큼이나 많은 삼천대천세계에 가득한 일곱 가지의 보물을
여래, 아라한, 정등각들에게 널리 보시를 행한다면,
수보리여, 그들 선남자나 선여자가 이것으로 공덕을 많이
쌓는다고 생각하겠느냐?"

[鳩摩羅什]
須菩提 我今實言告汝 若有善男子善女人
以七寶 滿爾所恒河沙數 三千大千世界 以用布施 得福多不
수보리 아금실언고여 약유선남자선여인
이칠보 만이소항하사수 삼천대천세계 이용보시 득복다부
[玄奘]
佛言善現 吾今告汝開覺於汝 假使若善男子或善女人
以妙七寶盛滿爾所殑伽河沙等世界 奉施如來應正等覺
불언선현 오금고여개각어여 가사약선남자혹선여인
이묘칠보성만이소긍가하사등세계 봉시여래응정등각
善現 於汝意云何 是善男子或善女人 由此因緣所生福聚寧為多不
선현 어여의운하 시선남자혹선여인 유차인연소생복취영위다불

सुभूर्ति आह ।
बहु भगवन् बहु सुगत स्त्री वा पुरुषो वा तते निदानं पय स्कन्धं प्रसुनुयाद् अप्रमेयं असंख्येयं ।

Subhūtir āha |
bahu Bhagavan bahu sugata strī vā puruṣo vā tato
nidānam puṇyaskandham prasunuyād aprameyam
prasunuyāt asamkhyeyam |

수부티르 아하/
바후 바가반 바후 수가타 스트리 바 푸루소 바 타바토
디다남 푼야 스칸담 프라수누야드 아프라메얌
프라수누야트 아삼크예얌/

수부티르:수보리,
아하:말하다,
바후:많이, 바가반:세존,
수가타:선서, 깨달음에 이르신,
스트리:여인,
바:당신, 푸루소:남자,
타토:그것으로부터,
디다남:근원적인 원인, 인연,
푼야:선(善), 공덕(功德),
스칸담:축척,

프라수누야드:결실을 맺다,
아프라메얌:측량할 수 없는,
프라수누야트:결실을 맺다,
아삼크흐례얌:헤아릴수 없는

수보리가 부처님께 대답하였다.
"많습니다. 세존이시여!
대단히 많습니다. 깨달음에 이르신 분이시여."
부처님께서 수보리에게 말씀하셨다.
선남자나 선여자가 이 인연으로 인하여 헤아릴 수도 없고 셀 수도 없는 공덕을 쌓는 것이 될 것입니다."

[鳩摩羅什]

須菩提言 甚多世尊

수보리언 심다세존

[玄奘]

善現答言 甚多世尊 甚多善逝
是善男子或善女人 由此因緣所生福聚其量甚多

선현답언 심다세존 심다선서
시선남자혹선여인 유차인연소생복취기량심다

भगवन् अह ।
यश् च खलु पुनः सुभूते स्त्री वा पुरुषो
वा तावतो लोक धातून् सप्त रत्न परिपुर्णं कृत्वा
तथगतेभयोऽर्हभ्यः
सम्यक्संबुद्धेभ्या दानं दद्यात् यश् च कुलपुत्रो वा
कुलदुहिता वा इतो धर्म पर्यायाद्
अन्तशश् चतुष्पादिकां अपि गाथां
उद्ग्रहय परेभ्यो देशयेत् संप्रकाशयेदमेव ततो
निदानं बहुतरं पुयस्कंधं प्रसुनुयाद् अपरमेयं
असंख्येयं

Bhagavan āha |
yaśca khalu punaḥ Subhūte strī vā puruṣo
vā tabato loka dhātūn sapta ratna paripūrṇam kṛtvā
Tathāgatebhyo'rhadbhyaḥ samyaksambuddhebhyo
dānam dadyāt yaśca kulaputro
vā kuladuhitā veto
dharma paryāyād antaśaś catuṣpādikām
api gātham udgṛhya parebhyo deśayet
samprakāśayed ayam eva tato
nidānam bahutaram puṇyaskandham prasunuyād
aprameyam asamkhyeyam |

바가반 아하/
야스 차 칼루 푸나흐 수부테 스트리 바 푸루소
바 타바토 로카 다툰 사프타 라트나 파리푸르남 크르트바
타타가테브흐요아르하드브야흐 삼약삼부떼야
다남 다드야트 야스 차 쿨라푸트로
바 쿨라두히타 바이토
다르마 파르야야드 안타사스 차투스파디캄
아피 가탐 우드그르흐야 파레브흐요 데사예트
삼프라카사예드 아얌 에바 타토
니다남 바후타람 푼야 스칸담 프라수누야드
아프라메얌 아삼크흐레얌/

아하 : 말하다,
야스차 : 그리고,
칼루 : 진정으로,
푸나흐 : 다시,
스트리 : 여성, 바 : ~이나,
푸루소 : 남성,
타바토 : 그러한 많은,
로카다툰 : 세계들,
사프타 : 일곱, 라트나 : 보배,
파리푸르남 : 가득채운,
크르트바 : 행하다,
타타가테브흐요 : 여래(如來),
아르하드브야흐 : 아라한(阿羅漢),
삼약삼부떼야 : 정등각자들,
다남 : 보시(布施),
다드야트 : 주다, 야스차 : 다시,
쿨라푸트로 : 선남자(善男子),

쿨라두히타:선여인(善女人)
바:당신, 이토:이것,
다르마:법, 파르야야드:문,
안타사스:한계,
차투스파디캄:네부분,
아피:단지,
가탐:게송(揭頌),
우드그르흐야:드러내다,
파레브흐요:타인,
데사예트:가르치다,
삼프라카사예드:명확하게하다,
아얌:이것, 에바:오직,
타토:그것으로 부터,
니다남:근원적인 원인,
바후타람:더 많은, 푼야스칸담:공덕의 축척,
프라수누야드:결실을 맺다,
아프라메얌:측량할수 없는,
아삼크흐레얌:헤아릴 수 없는

세존께서 말씀하셨다.
"참으로 수보리여,
저들 선남자나 선여자가 삼천대천세계에
가득한 일곱 가지 보물을
여래, 아라한, 정등각에게 보시를 준다하더라도,
그들 선남자 선여인이 이 법문 가운데에 사구게를 선택하여
배우고 외워,
다른 사람을 위해 널리 가르치고 설명한다면,
바로 이로 인하여 이 복덕이 앞의 복덕보다 잴 수도 없고 셀 수도 없을 만큼 더 많은 공덕을 쌓는 것이 될 것이다."

[鳩摩羅什]

佛告須菩提 若善男子善女人 於此經中

乃至受持四句偈等 爲他人說 而此福德 勝前福德

불고수보리 약선남자선여인 어차경중

내지수지사구게등 위타인설 이차복덕 승전복덕

[玄奘]

佛復告善現 若以七寶盛滿爾所沙等世界 奉施如來應正等覺

若善男子或善女人 於此法門

불복고선현 약이칠보성만이소사등세계 봉시여래응정등각

약선남자혹선여인 어차법문

乃至四句伽他受持讀誦究竟通利 及廣為他宣說開示如理作意

由此因緣所生福聚 甚多於前無量無數

내지사구가타수지독송구경통리 급광위타선설개시여리작의

유차인연소생복취 심다어전무량무수

제12분 존중정교분(尊重正教分)

· 올바른 큰 가르침을 존중하라.

अपि तु खलु पुनः सुभुते यस्मिन् पृथिवी प्रदेशे
इतो धर्म पर्यायाद् अन्तशश् चतुष्पादिकाम्
अपि गाथाम् उद्गृहय भाष्येत वा संप्रकाश्येत
वा स पृथिवीप्रदेशश् चैत्य भूतो भवेत्
सदेवमानुष असुरस्य लोकस्य कः पुनर् वादो
ये इमं धर्मपर्यायं सकल समाप्तं धारयिष्यन्ति
वाचयिष्यन्ति पर्यवाप्स्यन्ति परेभ्यश् च विस्तरेण
संप्रकाशयिष्यन्ति । परमेण ते सुभूते आश्चर्येण
समन्वागता भविष्यन्ति । तस्मिंश् च सुभूते पृथिवी
प्रदेशे शास्ता विहरति अन्यतर अन्यतरे वा विक्ष
गुरु स्थानीयः ॥

Api tu khalu punaḥSubhūte yasmin pṛthivī pradeśa ito dharma paryāyād antaśaś catuṣpādikām api gāthām udgṛhya bhāṣyeta vā samprakāśyeta vā, sa pṛthivī pradeśaś caitya bhūto bhavet sadevamānuṣa asurasya lokasya kaḥ punar vādo ya imam dharmaparyāyam sakala samāptam dhārayiṣyanti vācayiṣyanti paryavāpsyanti parebhyaś ca vistareṇa samprakāśayiāyanti | parameṇa te Subhūte āścaryeṇa samanvāgatā bhaviṣyanti | tasmimś ca Subhūte pṛthivī pradeśe śāstā viharaty anyatara anyataro vā vijñaguru sthānīyaḥ|

아피 투 칼루 푸나흐 수부테 야스민 프르트비 프라데사
이토 다르마 파르야야드 안타사스 차투스파디캄 아피 가탐
우드그르흐야 바스예타 바 삼프라카사예타 바 사 프르티비
프라데사스 차이트야 부토 바베트 사데바마누사 아수라스야
로카스야 카흐 푸나르 바도 야 이맘 다르마파르야얌
사카라 사마프탐 다라이스얀티 바차이스얀티
파르야바프스얀티 파레브야스
차 비스타레나 삼프라카사이스얀티/
파라메나 테 수부테 아스차르예나 사만바가타 바비스얀티/
타스밈스 차 수부테 프르티비 프라데세 사스타 비하라티
안야타라 안야타로 바 비그나구루 스타니야흐/

아피 : ~도, 투 : 그리고, 칼루 : 진실로,
푸나흐 : 다시, 야스민 : 어떤, 프르트비 : 땅,
프라데사 : 장소, 이토 : 이로부터, 다르마 : 법,
파르야야드 : 문, 안타사스 : 한계, 이맘 : 이것,
차투스파디캄 : 네부분, 아피 : 단지, 가탐 : 게송,
카라 : 부분, 우드그르흐야 : 끄집어내다, 바스예타 : 말하다,
바 : 당신, 삼프라카사예타 : 드러내다, 사 : 그,
프르티비 : 대지, 프라데사스 : 지점,
차이트야부토 : 탑이 있는 장소, 바베트 : 되다, 데바 : 신,
마누사 : 인간, 아수라 : 악마, 로카스야 : 세계,
카흐 : 누가, 푸나르 : 다시, 바도 : 말하다, 야 : 즉,
다르마파르야얌 : 법문, 사 : 함께, 사마프탐 : 완전히 얻다,
다라이스얀티 : 간직하다, 바차이스얀티 : 독송하다,
파르야바프스얀티 : 공부하다, 파레브야스 : 타인,
차 : 그리고, 비스타레나 : 상세하게,
삼프라카사이스얀티 : 드러내다, 파라메나 : 최상의, 테 : 그들,

아스차르예나:놀라운, 사만바가타:갖추다,
바비스얀티:~이 되다, 타스밈스:그것,
프라데세:지역, 사스타:가르치는 이,
비하라티:머물다, 안야타라:한쪽, 안야타로:다른 한쪽,
비그나:지혜, 구루:스승, 스타니야흐:머물다

"수보리여, 신심을 지닌 선남자 선여인이 어느 곳에서라도 이 법문의 사구게송을 명백하게 설하면, 그 곳은 신과 인간과 아수라가 다 마땅히 부처님의 탑묘에 공양하는것과 같이 공양해야함을 알아야 한다.
더 나아가 이 법문을 남김없이 받아 지니며 독송하고 공부하고 다른 사람을 위해 가르친다면,
수보리여, 마땅히 알라. 그들은 최고의 경이로움을 지닌 아주 귀중한 희유한 법을 성취한 것이 될 것이다.
수보리여, 만약 이 경전이 있는 곳이라면,
그 곳은 부처님과 존경받는 훌륭한 제자들, 지혜로운 스승이 계시는 곳이 되느니라."

해 석

차이트야 부토(Caitya bhūto)는 탑이 있는 장소이다.
이 장소는 아마 그 당시에 신성한 장소를 말하는 것일 것이다.
후기불교를 오면서 탑이 생기고 불상이나 탑을 모시는 장소가 되었을 것이다.

사카라 사마프탐(Sakala samāptam)은 '완전하게 갖추어진' 뜻이다.
사스타 (Śāstā)는 가르치는 이 또는 스승을 말한다.
비그나구루 스타니야흐(Vijñaguru sthānīyaḥ) 는 '지혜로운 스승' 또는 구루를 말한다.
구루(Guru)는 스승으로 번역이 되는데 깨달은 이면서 가르칠 수 있는 이라고 말한다.
스타니야(Sthānīy)는 머무는 또는 거주하는 것을 말한다.

[鳩摩羅什]

復次須菩提 隨說是經 乃至四句偈等 當知此處

一切世間天人阿修羅 皆應供養 如佛塔廟

부차수보리 수설시경 내지사구게등 당지차처

일체세간천인아수라 개응공양 여불탑묘

何況有人 盡能受持讀誦 須菩提 當知是人 成就最上第一希有之法

若是經典所在之處 卽爲有佛 若尊重弟子

하황유인 진능수지독성 수보리 당지시인 성취최상제일희유지법

약시경전소재지처 즉위유불 약존중제자

[玄奘]

復次善現 若地方所於此法門 乃至為他宣說開示四句伽他

此地方所尚為世間諸天及人阿素

부차선현 약지방소어차법문 내지위타선설개시사구가타

차지방소상위세간제천급인아소

洛等之所供養如佛靈廟 何況有能於此法門

具足究竟書寫受持讀誦究竟通利。及廣為他宣說開示

낙등지소공양여불영묘 하황유능어차법문

구족구경서사수지독송구경통리 급광위타선설개시

如理作意 如是有情成就最勝希有功德 此地方所大師所住

或隨一一尊重處所 若諸有智同梵行 者說是語已

여리작의 여시유정성취최승희유공덕 차지방소대사소주

혹수일일존중처소 약제유지동범행 자설시어이

제13분 여법수지분(如法受持分)

·상념과 번뇌를 벗어나라는 반야바라밀의 가르침을 받아 지님

एवं उ आयुष्मान् सुभुर्ते भगवन्तं एतद् अवेचत्।
के नाम अयं भगवन् धर्मपर्यायः कथं चैनं धारभ
यामि। एवं उ भगवन् आयुष्मान् सुभुाति एतद्
अवेचत्। प्रज्ञापारमिता नामायं सुभुाते धर्मपर्यायः।
एवं चैनं धाय। तत्कस्य हेतोः। यैव सुभूते प्रज्ञ
ापारमिता तथागते
भाषिता। सैवापारमिता तथागतेन भाषिता। तेनोभ
च्यते प्रज्ञापारमितेति॥

Evam ukta āyuṣmān Subhūte Bhagavantam etad avocat |
ko nāma ayam Bhagavan dharmaparyāyāḥ katham
cainam dhārayāmi |
evam ukte Bhagavān āyuṣmāntam Subhūtim etad avocat |
prajñāpāramitā nāma ayam Subhūte dharmaparyāyaḥ |
evam cainam dhāraya |
tat kasya hetoḥ| yaiva Subhūte prajñāpāramitā
Tathāgatena bhṣitā saiva a pāramitā Tathāgatena bhṣitā |
tenocyate prajñāpāramite iti |

에밤 우크테 아유스만 수부테 바가반탐 에타드 아보차트/
코 나마 아얌 바가반 다르마파르야야흐 카탐
차이남 다라야미/
에밤 욱테 바가반 아유스만탐 수부팀 에타드 아보차트/
프라그야파라미타 나마 아얌 수부테 다르마파르야야흐/
에밤 차이남 다라야/
타트 카스야헤토우/ 야이바 수부테 프라갸나파라미타
타타가테나 바시타 사이바 아 파라미타 타타가테나바시타/
테노츠야테 프라즈나파라미테 이티/

에밤 : ~이와 같이,
욱테 : 말하다, 아유스만 : 장로,
수부테 : 수보리, 바가반탐 : 세존,
에타드 : 이렇게,
아보차드 : 여쭈어보다, 코 : 무엇,
나마 : 이름, 아얌 : 이것,
바가반 : 세존, 다르바파르야 : 법문,
카탐 : 어떻게, 차이남 : 그리고,
다라야미 : 간직하다, 에밤 : 이것,
수부팀 : 수보리, 에타드 : 이렇게,
프라그야파라미타 : 지혜의 완성,
차 : 그리고 에남 : 이것,
다라야 : 간직하다, 타트 : 그것,
카스야 : 누구의, 헤토우 : 왜냐하면,
야 : 그, 에바 : 이것,
프라갸나아파라미타 : 지혜의 완성,
타타가테나 : 여래, 바시타 : 설해지다,
사 : 그것, 에바 : 실로,

아파라미타:완성이 아닌,
바시타:설해지다,
테나:그러므로,
우즈야테:말하기를,
프라즈나파라미테:지혜의 완성,
이티:~이다

그때 수보리가 세존께 여쭈었다.
"세존이시여! 이 경전을 무엇이라 이름하며,
또한 저희들은 그것을 어떻게 받들어 간직해야 하겠습니까?
이렇게 말하자

부처님께서 수보리에게 말씀하셨다.
수보리여, 이 경전의 이름은 '지혜의 완성'인
'금강반야바라밀' '이라 이름하며,
또한 그대들은 이 명칭대로 받들어 간직하라.

왜냐하면 수보리여,
부처께서 말씀하신 '지혜의 완성'인 '반야바라밀'은
곧 진정한 반야바라밀이 아니라,
이름이 반야바라밀이라 칭한 것 뿐이니라.

해 석

다라야미(Dhārayāmi)는 "간직하다" 는 뜻이며,
"수지(受持)하다"라고 한역되었다.

프라그야파라미타(Prajñāpāramitā)는 "지혜의 완성" 으로
번역되며 반야바라밀다로 한역(漢譯)되었다.

[鳩摩羅什]

爾時 須菩提白佛言 世尊 當何名此經 我等云何奉持

佛告須菩提 是經 名爲金剛般若波羅蜜

이시 수보리백불언 세존 당하명차경 아등운하봉지

불고수보리 시경 명위금강반야바라밀

以是名字 汝當奉持 所以者何 須菩提 佛說般若波羅蜜

卽非般若波羅蜜 是名般若波羅蜜

이시명자 여당봉지 소이자하 수보리 불설반야바라밀

즉비반야바라밀 시명반야바라밀

[玄奘]

具壽善現復白佛言 世尊 當何名此法門 我當云何奉持

作是語已 佛告善現言 具壽 今

구수선현복백불언 세존 당하명차법문 아당운하봉지

작시어이 불고선현언 구수 금

此法門 名為能斷金剛般若波羅蜜多 如是名字汝當奉持

何以故 善現 如是般若波羅蜜多 如

차법문 명위능단금강반야바라밀다 여시명자여당봉지

하이고 선현 여시반야바라밀다 여

來說為非般若波羅蜜多 是故如來說名般若波羅蜜多

래설위비반야바라밀다 시고여래설명반야바라밀다

तत्किं मन्यसे सुभूते
अपि न्व् अस्ति स कश्चिद् धर्मे
यस् तथागतेन भाषितः ।
सुभुर्ति आह ।
ने हीदं भगवन् नास्ति स कश्चिद् धर्मे यस्
तथागतेन भाषितः ॥

Tatkim manyase Subhūte
api nv asti sa kaścid dharmo
yas Tathāgatena bhṣitā।
Subhūtir āha ।
no hīdam Bhagavan nāsti sa kaścid dharmo
yas Tathāgatena bhṣitā।

타트킴 만야세 수부테
아피 느브 아스티 사 카스치트 다르모
야스 타타가테나 바시타흐/
수부티르 아하/
노 히담 바가반 나스티 사 카스치트 다르모
야스 타타가테나 바시타흐/

타트:그것, 킴:무엇,
만야세:생각하다, 수부테:수보리,
아피:또한, 누:확실히,
아스티:~이다, 사:그,
카스치트:어떤, 다르모:법, 야스:그,
타타가테나:여래, 바시타흐:말하다,
수부티:수보리, 아하:말하다,
노:아닌, 히담:확실한,
바가반:세존, 나:아닌,
아스티:있다, 사:그것,

“수보리여, 그대는 어찌 생각하는가?
여래가 설한 그 어떤 진리의 법이 있다고 생각하느냐? "
수보리가 부처님께 말씀드렸다.
"그렇지 않습니다. 세존이시여!
여래께서 설하신 그 어떤 법도 없습니다.”

[鳩摩羅什]
須菩提 於意云何 如來有所說法不
須菩提白佛言 世尊 如來無所說
수보리 어의운하 여래유소설법부
수보리백불언 세존 여래무소설
[玄奘]
佛告善現 於汝意云何 頗有少法如來可說不 善現答言
不也世尊 無有少法如來可說
불고선현 어여의운하 파유소법여래가설불 선현답언
불야세존 무유소법여래가설

भगवान् आह ।
तत्किं मन्यसे सुभूते यावत् त्रिसाहस्रमहासाहस्रे लेकधातै पृथिवीरजः कच्चि तद् बहु भवेत् । सुभूर्ते आह ।
बहु भगवन् बहु सुगत पृथिवीरजःभवेत् ।
तत्कस्य हेतोः । यत् तद् भगवन् पृथिवीरजस् भाषितं अ रजस् तद् भगवंस् तथागतेन भाषितः ।
तेनोच्यते पृथिवीरज इति ।
योऽपि असौ लोकधातुस् तथागतेन भाषिते धातुः स तथागतेन भाषितः ।
तेनोच्यते लोकधार्तु इति ॥

Bhagavan āha ।
tatkim manyase Subhūte yāvat trisāhasramahāsāhasre lokadhātau pṛthivīrajaḥkaccit tad bahu bhavet ।
Subhūtir āha । bahu Bhagavan bahu sugata pṛthivīrajo bhavet ।
tatkasya hetoḥ। yat tad Bhagavan pṛthivīrajas Tathāgatena bhṣitām arajas tad Bhagavaṃs Tathāgatena bhṣitām ।
tenocyate pṛthivīraja iti ।
yo'py asau lokadhtus Tathāgatena bhṣito'dhātuḥ sa Tathāgatena bhṣitām । tenocyate lokadhātur iti ।

바가반 아하/
타트킴 만야세 수부테 야바트 트리사하스라마하사하스레
로카다타우 프르티비라자흐 카찌트 타드 바후 바베트/
수부티르 아하/바가반 바후 수가타 프르티비라조 바베트/
타트카스야 헤토우/ 야트 타드 바가반 프르티비라자스
타타가테나 바시탐 아 라자스 타드 바가밤스 타타가테나 바시탐/
테노츠야테 프르티비라자 이티/
요아피 아사우 로카다투스 타타가테나 바시토 다투흐 사
타타가테나 바시타흐/ 테노츠야테 로카다투르 이티/

바가반:세존,
아하:말하다,
타트:그것, 킴:무엇,
만야세:생각하다,
수부테:수보리,
트리사하스라마하사하스테:삼천대천(三千大千),
로카다타우:세계(世界),
프리티비:대지,
라자흐:먼지,
가찌트:어떤,
타트:그 후, 바후:많은.
바베트:~이다, 수부티르:수보리,
수가타:부처님, 타트:그것,
카스야:무엇,
헤토우:왜냐하면,
야트 타트:그것,
프리티비:대지의,
라자:먼지, 타타가테나:여래,

바시탐:말하다,
아:아닌,
라자스:먼지,
타트:그것,
테노츠야테:그렇기 때문에,
프르티비라자:대지의 먼지,
이티:~이다,
요아피:~도, 아사우:~는,
로카다투스:세계,
바시토:말하다,
다투흐:부분, 사:그것,
바시탐:말하다,
로카다투르:세계,

세존께서 말씀하셨다.
"수보리여, 그대 생각은 어떠한가?
삼천대천세계의 대지에 티끌이 얼마나 많다고 생각하느냐?"
수보리가 부처님께 말씀드렸다.
"매우 많습니다. 세존이시여!
대지에 티끌이 정말로 많습니다."
깨달음에 이르신 분이시여. 세존이시여!
수보리여, 여래께서 대지의 티끌이라고 말씀하신 것은,
그것은 대지의 티끌이 아니라, 그 이름이 대지의 티끌일 뿐이라고
말씀하셨다, 그렇기에 대지의 티끌이라고 칭한다고 하셨다.
또한 여래께서 말씀하신 세계도 세계가 아니라 그 이름이 세계일
뿐이라고 말씀하셨다.
그렇기 때문에 세계라고 칭한다고 하셨다.

해 석

프르티비 라조(Pṛthivī rajo)는 대지의 티끌이다.
프르티비는 땅이나 대지이며 라조는 티끌, 먼지를 말한다.

[鳩摩羅什]

須菩提 於意云何 三千大千世界 所有微塵 是爲多不
須菩提言 甚多世尊 須菩提 諸微塵

수보리 어의운하 삼천대천세계 소유미진 시위다부
수보리언 심다세존 수보리 제미진

如來說非微塵 是名微塵 如來說世界 非世界 是名世界

여래설비미진 시명미진 여래설세계 비세계 시명세계

[玄奘]

佛告善現 乃至三千大千世界大地微塵寧為多不
善現答言 此地微塵甚多世尊 甚多善逝

불고선현 내지삼천대천세계대지미진영위다불
선현답언 차지미진심다세존 심다선서

佛言善現 大地微塵如來說非微塵 是故如來說名大地微塵
諸世界如來說非世界 是故如來說名世界

불언선현 대지미진여래설비미진 시고여래설명대지미진
제세계여래설비세계 시고여래설명세계

भगवान् आह । तत्किं मन्यसे सुभूते द्वत्रिंशान् महापुरुष लक्षणैस् तथागतेऽर्हन् सम्यक्संबुद्धो द्रष्टव्यः । सुभूर्ते आह । नो हीदं भगवन् न द्वत्रिंशान् महापुरुष लक्षणैस् तथागतेऽर्हन् सम्यक्संबुद्धो द्रष्टव्यः । तत् कस्य हेतोः । यानि हि तानि भगवन् द्वत्रिंशान् महापुरुष लक्षणैस् तथागतेन भाषितानि । तेनोच्यन्ते द्वत्रिंशान् महापुरुष लक्षणैसणानीति ॥

Bhagavan āha | tatkim manyase Subhūte dvātrimśan mahāpuruṣa lakṣaṇais Tathāgato'rhan samyaksaµbuddho draṣṭavyaḥ| Subhūtir āha | no hīdam Bhagavan na dvātrimśan mahāpuruṣa lakṣaṇais Tathāgato'rhan samyaksaµbuddho draṣavya | tat kasya hetoḥ|
yāni hi tāni Bhagavan dvātrimśan mahāpuruṣa lakṣaṇais Tathāgatena bhāṣitāny a lakṣaṇāni tāni Bhagavams Tathāgatena bhāṣitāni |
tenocyante dvātrimśan mahāpurua lakṣaṇānīti |

바가반 아하/ 타트킴 만야세 수부테 드바트림산 마하푸루샤 락사나이스 타타가토 아르한 삼약삼부또 드라스타브야흐/ 수부테르 아하/ 노 히담 바가반 나 드바트림산 마하푸루샤 락사나이스 타타가토 아르한 삼약삼부또 드라스타브야흐/ 타트 카스야 헤토우/
야니 히 타니 바가반 드바트림산 마하푸루샤 락사나이스 타타가테나 바시타니 아 락사나니 타니 바가반 타타가테나 바시타니/ 테노츠얀테 드바트림산 마하푸루샤 락사나니트/

바가반:세존, 아하:말하다,
타트:그것, 킴:무엇,
만야세:생각하다, 수부테:수보리,
드바트림산:32 가지의,
마하푸루샤:위대한 사람, 성스러운 모습,
락사나이스:모습, 타타가토:여래,
아르한:응공, 아라한, 삼약삼부토:정등각,
드라스타브야흐:보다, 타트:그것,
카스야:무엇, 헤토우:왜냐하면,
야니:방법, 히:왜냐하면,
타니:그것은, 바시타:말하다,
아:아닌, 락사나니:모습, 형상,
타타가테:여래, 나:아닌, 바시타니:말하다,
테노츠얀테:그렇기 때문에, 이티:~이다

세존께서 말씀하셨다.
"수보리여, 그대는 어떻게 생각하는가?
뛰어난 32가지 성스러운 형상을 지녔다고
여래, 아라한, 정등각이라 볼 수 있다고 생각하느냐?
수보리가 말하였다.
"그렇지 않습니다. 세존이시여!
32가지 성스러운 형상을 가졌다고 여래, 아라한, 정등각이라
이라 볼 수는 없습니다.
왜냐하면 세존이시여!
여래께서 말씀하신 32가지 거룩한 형상이라는 것은,
그것은 32가지 성스러운 형상이 아니라,
그 이름만이 32가지 성스러운 형상일 뿐이기 때문입니다.
그렇기 때문에 32가지의 성스러운 형상이라고 합니다."

32가지의 성스러운 모습은 경전에 설명하기를

1. 발바닥이 판판하다
2. 발바닥에 바퀴가 나타나 있다.
3. 속눈썹이 길다
4. 손가락이 길다.
5. 손과 발이 부드럽고 섬세하다.
6. 손가락과 발가락 사이에 얇은 막이 있다.
7. 발꿈치가 발가운데 있다.
8. 장딴지가 사슴 장딴지 같다.
9. 바로 서서 굽히지 않고도 두 손바닥으로 두 무릎을 만질 수 있다.
10. 음경이 감추어진 것이 말의 그것과 같다.
11. 몸이 황금빛이다.
12. 피부가 부드럽고 더러운 것이 붙질 않는다.
13. 털구멍마다 털이 있다.
14. 몸의 털이 위로 향해있고 오른쪽으로 돌아 있다.
15. 몸이 넓고 곧다.
16. 몸의 일곱군데가 풍만하다.
17. 윗몸이 커서 사자와 같다.
18. 어깨가 잘 뭉쳐져 있다.
19. 키와 두팔을 벌린 길이가 같다.
20. 등이 편편하고 곧다.
21. 섬세한 미각을 가졌다.
22. 턱이 사자와 같다.
23. 이가 40개이다.
24. 이가 고르다.
25. 이가 성글지가 않다.
26. 이가 희다.
27. 혀가 아주 길다.
28. 범천의 목소리를 가지고 있어 가르빈가 새소리와 같다.
29. 눈동자가 검푸르다.
30. 속눈썹이 소와같다.
31. 두눈썹사이에 하얀 털이 났는데 섬세한 솜과 같다.
32. 머리에 육계가 솟았다.

[鳩摩羅什]

須菩提 於意云何 可以三十二相 見如來不

不也世尊 不可以三十二相 得見如來 何以故

수보리 어의운하 가이삼십이상 견여래부

불야세존 불가이삼십이상 득견여래 하이고

如來說三十二相 卽是非相 是名三十二相

여래설삼십이상 즉시비상 시명삼십이상

[玄奘]

佛告善現 於汝意云何 應以三十二大士夫相觀於如來應正等覺不

善現答言 不也世尊

불고선현 어여의운하 응이삼십이대사부상관어여래응정등각불

선현답언 불야세존

不應以三十二大士夫相觀於如來應正等覺

何以故 世尊 三十二大士夫相如來說為非相

불응이삼십이대사부상관어여래응정등각

하이고 세존 삼십이대사부상여래설위비상

是故如來 說名三十二大士夫相

시고여래 설명삼십이대사부상

भगवान् आह ।
यश्चखलु पुनः सुभूते स्त्री वा पुरुषे
वा दिने दिने गाङ्गा नदी वालुका समन्
आत्म भावान् परित्यजेत्
एवं परित्यजन् गाङ्गा नदी वालुका
समन् कल्पांस् तन्
अत्मभावान् परित्यजेत् यश् चेते धर्मपर्यायाद्
अन्तशश् चतुष्पादिकामं अपि गाथामं उद्गृह्य
परेभयो देशयेत् संप्रकाशयेद् अयं एव
तते निदानं बहुतरं पण्य स्कन्धं
प्रसुनुयाद् अप्रमेयं असंख्ययं ॥

Bhagavan āha |
yaśca khalu punaḥ Subhūte strī
vā puruṣo vā dine gaṅgā nadī vālukā samān
ātma bhāvān parityajet,
evam parityajan gaṅgā nadī vālukā samān kalpāms
tān ātma Bhāvān parityajet, yaś ceto
dharma paryāyād antaśaś catuṣpādikām api gāthām
udgṛhya parebhyo deśayet samprakāśayed,
ayam eva tato niānam bahutaram puṇya skandham
prasunuyād aprameyam
asamkhyeyam |

바가반 아하/
야스차 칼루 푸나흐 수부테 스트리
바 푸루쇼 바 디네 강가 나디 바루카 사만
아트마 바반 파리트야제트
에밤 파리트야잔 강가 나디 바루카 사만 칼팜스
탄 아트마 바반 파리트야제트 야스 체토
다르마 파르야야드 안타사스 차투스파디캄 아피 가탐
우드그르흐야 파레브흐요 데사에드 삼프라카사에드
아얌 에바 타토 디다남 바후타람 푼야 스칸담
프라수누야드 아프라메얌
아삼크흐예얌/

바가반 : 세존,
아하 : 말하다,
야스 : 그, 차 : 그리고,
칼루 : 진실로, 푸나흐 : 다시,
수부테 : 수보리, 스트리 : 여인,
바 : ~이거나,
푸루쇼 : 남자, 디네 : 매일,
강가 : 갠지스, 나디 : 강,
바루카 : 모래, 사만 : 같은,
아트마 바반 : 많은 몸을,
파리트야제트 : 바치다,
에밤 : 이와같이,
파리트야잔 : 바치다,
칼팜스 : 겁(劫), 헤아릴 수 없는,
탄 : 그것,

야스차:다시,
이트:이로부터,
다르마:법, 파르야야드:문,
안타사스:한계,
차투스파디캄:네부분으로 된,
아피:단지, 가탐:게송(揭頌),
우드그르흐야:끄집어내다,
파레브흐요:타인, 데사에드:가르치다,
삼프라카사에드:명백하게하다,
아얌:이것, 에바:오직,
타토:그것으로 부터,
디다남:인하여, 바후타람:더 많음,
푼야 스칸담:공덕의 축적,
프라수누야드:결실을 맺다,
아프라메얌:측량할 수 없는,
아삼크흐예얌:셀 수 없는

세존께서 말씀하셨다.
"참으로 수보리여,
만약 선남자나 선여자가 있어 매일 항하 갠지스강의 모래알 수와 같이 많은 몸들을 보시하고,
이처럼 항하 갠지스 강의 모래와 같이 오랜 세월 몸을 바치더라도,
이 법문의 사구게를 배우고 외워서 다른 사람을 위해 설해서 이들에게 널리 가르친다면,
이것으로 인하여 이 복이 저 복보다 더욱 크고, 잴 수도 없고 셀 수도 없는 많은 공덕이 쌓여질 것이다."

[鳩摩羅什]

須菩提 若有善男子善女人 以恒河沙等身命布施

若復有人 於此經中 乃至受持四句偈等

수보리 약유선남자선여인 이항하사등신명보시

약부유인 어차경중 내지수지사구게등

爲他人說 其福甚多

위타인설 기복심다

[玄奘]

佛復告善現言 假使若有善男子或善女人

於日日分捨施殑伽河沙等自體 如是經殑伽河沙等

불부고선현언 가사약유선남자혹선여인

어일일분사시긍가하사등자체 여시경긍가하사등

劫數捨施自體 復有善男子或善女人 於此法門乃至四句伽他

受持讀誦究竟通利 及廣為他宣說

겁수사시자체 부유선남자혹선여인 어차법문내지사구가타

수지독송구경통리 급광위타선설

開示如理作意 由是因緣所生福聚甚多於前無量無數

개시여리작의 유시인연소생복취심다어전무량무수

제14분 이상적멸분(離相寂滅分)

· 상을 여의고 번뇌를 떠나 적멸에 들다.

अथ खल्व् अयुष्मान् सुभुार्ति धर्म वेगेन अश्रुाणि
प्रामुञ्चत् सेऽक्षूाणि प्रमृच्य भगवन्तं एतद् अवेचत् ।
आश्चर्यं भगवन् परम आश्चर्यं सुगत यावद् यं धर्म
पर्यायस् तथागतेन भाषितोऽग्रयान संप्रस्तीतानां
सात्त्वाां अर्ताय क्षेष्ठ यान संप्रस्तीतानां अर्ताय यतो
संप्रस्तीतानां अर्ताय यते मे भगवन्ा ज्ञानम् उत्पन्नं
न मया भगवन्ा जत्व् एवं रुपे धर्मपर्यायः क्षुत पूर्वः ।
परमेण ते भगवन्न् आश्चर्येण समन्वागता ाधिसत्त्वा
भविष्यन्ाति य इह सूत्रे भविष्यमाणे क्षूतवा भुात
संज्ञाम् उत्पादियष्यन्ाति । तत्कस्य हेतोः ।
या चैषा भगवन् भुात संज्ञना । तस्मात् तथागते
भाषते भूात संज्ञना भूात संज्ञनेति ॥

Atha khalv āyuṣmān Subhūir dharma dharma vegena aśrūṇi
prāmuñcat, so'śrūṇi pramṛjya Bhagavantam etad avocat |
āścaryam Bhagavan parama āścaryam sugata, yāvad
ayam dharma paryāyas Tathāgatena bhāṣito'grayāna
samprasthitānām sattvānām arthāya śreṣṭha yāna
samprasthitānām arthāya yato me Bhagavañ jñānam utpannam |
na mayā Bhagavañjātv evamrūpo dharmaparyāyaḥ śruta pūrvaḥ|
parameṇa te Bhagavann āścaryeṇa samanvāgatā bodhisattvā
bhaviṣyanti ya iha śrute bhāṣyamāṇe śrutvā bhūta samjñām
utpādayiṣyanti | tatkasya hetoḥ|
yā caiṣā Bhagavan bhūta samjñām saiva abhūta samjñā |
tasmāt Tathāgato bhāṣate bhūta samjñāb hūta samjñeti |

아타 칼브 아유스만 수부티르 다르마 베게나 아스루니
프라문차트 소아스루니 프라므르즈야 바가반탐 에타드 아보차트/
아스차르얌 바가반 파라마 아스차르얌 수가타 야바드
아얌 다르마 파르야야스 타타가테나 바시토 아그라야나
삼프라스티타남 사뜨바남 아르타야 스레스타 야나
삼프라스티타남 아르타야 야토 메 바가반 갸남 우트파남/
나 마야 바가반 자트브 에밤루포 다르마파르야야흐 스루타 푸루바흐/
파라메나 테 바가반 아스차르예나 사만바가타 보디사뜨바
바비스얀티 야 이하 수트레 바스야마네 스루트바 부타 삼갸남
우트파다이스얀티/ 타트카스야 헤토우/
야 차이사 바가반 부타 삼갸나 사이바 아부타 삼갸나/
타스마트 타타가토 바사테 부타 삼갸나 부타 삼그네티/

아타:그때, 칼브:참으로, 아유스만:장로, 존자,
수부티르:수보리, 다르마:법, 베게나:감동,
아스루니:눈물, 프라문차트:눈물이 또는 피를 흘리다,
소아스루니:눈물, 프라므리츠야:씻다. 바가반탐:세존,
에타드:이렇게, 아보차드:말했다,
아스차르얌:경이롭다, 바가반:세존,
파라마:최상의, 수가타:선서, 깨달음에 이른이,
야바다얌:이것, 다르마파르야야스:법문,
바시토:설하다, 아그라:최상, 야나:나아가는,
삼프라스티타남:나서다, 사뜨바남:중생들의,
아르타야:이익을 위하여, 스레스타:최상의,
야토:그로 부터, 메:나의, 갸남:지혜,
우트파남:일어나다, 나:아닌, 마야:나에 의해,
자트브:전혀, 에밤루포:그와 같은 종류의,
다르마파르야야흐:법문, 스루타:듣다, 푸루바흐:앞,

파라메나:최상의, 테:그것,
아스차르예나:경이로움,
사만바가바타:가져다 주다,
보디사뜨바:보살, 바비스얀티:될 것이다,
야:그것, 이하:이것에서,
수트라:경전, 바스야마네:말하다, 스루트바:듣다,
부타:존재하다, 삼갸나:상(相), 관념,
우트파다이스얀티:마음을 일으키다,
타트:그것, 카스야:누구의, 헤토우:왜냐하면,
야 차이사:그것, 사이바:오직,
아부타:존재하지 않았다, 타스마트:그래서,
바사테:말하다, 삼가네나:상, 이티:~이다

그때 수보리가 이 경전의 가르침에 감동 받아 감격의 눈물을 흘렸다. 그는 눈물을 씻고 나서 세존에게 말씀드렸다.

"경이로운 일입니다. 세존이시여!
깨달음에 이르신 분이시여, 세존께서 최상을 향해 나아가는 사람들을 위해 이 법문을 말씀하셨습니다.
세존이시여, 제가 지금까지 얻은 혜안으로는
세존이시여, 저는 이와 같은 깊이 있는 법문을 가르치심은 전혀 듣지를 못했습니다.

세존이시여! 이 경전이 설해지는 것을 듣고 믿음이 청정하면,
곧 궁극적인 실상(實相)의 지혜가 생길 것입니다.
그러므로 이 사람은 마땅히 최상의 희유(希有)한 경이로운 공덕을 성취한 것을 알게될 것입니다. 세존이시여!
이 실상(實相)이라는 것은 바로 실상(實相) 즉 법의 진실한 상태가 아니므로, 그러하기 때문에 여래께서는 '실상은 이름만 실상'이라고 말씀하셨습니다."

해 석

아그라 야나 삼프라스티타남 (Agra yāna samprasthitānām) 최상으로 나아가는 이들인데 아그라는 처음, 제일이라는 뜻을 가지고 있다. 스레스타 야나 삼프라스티타남(Śreṣṭha yāna samprasthitānām) 최상으로 굳게 나아가는 이란 뜻을 가지고 있다.

[鳩摩羅什]

爾時 須菩提 聞說是經 深解義趣 涕淚悲泣 而白佛言 希有世尊
佛說如是甚深經典 我從昔來所得慧眼 未曾得聞如是之經

이시 수보리 문설시경 심해의취 체루비읍 이백불언 희유세존
불설여시심심경전 아종석래소득혜안 미증득문여시지경

世尊 若復有人 得聞是經 信心淸淨 卽生實相 當知是人
成就第一 希有功德 世尊 是實相者 卽是非相 是故 如來說名實相

세존 약부유인 득문시경 신심청정 즉생실상 당지시인
성취제일희유공덕 세존 시실상자 즉시비상 시고 여래설명실상

[玄奘]

爾時具壽善現 聞法威力悲泣墮淚 俛仰捫 淚而白佛言
甚奇希有世尊 最極希有善逝如來今

이시구수선현 문법위력비읍타루 면앙문 루이백불언
심기희유세존 최극희유선서여래금

者所說法門 普為發趣最上乘者作諸義利 普為發趣最勝乘者作諸
義利 世尊 我昔生智以來未曾 得聞如是法門 世尊

자소설법문 보위발취최상승자작제의리 보위발취최승승자작제
의리 세존 아석생지이래미증 득문여시법문 세존

若諸有情聞說如是甚深經典生真實想 當知成就最勝希有 何以故
世尊 諸真實想真實想者 如來說為非想 是故如來說名真實想真實想

약제유정문설여시심심경전생진실상 당지성취최승희유 하이고
세존 제진실상진실상자 여래설위비상 시고여래설명진실상진실상

न मम भगवन् दुष्करं यद् अहं इमां
धर्मपर्यायं भाष्यमाणं अवकल्पयामि अधिमुच्ये ।
येऽपि ते भगवन् सत्त्वा भविष्यन्ति अनागतेऽध्वनि
पश्चिमे कले पश्चिमे समये पश्चिमायां पञ्च शत्यां
सद्धर्म विप्रलेपे
वर्तमाने य इमं भगवन् धर्मपर्यायं उद्ग्रहिष्यन्ति
धारयिष्यन्ति वाचयिष्यन्ति पर्यवाप्ष्यन्ति परेभ्यश्च
च विस्तरेण संप्रकाशयिष्यन्ति ते परम अश्चर्येन
समन्वागता भविष्यन्ति ॥

Na mama Bhagavan duṣkaram yad
aham imam dharmaparyāyam bhāṣyamāṇam
avakalpayāmy adhimucye |
ye'pi te Bhagavan sattvā bhaviṣyanty anāgate'dhvani
paścime kāle paścime samaye paścimāyām pañca śatyām
saddharma vipralope vartamāne, ya imam Bhagavan
dharmaparyāyam udgrahīṣyanti
dhārayiṣyanti vācayiāyanti
paryavāpsyanti parebhyaś
ca vistareṇa samprakāśayiṣyanti
te parama āścaryeṇa samanvāgatābhaviṣyanti |

나 마마 바가반 두스카람 야드
아함 이맘 다르마파르야얌 바스야마남
아바카르파야미 아디무츠예/
예아피 테 바가반 사뜨바 바비스얀티 아나가테아드바니
파스치메 칼레 파스치메 사마예 파스치마얌 판차 사트얌
사따르마 비프라로페 바르타마네 야 이맘 바가반
다르마파르야얌 우드그라히스얀티
다라이스얀티 바차이스얀티
파라바프스얀티 파레브흐야스
차 비스타레나 삼프라카사이스얀티
테 파라마 아스차르예나 사만바가타 바비스얀티

나 : 아닌,
마마 : 나에게는,
두스카라 : 힘든,
야드 : 즉,
아함 : 내가, 이맘 : 이,
다르마파르야얌 : 법문,
바스야마남 : 설할 때,
아바카르파야미 : 이해하는,
아디무즈예 : 확신을 가진,
예 : 가다,
아피 : 또한,
테 : 그들, 존재,
바비스얀티 : 있다,
아나가테 : 미래의,
아드반 : 길,
파스치메 : 서쪽,

칼레 : 그 시간,
사마예 : 시간,
파스치마얌 : 서쪽의,
판차 : 다섯, 사뜨얌 : 진리,
사다르마 : 선한 법,
비프라로페 : 소멸하다,
바르타마네 : 존재하는,
야 : 가다, 우드그라히스얀티 : 배우다,
다라이스얀티 : 간직하다,
바차이스얀티 : 독송하다,
파라바프스얀티 : 이해하다,
파레브흐야스 : 남들에게,
비스타레나 : 상세하게,
삼프라카사이스얀티 : 설명하여주다,
파라마 : 최고의,
아스차르예나 : 경이로운,
사만바가타 : 갖추어진 자들,

세존이시여!
제가 이 경전이 설해지는 것을 듣고, 제가 이해하고 그대로 믿어 받아 모시는 것은 저에게는 어려움이 없습니다.
그러나 세존이시여!
만약 미래 오백년의 시간이 흘러 정법이 쇠퇴하려는 그 때에,
세존이시여!
어떤 중생이 이 경전을 듣고 믿어 완벽하게 간직하고, 독송하고, 이해하여 다른 이에게 상세하게 설해준다면,
그 사람이야말로 최상의 희귀한 경이로운 사람일 것입니다.

해 석

아바카르프파야미(Avakalpayāmy)는 이해하다는 뜻이며
아디무츠예(Adhimucye)는확신을 가지다는 뜻이다.

[鳩摩羅什]

世尊 我今得聞如是經典 信解受持 不足爲難
若當來世 後五百歲 其有衆生 得聞是經

세존 아금득문여시경전 신해수지 부족위난
약당래세 후오백세 기유중생 득문시경

信解受持 是人 卽爲第一希有

신해수지 시인 즉위제일희유

[玄奘]

世尊 我今聞說如是法門 領悟信解未為希有
若諸有情於當來世後時後分後五百歲 正法將

세존 아금문설여시법문 영오신해미위희유
약제유정어당래세후시후분후오백세 정법장

滅時分轉時 當於如是甚深法門 領悟信解受持讀誦究竟通利
及廣為他宣說開示如理作意 當知 成就最勝希有

멸시분전시 당어여시심심법문 영오신해수지독송구경통리
급광위타선설개시여리작의 당지 성취최승희유

अपि तु खलु पुर्न भगवन् न तेषं आत्मसंज्ञा प्रवर्तिष्यते न सत्त्वसंज्ञा न जिव संज्ञा न पुद्गल संज्ञा प्रवर्तते नापि तेषां काचित् संज्ञा ना असंज्ञा प्रवर्तते ।

तत्कस्य हेतोः ।

या सा भगवन्न् आत्म संज्ञा सैवा संज्ञा ।

या सत्त्व संज्ञा जिव संज्ञा पुद्गल संज्ञा सैवा संज्ञा ।

तत्कस्य हेतोः ।

सर्व संज्ञा अपगता हि बुद्धा भगवन्तः ॥

Api tu khalu punar Bhagavan na teṣām
ātmasamjñā pravartiṣyate na sattva samjñā. na jīva
samjñā.na pudgala samjñā. pravartiṣyate,
na āpi teṣām kācit samjñā.
nā asamjñā pravartate |
tatkasya hetoḥ| yās. sattva Bhagavann ātma samjñā.
saiva a samjñā. |
yāsattva samjñā. jīva samjñā.
pudgala samjñā. saivā samjñā. |
tatkasya hetoḥ|
sarva samjñā. apagatā hi Buddhā Bhagavantaḥ|

아피 투 칼루 푸나르 바가반 나 테삼 아트마삼갸나
프라바르티스야테 나 사뜨바삼갸나 나 지바
삼갸나 나 푸드갈라 삼갸나, 프라바르티스야테
나 아피 테삼 카치트 삼갸나
나 아삼갸나 프라바르타테 /
타트카스야 헤토흐/
야 사뜨바 바가반 아트마 삼갸나 사이바
아 삼갸나/ 야사뜨바 삼갸나 지바 삼갸나
푸드갈라 삼갸나 사이바 삼갸나/
타트카스야 헤토흐/
사르바 삼갸나 아파가타 히 부따 바가반타흐/

아피 : 그럼에도,
투 : 그러나,
푸나르 : 다시,
히 : 정말,
나 : 아닌,
아트마삼갸 : 자아라는 상념 또는 생각, 아상(我相),
프라바르티스얀테 : 발생하다,
사뜨바삼갸 : 중생의 상념인 중생상(衆生相),
지바삼갸 : 목숨이라는 상념인 수자상(壽者相),
푸드갈라삼갸 : 개아라는 상념, 인상(人相),
프라바르티스야테 : 생겨나다,
카치트삼갸나 : 어떠한 상념,
나아삼갸 : 상념이 아님도 없다,
프라바르다테 : 생겨나다,
야 : 가다, 아트마 : 나, 지바 : 영혼,
푸드갈라 : 개인적인 나, 개아(個我),
아파가타 : 멀리 여의다,

"다시 또 세존이시여!
왜냐하면 그들에게는 자아라는 상념, 개아라는 상념,
중생이라는 상념, 영혼・생명이라는 상념이 일어나지 않기
때문입니다.

그들에게는 어떠한 상념도, 상념이 아닌 것도 일어나지 않습니다.
왜냐하면 세존이시여!
아상 즉 자아라는 상념은 바로 상념이 아니고,
인상 즉 개아라는 상념, 중생상 즉 중생이라는 상념,
수자상 즉 영혼・생명이라는 상념도 또한 상념이 아니기
때문입니다.

왜냐하면 일체의 모든 상념을 참으로 벗어나고,
모든 형상을 초월한 그 이름이 곧 부처님이기 때문입니다."

해 석

테삼 카치트 삼갸나 나 아삼갸나 프라바르타테(Teṣām kācit samjñā. nāsamjñā pravartate) "그들에게는 어떠한 상념도 상념이 아닌 것도 일어나지 않습니다."는 4상인 아상(我相), 중생상(衆生相), 수자상(壽者相), 인상(人相)이 있다.

즉, 아상(我相)은 아트마 삼갸나(Ātma samj**ñā**)로 즉 나라는 생각이며,
중생상(衆生相)은 사뜨바 삼갸나(Sattva samjñā)로 존재하는 모든
살아있는 존재, 유생(有情), 중생이라는 생각이며,
수자상(壽者相)은 지바 삼갸나(Jīva samjñā)로 영혼, 목숨,
생명이라는 생각이며,
인상(人相)은 푸드갈라삼갸나(Pudgala samjñā)로 개아라는 생각으로
모든 상념 또는 상(相)이며,
이러한 4상이 일어나지 않는다는 말이다.

[鳩摩羅什]

何以故 此人無我相人相眾生相壽者相 所以者何 我相即是非相 人相眾生相壽者相 即是非相

하이고 차인 무아상인상중생상수자상 소이자하 아상즉시비상 인상중생상수자상 즉시비상

何以故 離一切諸相 則名諸佛

하이고 이일체제상 즉명제불

[玄奘]

何以故 世尊 彼諸有情無我想轉 無有情想無命者想無士夫想無補特伽羅想無意生想無摩納

하이고 세존 피제유정무아상전 무유정상무명자상무사부상무보특가라상무의생상무마납

婆想無作者想無受者想轉 所以者何 世尊 諸我想即是非想 諸有情想命者想士夫想補特伽羅想

파상무작자상무수자상전 소이자하 세존 제아상즉시비상 제유정상명자상사부상보특가라상

意生想婆納婆想作者想受者想即是非想 何以故 諸佛世尊離一切想 作是語已

의생상파납파상작자상수자상즉시비상 하이고 제불세존이일체상 작시어이

एवं उक्ते भगवान् आयुष्मन्तं
सुभूातिं एतद् अवेचत् ।
एवं एतत् सुभूाते एवं एतत् ।
परम आश्चर्तं समन्वागतास् ते सत्त्वा भविष्यन्ति
य इह सुभूते सूत्रे भाष्यमाणे नोत्रष्यिन्ति न
संत्रसिष्यन्ति न संत्रासम् आपत्स्यन्ते । तत्कस्य
हेतोः ।
परमअपारमितेयं सुभूाते तथागेतन भाषिता यदुता
पारमिता ।
यां च सुभूते तथागतः परम पारमितां भाषते तां
अपरिमाणा अपि बुद्धा भगवन्तो । तेनोच्यते परम
पारमितेति ॥

Evam ukte Bhagavan āyuṣmāntam
Subhūtim etad avocat |
evam etat Subhūte evam etat |
parama āścarya samanvāgatāste sattvā bhaviṣyanti ya iha
Subhūte sūtre bhāṣyamāe nottrasiṣyanti
na samtrasiṣyanti na samtrāsam āpatsyante |
tatkasya hetoḥ|
paramapāramiteyam Subhūte Tath.gatena
bhāṣit. yaduta a pāramit. |
yām ca Subhūte Tathāgataḥ paramapāramitām bhāṣate
tām aparimāṇā api Buddhā Bhagavanto bhāṣante |
tenocyate paramapāramiteti |

에밤 우크테 바가반 아유스만탐
수부팀 에타드 아보차트/
에밤 에타트 수부테 에밤 에타트/
파라마 아차르야 사만바가타스테 사뜨바 바비스얀티
야 이하 수부테 수트레 바스야마네 노뜨라시스얀티
나 삼트라시스얀티 나 삼트라삼 아파트스얀테/
타트카스야 헤토흐/
파라마파라메테얌 수부테 타타가테나
바사테 야다두타 아 파라미타/
얌 차 수부테 타타가타흐 파라마파라미탐 바사테
탐 아파리마나 아피 부따 바가반토 바산테 /
테노츠얀테 파라마 파라미테티/

우크테:말하다,
아유스만:장로, 수부팀:수보리,
에타드:이렇게,
아보차드:말하다,
파라마:최고의,
아차르야:놀라운, 야:그것,
사만바가바:구족하다,
스테:그들, 사뜨바:중생,
바비스얀티:~되다,
하:여기서,
바스야마네:설하다,
나 우뜨라시스얀테:놀랍지 않는,
나 삼트라시스얀테:두려워하지 않는,
나 삼트라삼 아파트스얀테:공포심이 없는,
파라메테얌:최고의 가르침인,
바사테:설해진,

야다두타:그것은 참으로,
아파라미타:바라밀이 아닌, 얌 차:다시,
파라마파리미탐:최고의 바라밀,
바사테:설하다, 탐:그것을
아파리마나:헤아릴수 없는,
테노츠얀테:그래서, 파라미데티:바라밀

이렇게 말했을 때, 부처님께서는 수보리에게 말씀하셨다.
"그러하니라, 그러하니라, 수보리여,
중생들이 경이 설해지는데 놀라지 않고,
무서워하지 않고, 두려워하지도 않는다면,
이 사람들은 마땅히 최상의 희유한 경이로움을 갖춘 이들일 것임을 반드시 알라.

왜냐하면 수보리야,
여래가 최고의 바라밀이라 설했고,
헤아릴 수 없는 불세존들도 설하였지만,
그것 역시 최고의 바라밀이란 최고의 바라밀이라는 것이 아니라,
그 이름이 최고의 바라밀일 뿐이기 때문이니라.
그래서 말하기에 최고의 바라밀이라 칭하는 것이다."

해 석

나 우뜨라시스얀티 나 삼트라시스얀티 나 삼트라삼 아파트스얀테(Na uttrasiṣyanti na samtrasiṣyanti na samtrāsam āpatsyante)는 "놀라지 않고 두려워하지 않으며, 공포를 가지지 않으면" 이란 최고의 마음의 상태를 말하는 것이다.

[鳩摩羅什]

佛告須菩提 如是如是 若復有人 得聞是經 不驚不怖不畏

當知是人 甚爲希有 何以故 須菩提

불고수보리 여시여시 약부유인 득문시경 불경불포불외

당지시인 심위희유 하이고 수보리

如來說第一波羅蜜 卽非第一波羅蜜 是名第一波羅蜜

여래설제일바라밀 즉비제일바라밀 시명제일바라밀

[玄奘]

爾時世尊 告具壽善現言 如是如是 善現

若諸有情聞說如是甚深經典 不驚不懼無有怖畏

이시세존 고구수선현언 여시여시 선현

약제유정문설여시심심경전 불경불구무유포외

當知成就最勝希有 何以故 善現 如來說最勝波羅蜜多

謂般若波羅蜜多 善現 如來所說

당지성취최승희유 하이고 선현 여래설최승바라밀다

위반야바라밀다 선현 여래소설

最勝波羅蜜多 無量諸佛世尊所共宣說故 名最勝波羅蜜多

如來說最勝波羅蜜多 卽非波羅蜜多 是故如來說名最勝波羅蜜多

최승바라밀다 무량제불세존소공선설고 명최승바라밀다

여래설최승바라밀다 즉비바라밀다 시고여래설명최승바라밀다

अपि तु खलु पुनः सुभूाते या तथागतस्य क्ष
न्तिपारमिता सैवापारमिता । तत्कस्य हेतोः । यदा
मे सुभूाते कलिङ्ग राजा अङ्ग प्रत्अङ्ग मांसानि
अच्छैत्सीत् तस्मिन् समय आत्म संज्ञा वा सत्त्व
संज्ञा वा जिाव संज्ञा वा पुद्गल संज्ञा वा नापि
मे काचित् संज्ञा वा असंज्ञा वा बभूाव । तत्कस्य
हेतोः ।
सचेन् मे सुभूाते तस्मिन् समय आत्म संज्ञा
अभविष्यद् व्यापाद संज्ञा अपि मे तस्मिन्
समयेऽभविष्यत् । सचेत् सत्त्व संज्ञा जिवा संज्ञ
ा पुद्गल संज्ञा अभविष्यद् व्यापाद संज्ञा अपि मे
तस्मिन् समयेऽभविष्यत् ।

Api tu khalu punaḥ Subhūte yā Tathāgatasya kṣānti
pāramitā saivāpāramitā |tatkasya hetoḥ|
yadā me Subhūte kaliṅga rājā aṅga pratyaṅga māmsāny
acchaitsīt, tasmin samaya ātma samjñā vā sattva
samjñā vā jīva samjñā vā pudgala samjñā vā nāpi me kācit
samjñā vā asamjñā vā babhṝva |tatkasya hetoḥ|
sacen me Subhūte tasmin samaya ātma samjñā abhaviṣyad
vyāpāda samjñā api me tasmin samaye'bhaviṣyat |
sacet sattva samjñā jiva samjñā pudgala samjñā
abhaviṣyad vyāpāda samjñā api me tasmin
samaye'bhaviṣyat |

아피 투 칼루 푸나흐 수부테 야 타타가테스야 크산티
파라미타 사이바파라미타/ 타타 카스야헤토우/
야다 메 수부테 카링가 라자 앙가 프라트양가 맘사니
아짜트시트 타스민 사마야 아트마 삼갸나 바 사뜨바
삼갸나 바 지바 삼갸나 바 푸드갈라 삼갸나
바 나피 메 카치트 삼갸나 바 아삼갸나 바 바부바/
타스카야 헤토흐/
사첸 메 수부테 타스민 사마야 아트마 삼갸나 아바비스야드
브야파다 삼갸나 아피 메 타스민 사마예 아바비스야트/
사제트 사뜨바 삼갸나 지바 삼갸나 푸드갈라 삼갸나
아바비스야드 브야파다 삼갸나 아피 메 타스민
사마예 아바비스야트/

아피:그럼에도, 투:그러나,
칼루:진정으로, 푸나흐:다시,
수부테:수보리, 야:그것,
타타가테스야:여래, 크산티:인욕,
파라미타:바라밀, 완성,
사:그것은, 에바:오직,
아파라미타:바라밀이 아닌,
타트:그것, 카스야:누구의,
헤토우:왜냐하면, 야다:어느 때,
메:나에게, 카링가:카링가,
라자:왕, 앙가:사지,
프라트양가:몸의 부분, 맘사니:살점,
아짜트시트:잘라내다,
타스민:그것은, 사마야:시간,
아트마:나, 자아, 삼갸나:생각, 상념,

사뜨바:중생, 바:그리고,
지바:영혼, 삼갸나:상념,
푸드갈라:개아(個我),
나:아닌, 아피:또한, 메:나에게,
카치트:어떠한,
아삼갸나:생각이 아닌,
바부바:없었기 때문이다,
타트:그것, 사제트:만일,
지바:영혼, 삼갸나:생각,
아바비스야드:생겼다면, 브야파다:악(惡),
타스민:그것은, 사마예:때에, 아피:또한,

"다시 또 수보리여,
여래에게 있어서 인욕바라밀이라는 것도 인욕바라밀이 아니라고 설한다. 왜냐하면 그 이름만이 인욕바라밀일 뿐이기 때문이다.
그래서 인욕바라밀이라 하느니라.

수보리여,
예적에 카링가왕이 나의 몸을 베고 수족에서 살점을 찢어 떼어낼 때, 그때에 아상, 인상, 중생상, 수지상 즉 자아라는 상도,
개아라는 상도, 중생이란 상도, 영혼・생명이란 상도 또한 어떤 상도 없었노라.

왜냐하면 수보리여,
만약 내가 팔과 다리가 마디마디 사지를 찢길 때,
그 때에 만약 나에게 아상, 인상, 중생상, 수지상 즉 자아라는 상,
개아라는 상, 중생이란 상, 영혼・생명이라는 상이 있었다면,
그때 나는 악(惡)의 상념이 일어나 마땅히 분노하고 마음에 원한을 품었을 것이리라."

[鳩摩羅什]

須菩提 忍辱波羅蜜 如來說非忍辱波羅蜜 是名忍辱波羅蜜
何以故 須菩提 如我昔爲歌利王
수보리 인욕바라밀 여래설비인욕바라밀 시명인욕바라밀
하이고 수보리 여아석위가리왕
割截身體 我於爾時 無我相 無人相 無衆生相 無壽者相
何以故 我於往昔節節支解時
할절신체 아어이시 무아상 무인상 무중생상 무수자상
하이고 아어왕석절절지해시
若有我相人相衆生相壽者相 應生嗔恨
약유아상인상중생상수자상 응생진한

[玄奘]

復次善現 如來說忍辱波羅蜜多 即非波羅蜜多
是故如來說名忍辱波羅蜜多 何以故 善現
부차선현 여래설인욕바라밀다 즉비바라밀다
시고여래설명인욕바라밀다 하이고 선현
我昔過去世曾為羯利王斷支節肉
我於爾時都無我想或有情想或命者想或士夫想或補特伽羅想
아석과거세증위갈리왕단지절육
아어이시도무아상혹유정상혹명자상혹사부상혹보특가라상
或意生想或摩納婆想或作者想或受者想
我於爾時都無有想亦非無想 何以故 善現 我於爾時
혹의생상혹마납파상혹작자상혹수자상
아어이시도무유상역비무상 하이고 선현 아어이시
若有我想 即於爾時應有恚想
我於爾時若有有情想命者想士夫想補特伽羅想意生想摩納婆想作者想
약유아상 즉어이시응유에상
아어이시약유유정상명자상사부상보특가라상의생상마납파상작자상
受者想即於爾時應有恚想
수자상즉어이시응유에상

तत्कस्य हेतोः । अभिजानामि अहं सुभुातेऽतीतेऽध्वनि पञ्च जाति शतानि यद् अहं क्षान्तिवादी ॠर्षि अभूवं । तत्रापि मे न आत्म संज्ञा बभूव न सत्त्व संज्ञा न जीव संज्ञा न पुद्गल संज्ञा बभूाव । तस्मात् तर्हि सुभूाते बोधिसत्त्वेन महासत्त्वेन सर्व संज्ञा विवर्जयित्वा अनुत्ररायां सम्यक्संवोधौ चित्तम् उत्पादयितव्यं ।
न रुप प्रतिष्ठतं चित्तं उत्पादयितव्यं न शव्द गन्ध रस स्प्रष्टवय धर्म प्रतिष्ठतं । चत्तं उत्पादयितव्यं न धर्म प्रतिष्ठतं चत्तं उत्पादयितव्यं न अधर्म प्रतिष्ठतं चत्तं उत्पादयितव्यं न क्वचित् प्रतिष्ठतं चत्तं उत्पादयितव्यं ।

Tatkasya hetoḥ | abhijānāmy aham Subhūte'tīte'dhvani pañca jāti śatāni yad aham kṣāntivādī ṛṣir abhūvam |
tatra api me na ātma samjñā babhūva, na sattva samjñā jīva samjñā pudgala samjñā babhūva |
tasmāt tarhi Subhūte bodhisattvena mahāsattvena sarva samjñā vivarjayitv. Anuttarāyām samyaksambodhau cittam utpādayitavyam |
na rūpa pratiṣṭhitam cittam utpādayitavyam na śabda gandha rasa spraṣṭavya dharma pratiṣṭhitam
cittam utpādayitavyam na dharma pratiṣṭhitam
cittam utpādayitavyam na adharma pratiṣṭhitam
cittam utpādayitavyam na kvacit pratiṣṭhitam
cittam utpādayitavyam |

타트 카스야 헤토우/
아비자나미 아함 수부테 아티테아드바니 판차 자티
사타니 야드 아함 크산티바디 르시르 아부밤/
타라 아피 메 나 아트마 삼갸나 바부바 나 사뜨바 삼갸나 나
지바 삼갸나 나 푸드가라 삼갸나 바부바/
타스마트 타르히 수부테 보디사뜨베나 마하사뜨베나 사르바
삼갸나 비바르자이트바 아누따라얍 삼약삼보다우 치땀
우트파다이타브얍/
나 루파 프라티스티탐 치땀 우트파다이타브얍 나 사브다 간다
라사 스프라스타브야 다르마 프라티스티탐
치땀 우트파다이타브얍 나 다르마 프라티스티탐
치땀 우트파다이타브얍 나 아다르마 프라티스티탐
치땀 우트파다이타브얍 나 크바치트 프라티스티탐
치땀 우트파다이타브얍/

타트:그것, 카스야:누구의,
헤토우:왜냐하면, 아비자나미:분명히 아는,
아함:나는, 수부테:수보리,
아티테:과거, 아드바니:세상,
판차:다섯, 자티:태어남(生), 사타니:100,
야드:그것, 크산티바디:인욕을 설하는,
르시르:깨달은 이, 선인(仙人),
아부밤:~이었다, 타트라:그때에도,
아피:또한, 나:아닌, 아트마:나,
삼즈나:상념, 바부바:일어나다,
삼갸나:상념, 지바:영혼,
푸드가라:개아(個我), 바부바:생기다,
타스마트:그러므로, 타르히:이제,

보디사뜨베나:보살, 마하사뜨베나:마하살,
사르바:전체, 바르자이트바:버려지는,
아누따라얌:위 없는, 삼약삼보다우:정등각에,
치땀:마음, 우트파다이타브얌:일으키다,
루파:형상, 프라티스티탐:머무르다,
사브다:소리, 간다:냄새, 라사:맛,
스프라스타브야:촉감, 다르마:법,
아다르마:법이 어닌, 크바치트:어떤것에도,

"수보리여, 또 생각하니
나는 과거 오백생 동안에 인욕선인(忍辱仙人) 이었을 때에도,
그때도 나에게는 아상, 인상, 중생상, 수자상 즉 자아라는 상이나, 개아라는 상이나, 중생이란 상이나, 영혼·생명이란 상은 일어나지 않았느니라.
그렇기 때문에 수보리야, 보살 마하살은 일체의 상 즉 상념을 버리고, 마땅히 가장 높은 최상의 깨달음인 아누다라삼막삼보리, 정등각의 마음을 일으켜야만 한다.

마땅히 눈에 보이는 형색에 집착하여 마음을 일으켜서도 안되고, 귀에 들리는 소리, 코로 인지되는 냄새, 혀로 지각되는 맛, 피부로 감촉되어지는 촉감, 내 뜻으로 지각하고 판단하는 상념에 머물거나 집착하는 마음을 일으켜서도 안된다.
마땅히 집착함이 없이 마음을 내어야 한다."

해 석

르시(R̄ṣi) 또는 리시(Rishi)는 선인(仙人) 또는 깨달은 수행자라는 뜻이다.

[鳩摩羅什]

須菩提 又念過去於五百世 作忍辱仙人 於爾所世

無我相 無人相 無衆生相 無壽者相 是故

수보리 우념과거어오백세 작인욕선인 어이소세

무아상 무인상 무중생상 무수자상 시고

須菩提 菩薩 應離一切相 發阿耨多羅三藐三菩提心

不應住色生心 不應住聲香味觸法生心

수보리 보살 응리일체상 발아누다라삼막삼보리심

불응주색생심 불응주성향미촉법생심

應生無所住心

응생무소주심

[玄奘]

何以故 善現 我憶過去五百生中 曾為自號忍辱仙人

我於爾時都無我想 無有情想無命者想

하이고 선현 아억과거오백생중 증위자호인욕선인

아어이시도무아상 무유정상무명자상

無士夫想無補特伽羅想無意生想無摩納婆想無作者想無受者想

我於爾時都無有想亦非無想 是故

무사부상무보특가라상무의생상무마납파상무작자상무수자상

아어이시도무유상역비무상 시고

善現 菩薩摩訶薩遠離一切想 應發阿耨多羅三藐三菩提心

不住於色應生其心 不住非色應生其心

선현 보살마하살원이일체상 응발아누다라삼막삼보리심

불주어색응생기심 불주비색응생기심

不住聲香味觸法應生其心 不住非聲香味觸法應生其心

都無所住應生其心

불주성향미촉법응생기심 불주비성향미촉법응생기심

도무소주응생기심

तत्कस्य हेतोः ।
यत् प्रतिष्ठतं तद् एव अप्रतिष्ठतं ।
तस्माद् एव तभागते भाषते अप्रतिष्ठतेन
बोधिसत्त्वेन दाां दातव्यं ।
न रुाप शव्द् गन्ध रस स्प्रष्टवय धर्म प्रतिष्ठतेन दानं
दातव्यं ॥

Tatkasya hetoḥ ।
yat pratiṣṭhitam tad eva apratiṣṭhitam ।
tasmād eva Tathāgato bhāṣate apratiṣṭhitena
bodhisattvena dānam dātavyam ।
na rūpa śabda gandha rasa spraṣṭavya dharma pratiṣṭhitena
dānam dātavyam ।

타트 카스야 헤토우/
야트 프라티스티탐 타드 에바 아프라티스티탐/
타스마드 에바 타타가토 바사테 아프라티스티테나
보디사뜨베나 다남 다타브얌/
나 루파 사브다 간다 라사 스프라스타브야 다르마 프라스티테나
다남 다타브얌/

타트:그것, 카스야:누구의,
헤토우:왜냐하면, 야트:그것, 프라스티탐:머무르다,
타트:그것, 에바:오직, 타타가토:여래,
바사테:설하다, 아프라티스티테나:머무름 없이,
보디사뜨베나:보살, 다남:보시(布施), 주다,
다타브얌:행하다, 나:아닌, 루파:형상,
사브다:소리, 간다:향기, 라사:맛,
스프라스타브야:촉감, 다르마:법,
프라티스티탐:머무르다, 다타브얌:행하다

"만약 마음에 머무는 데가 있다면,
그것은 곧 머물지 않는 것이 된다.
그렇기 때문에 부처님은 보살의 마음이란 형상에 집착하지 않고
마음으로 보시를 해야 한다"고 설하였다.
"눈에 보이는 형체나, 귀에 들리는 소리, 코로 맡아지는 냄새,
혀로 지각되는 맛, 피부로 감촉되는 촉감, 내 뜻으로 지각하고 판단하는 생각에 집착하여 하는 보시가 아니어야 한다"고 하였다."

[鳩摩羅什]
若心有住 卽爲非住
是故 佛說菩薩心 不應住色布施
약심유주 즉위비주
시고 불설보살심 불응주색보시
[玄奘]
何以故 善現 諸有所住則為非住 是故如來說諸菩薩
應無所住而行布施 不應住色聲香味觸法而行布施
하이고 선현 제유소주즉위비주 시고여래설제보살
응무소주이행보시 불응주색성향미촉법이행보시

अपि तु खलु पुनः सुभूाते ।
बोधिसत्त्वेवंरुपो दान परित्यागः कर्व्यः र्सव सावानां
अर्थाय ।
तत्कस्य हेतोः ।
य चैषा सुभूाते सत्त्व संज्ञा सैवसंज्ञा ।
य एवं ते र्सव सत्त्वास् तथागतेन
भाषितास् त एवासत्त्वाः ।
तत्कस्य हेतोः ।
भुात वादी सुभूाते तथा तथागतः सत्यवादी
तथावादी अनूयथावादी तथागतः ।
न वितथ वादी तथागतः ।

Api tu khalu punaḥ Subhūte |
bodhisattvenaivamrūpo dāna parityāgaḥ
kartavyaḥ sarva sattvānām arthāya |
tat kasya hetoḥ |
yā caiṣā Subhūte sattva samjñā saivā samjñā |
ya evam te sarva sattvās Tathāgatena
bhāṣatās ta evā sattvāḥ |
tat kasya hetoḥ |
bhūta vādī Subhūte Tathāgataḥ
satyavādī tathāvādy ananyathāvādī Tathāgataḥ |
na vitatha vādī tathāgataḥ |

아피 투 칼루 푸나흐 수부테/
보디사뜨베나이밤루포 다나 파리트양가흐
카르타브야흐 사르바 사뜨바남 아르타야/
타트 카스야 헤토흐/
야 차이사 수부테 사뜨바 삼갸나 사이바아 삼갸나/
야 에밤 테 사르바 사뜨바스 타타가테나
바시타스 타 에바 사뜨바흐/
타트 카스야 헤토우/
부타 바디 수부테 타타가타흐
사트야바디 타타바디 아난야타바디 타타가타흐/
나 비타타 바디 타타가타흐/

아피 : 그럼에도,
투 : 그러나,
칼루 : 진정으로,
푸나흐 : 다시,
보디사뜨베나 : 보살에 의해,
에밤 : 이러한,
루파 : 형태, 다나 : 보시,
파리트양가흐 : 철저한,
카르타브야흐 : 행해지다,
사르바 : 일체,
사뜨바남 : 중생,
아르타야 : 이익, 타트 : 그것,
야 : 그러한, 차 : 그리고,
에사 : 이것, 에바 : 오직,
아삼갸나 : 관념이 아닌,
테 : 그들,

사르바:일체,
바시타스:설해진, 나:아닌,
부타 바디:참된 것을 말하다,
사트야바디:진실을 말하는 이,
타타바디:그대로 말하는,
아난야타바디:다르게 말하지 않는,
타타가타흐:여래,
비타타바디:거짓되게 말하지 않는,

"더욱이 또한 수보리여,
참으로 보살은 모든 중생을 이롭게 하기 위해 마땅히 이와 같이 마음으로 보시를 행하여야만 하느니라.

왜냐하면 수보리여,
여래께서 설하신 일체의 모든 상은 참으로 상이 아닌것처럼 또한 일체의 모든 중생이라는 것도 참으로 중생이 아니다"라고 말씀하신 것이다.

수보리여,
여래는 참된 진리만을 말하는 사람이요,
여래는 사실만을 말하는 사람이며,
있는 그대로 말하는 사람이며, 속임없이 말하는 사람이며,
사실과 다른 말을 하는 사람이 아니다."

해 석

다나 파리트양가흐(Dāna parityāgaḥ) 철저하게 보시한다는 것은
다나(Dāna)보시(布施)한다는 뜻이며,
프라트양가흐는 완전히 버린다는 뜻이 있으며 철저하다는 뜻도 있다.

[鳩摩羅什]

須菩提 菩薩 爲利益一切衆生 應如是布施

如來說一切諸相 卽是非相 又說一切衆生 卽非衆生

수보리 보살 위이익일체중생 응여시보시

여래설일체제상 즉시비상 우설일체중생 즉비중생

須菩提 如來是眞語者 實語者 如語者 不誑語者 不異語者

수보리 여래시진어자 실어자 여어자 불광어자 불이어자

[玄奘]

復次善現 菩薩摩訶薩為諸有情作義利故 應當如是棄捨布施

何以故 善現 諸有情想即是非想

부차선현 보살마하살위제유정작의이고 응당여시기사보시

하이고 선현 제유정상즉시비상

一切有情如來即說為非有情

善現 如來是實語者諦語者如語者不異語者

일체유정여래즉설위비유정

선현 여래시실어자체어자여어자불이어자

अपि तु खलु पुनः
सुभूते यस् तथागतेन धर्मऽभिसंबुद्धो देशितो
निध्यातो न तत्रसत्य न मृषा।
तद्यथापि नाम सुभूते पुरुषोऽधकारप्रविष्टो न
किंचिदपि पश्येत् एवं वस्तुपतिते बोधिसत्त्वे द्रष्टव्यो
यो वस्तुपतितो दानं परित्यजति।
तदयथापि नाम सुभूते चक्षुष्मा पृरुषः प्रभातायां
रात्रौ सुर्येऽभ्युद्रते नानाविधानि रुपाणि पश्येत् ए
वं वस्तुपतितो वोधिसत्त्वो द्रष्टव्यो योऽवस्तुपतितो
दानं परित्यजति॥

Api tu khalu punaḥ Subhūte yas Tathāgatena
dharmo'bhisambuddho deśito nidhyāto
na tatra satyam na mṛśā|
tadyathāpi nāma Subhūte puruṣo'ndhakāra praviṣṭo na
kimcid api paśyet,
evam vastupatito bodhisattvo draṣṭavyo
yo vastupatito dānam parityajati |
tadyathāpi nāma Subhūte cakṣuṣmān
puruṣaḥ prabhātāyām rātrau sūrye'bhyudgate
nānāvidhāni rūpāṇi paśyet,
evam avastupatito bodhisattvo draṣṭavyo
yo'vastupatito dānam parityajati |

아피 투 칼루 푸나흐 수부테 야스 타타가테나
다르모비삼부토 데시토 니드야토
나 타트라 사트야 나 므르사/
타드야타피 나마 수부테 푸루소아다카라 프라비스토
나 킴치드 아피 파스예트
에밤 바스투파티토 보디사뜨보 드라스타브요
요 바스투파티토 다남 파리야자티/
타트야타피 나마 수부테 착수스만
푸루사흐 프라바타얌 라트라우 수르예브유드가테
나나비다니 루파니 파스예트
에밤 아바스투파티토 보디사뜨보 드라스타브요
요 바스투파티토 다남 파리트야자티/

아피=:그럼에도, 투:그러나,
칼루:진정으로, 푸나흐:다시,
수부테:수보리, 야스:~의해서,
타타가테나:여래, 다르모:법,
아비삼부토:철저히 깨달아서,
데시토:설하다,
니드야토:관조하다,
나:아닌, 타트라:거기에는,
사트야:진실, 므르사:거짓,
타드:그것은, 야타:마치,
아피 나마 :어떤 것도,
푸루소:사람이, 아다카라:어둠에,
프라비스토:들어가서,
킴:무엇, 치드:이해하는,

아피:어떤 것도,
파스예트:볼수 있는,
에밤:이와 같이,
바스투파티토:경계에 떨어진,
보디사뜨보:보살은, 요:가다,
드라스타브요:보여져야 한다,
바스투파티토:경계에 떨어지지 않고,
다남:보시, 파리야자티:행하다,
타트:그것은, 야타:마치,
착수스만:눈을 가진, 푸루사흐:사람,
프라바타얌:빛나다, 새벽,
라트라우:밤이, 수르예:태양이,
아브유드가테:떠오를 때,
나나비다니:여러 종류의,
루파니:색깔들을, 파스예트:볼 수 있다,
아바스투파티토:경계에 떨어지지 않는,
보디사뜨보:보살은,
드라스타브요:보여져야 한다, 야:가다,

"그럼에도 불구하고 수보리여,
여래가 철저히 깨달아 설했으며,
깊이 사유한 이 법은 진실(實)도 없고 거짓(虛)도 없다.
수보리여,
비유하면 만약 어떤 보살이 마음을 법에 집착하여 보시를 행하면 ,
마치 사람이 어둠 속에 들어가면 아무 것도 볼 수 없는 것과 같고,
보살이 마음을 법에 집착하지 않고 보시를 행하면,
마치 열린 눈을 가진 사람이 어둠이 사라진 다음 태양이 떠 올라
여러 사물의 형상을 분별하여 볼 수 있는 것과 같느니라.

해 석

아바스투 파티토(Avastu patito) 아바스투는 색성향미촉법(色聲香味觸法)이란 여섯경계를 말하며 파티토는 떨어진을 말한다. 경계에서 떨어지지 않은 이란 뜻을 말한다.

[鳩摩羅什]

須菩提 如來所得法 此法無實無虛

須菩提 若菩薩 心住於法 而行布施 如人入闇 卽無所見

수보리 여래소득법 차법무실무허

수보리 약보살 심주어법 이행보시 여인입암 즉무소견

若菩薩 心不住法 而行布施 如人有目 日光明照 見種種色

약보살 심부주법 이행보시 여인유목 일광명조 견종종색

[玄奘]

復次善現 如來現前等所證法或所說法或所思法 即於其中非諦非妄

善現 譬如士夫入於闇

부차선현 여래현전등소증법혹소설법혹소사법 즉어기중비체비망

선현 비여사부입어암

室都無所見 當知菩薩若墮於事 謂墮於事而行布施亦復如是

善現 譬如明眼士夫過夜曉已日光

실도무소견 당지보살약타어사 위타어사이행보시역부여시

선현 비여명안사부과야효이일광

出時見種種色 當知菩薩不墮於事 謂不墮事而行布施 亦復如是

출시견종종색 당지보살불타어사 위불타사이행보시 역부여시

अपि तु खलु पुनः सुभूते ये कुलपुत्रा
वा कुलदुहितरो वेमं
धर्मपर्यायम उद्ग्रहीष्यंति धारयिष्यंति वाचयिष्यंति
पर्यवाप्स्यंति परेभ्यश्च विस्तरेण संप्रकाशयिष्यंति
ज्ञातास्ते सुभूते तथागतेन बुद्धज्ञानेन दृष्टास्ते सुभूते
तथागतेन बुद्धचक्षुषा बुद्धास्ते तथागतेन ।
सर्वे ते सुभूते सत्त्वा अप्रमेयमसंख्येयं पुण्यस्कंधं
प्रसविष्यंति प्रतिग्रहीष्यंति

Api tu khalu punaḥ Subhūte ye kulaputr. vākuladuhitaro vemam dharmaparyāyam udgrahīṣyanti dhārayiṣyanti vācayiṣyanti paryavāpsyanti parebhyaś ca vistareṇa samprakāśayiṣyanti, jñātās te Subhūte Tathāgatena Buddha jñānena dṛṣṭās te Subhūte Tathāgatena Buddha cakṣuṣā Buddhās te Tathāgatena |
sarve te Subhūte sattvā aprameyam asamkhyeyam puṇya skandham prasaviṣyanti prati grahīṣyanti |

아피 투 칼루 푸나흐 수부테 예 쿨라푸트라 바 쿨라두히타로 베맘 다르마파르야얌 우드라히스얀티 다라이스얀티 바차이스얀티 파르야바프스얀티 파레브야스 차 비스타레나 삼프라카사이스얀티 그나타스 테 수부테 타타가테나 부따즈나네나 드르스타스 테 수부테 타타가테나 부따 차크수사 부따스 테 타타가테나/
사르바 테 수부테 사뜨바 아프라메얌 아삼크예얌 푼야 스칸담 프라사비스얀티 프라티그라히스얀티

아피:그럼에도, 칼루:진정으로, 푸나흐:다시, 쿨라푸트라:선남자,
쿨라두히타로:선여인(善女人), 에맘:이, 다르마파르야얌:법문,
우드라히스얀티:배우다, 다라이스얀티:마음속으로 간직하고,
바차이스얀티:독송하다, 파르야바프스얀티:이해하다,
파레브야스:남들에게, 차:그리고, 비스타레나:상세하게,
삼프라카사이스얀티:설명하여주다, 그나타스:알다, 테:그들,
부따즈나네나:붓다의 지혜, 드르스타스테:보여지다,
부따차크수사:붓다의 눈으로, 부따스:깨닫는, 사뜨바:중생(衆生),
아프라메얌:측량할 수 없는, 아삼크예얌:셀 수 없는,
프라사비스얀티:쌓다, 프라티그라히스얀티:얻게 되다

"참으로 수보리여,
미래에 어떤 선남자와 선여인들이 이 경전의 법문을 완벽하게
간직하고 독송하여 다른 사람을 위해 분명하게 가르친다면,
여래는 부처의 지혜로써 이 사람을 다 알고 다 보고 있느니라.
이 사람은 측량할 수 없고 셀 수 없는 공덕을 쌓고 성취하리라."

[鳩摩羅什]

須菩提 當來之世 若有善男子善女人 能於此經 受持讀誦 卽爲如來
以佛智慧 悉知是人 悉見是人 皆得成就 無量無邊功德

수보리 당래지세 약유선남자선여인 능어차경 수지독송 즉위여래
이불지혜 실지시인 실견시인 개득성취 무량무변공덕

[玄奘]

復次善現 若善男子或善女人 於此法門受持讀誦究竟通利
及廣為他宣說開示如理作意則為如來

부차선현 약선남자혹선여인 어차법문수지독송구경통리
급광위타선설개시여리작의즉위여래

以其佛智悉知是人則為如來 以其佛眼悉見是人則為如來悉覺是人
如是有情一切當生無量福聚

이기불지실지시인즉위여래 이기불안실견시인즉위여래실각시인
여시유정일체당생무량복취

제15분 지경공덕분(持經功德分)

· 경을 지니고 깨달아 실천하면
그 공덕이 크다.

यश्च खलु पुनः
सुभूाते स्त्री वा पुरुषो वा पुर्वाह्णकालकमये
गाङ्गानदीावाकुकासमान् आत्मभावन्
परित्यजेत् एवं मध्यआह्लकालसमये
गाङ्गानदीावाकुकासमान् परित्यजेत्
सायअ मध्यआह्लकालसमये
गाङ्गानदीावाकुकासमान परित्यजेत् अनेन
पर्यायेण बहुानि कल्पकोटिनियुतशातसहस्त्राी
आत्मभावन् परित्यजेत् यश् चेमं धर्मपर्यायं
श्रुत्वा न प्रतिश्रिपेत् अयं एव ततो निदानं बहुतरं
पुयस्स्कन्धं प्रसुनुयाद् अप्रमेयं असंख्येयं।
कः पुर्न वादे ये लिकित्वद्धह्लीयाद् धारयेद् वचयत्
पर्यवाप्नुयात् परभ्यश् च विस्तरेण संप्रकाशयेत्॥

Yaś ca khalu punaḥ Subhūte str´vāpuruṣo
vā pūrva āhṇa kāla samaye gaṅgā nadī
vālukā samān ātmabhāvān parityajet,
evam madhya āhṇa kāla samaye gaṅgā nadī vālukā
samān ātmabhāvān parityajet, sāya āhṇa kāla samaye
gaṅgā nadī
vālukā samān ātmabhāvān parityajet,
anena paryāyeṇa bahūni kalpa koṭi niyuta
śatasahasrāṇy ātmabhāvān parityajet yaś cemam
dharmaparyāyam śrutvā na pratikṣipet,
ayam eva tato nidānam bahutaram puṇya skandham
prasunuyād aprameyam asamkhyeyam ।
kaḥpunar vādo yo likhitvodgṛhṇīyād
dhārayed vācayet paryavāpnuyāt parebhyaś
ca vistareṇa samprakāśayet ।

야스 차 칼루 푸나흐 수부테 스트리 바 푸루소
바 푸르바 아흐나 칼라 사마예 강가 나디
바루카 사만 아트마바반 파리트야제트
에밤 마드흐야 아흐나 칼라 사마예 강가 나디 바루카 사만
아트마바반 파리트야제트, 사야 아흐나 칼라 사마예 강가 나디
바루카 사만 아트마바반 파리트야제트,
아네나 파르야예나 바후니 칼파 코티 니유타
사타사하스라니 아트마바반 파리트야제트 야스 체맘
다르마파르야얌 스루트바 나 프라티크시페트,
아얌 에바 타토 니다남 바후타람 푼야 스칸담
프라수누야드 아파라메얌 아삼크예얌/
카흐 푸나르 바도 요 리키트보드그르흐니야드
다라예드 바차예트 파르야바프누야트 파레브야스
차 비스타레나 삼프라카사예트/

야스 : 그럼에도,
차 : 그리고,
칼루 : 진정으로,
푸나흐 : 다시,
스트리 : 여인,
바 : ~이나,
프루소 : 남자가,
푸르바 : 전에,
아흐나 : 빠르게,
칼라 : 그때,
사마예 : 저녁,
강가 : 갠지스,
나디 : 강,
바루카 : 모래알,
사만 : 같은,
아트마바반 : 몸으로,
파리트야제트 : 바치다,
에밤 : 이와 같이,
마드흐야 : 낮,
칼라 : 그때,
바루카 : 모래알,
사만 : 같은,
아트마바반 : 몸으로,
파리트야제트 : 바치다,
칼파 : 겁(怯), 적당한,
코티 : 꼭대기,
니유타 : 천억,
사타사하스라니 : 백천,
아트마바반 : 자기 몸들,
야스차 : 그러나,
이맘 : 이,

다르마파르야얌 : 법문,
스루트바 : 듣다,
나 : 듣다,
프라티크시페트 : 비방하다,
아얌 : 이것이,
에바 : 실로,
타토 : 이것으로,
니다남 : 인하여,
바후타람 : 더 많음,
푼야 : 공덕,
스칸담 : 풍부함,
프라수누야드 : 쌓은 것,
아파라메얌 : 측량할 수 없는,
아삼크예얌 : 셀 수 없는,
카흐 : 누가,
푸나르 : 다시,
바도 : 말할 것 없이,
요 : 이 경전을,
리키트바 : 베껴쓰고,
우드그리흐낭이야드 : 배우다,
다라예드 : 간직하다,
바자예트 : 독송하다,
파르야바프누야트 : 이해하여,
파레브야스 : 남들에게,
비스타레나 : 상세하게,
삼프라카사예트 : 설명하여준다면

"참으로 다시 수보리여,
만약 선남자들 선여인들이 있어,
아침에 항하 갠지스강의 모래알처럼 많은 몸으로 보시를 하고,
한낮에도 항하 갠지스강의 모래알처럼 많은 몸으로 보시를 하고,
저녁에도 항아 갠지스강의 모래알처럼 많은 몸으로 보시를 하여,
이런 방식으로 수많은 백천만억겁의 긴 세월에 걸쳐서
몸으로 보시를 한다고 해도,

그러나 만약 어떤 사람이 이 경전의 법문을 듣고
마음으로 믿고 거역하거나 비방하지 않으면,
이것으로 인하여 이 사람의 복덕은 앞의 사람보다 훨씬 뛰어나서
잴수 없고 셀수 없는 많은 공덕을 쌓게 될 것이다.

하물며 이 경전의 법문을 베껴 쓰고 수지하거나, 배워 독송하고
이해하여 다른 사람들을 위해 설해준다면 더 말할 것이
있겠는가."

해 석

칼파 코티 니유타 사타사하스라니
(Kalpa koṭi niyuta śatasahasrāṇy)
칼파 코티(Kalpa koṭi)에서 칼파는 겁(劫) 또는 시간을 말하며,
코티는 높은, 정상의 시간을 말하는데 무한한 시간을 말한다.

니유타(Niyuta) 도 한계 없는 시간을 말하고 사타(Śata)는 100을
사하스라(Sahasrā)는 1000을 말한다.
그래서 구마라습은 무량백만억겁(無量百千萬億劫)으로
그리고 현장스님은 구지나경다백천겁(俱胝那庾多百千劫)이라고
번역하였다.

[鳩摩羅什]

須菩提 若有善男子善女人 初日分 以恒河沙等身

布施 中日分 復以恒河沙等身 布施 後日分

수보리 약유선남자선여인 초일분 이항하사등신

보시 중일분 부이항하사등신 보시 후일분

亦以恒河沙等身 布施 如是無量百千萬億劫 以身布施

若復有人 聞此經典 信心不逆 其福勝彼

역이항하사등신 보시 여시무량백천만억겁 이신보시

약부유인 문차경전 신심불역 기복승피

何況書寫受持讀誦 爲人解說

하황서사수지독송 위인해설

[玄奘]

復次善現 假使善男子或善女人 日初時分以殑伽河沙等自體布施

日中時分復以殑伽河沙等

부차선현 가사선남자혹선여인 일초시분이긍가하사등자체보시

일중시분복이긍가하사등

自體布施 日後時分亦以殑伽河沙等自體布施

由此異門經於俱胝那庾多百千劫以自體布施若有

자체보시 일후시분역이긍가하사등자체보시

유차이문경어구지나유다백천겁이자체보시약유

聞說如是法門不生誹謗 由此因緣所生福聚 尙多於前無量無數

何況能於如是法門具足畢竟

문설여시법문불생비방 유차인연소생복취 상다어전무량무수

하황능어여시법문구족필경

書寫受持讀誦究竟通利 及廣為他宣說開示如理作意

서사수지독송구경통리 급광위타선설개시여리작의

अपि तु खलु पुनः
सुभूाते अचिन्त्येअतुल्योअयं धर्मपर्यायः।
अयं च सुभूाते धर्मपर्यायस् तथागतेन
भाषितोऽधयानसंप्रस्थितानां सत्त्वानामर्थाय
क्षेष्ठयानसंप्रस्थितानां सावाननां अर्थाय।
य इमं धर्मपर्याययं उद्ग्रहीष्यति धारयिष्यन्ति
वाचयिष्यन्ति पर्यवाप्स्यन्ति परेभ्यश्च
विस्तरेण संप्रकशयिष्यन्ति
ज्ञातास् ते सुभूाते तथागतेन बुद्धज्ञातोान दृष्टास् ते सुभ
ूाते तथागतेन बुद्धचक्षुषा बुद्धास्ते तथागतेन।
सर्वे ते सुभूाते सत्त्वा अप्रमेयेण पुण्यस्कन्धेन
समन्वागता भविष्यन्ति अचिन्त्येन अतुल्येन
अंमाप्येन अपपरिमाणेन पुण्यस्कन्धेन
समन्वागता भविष्यन्ति।
सर्वे ते सुभूाते सत्त्वाः समंशेन बोधिं धारयिष्यन्ति ।
तत्कस्य हेतोः। न हि शक्यं सुभूाते यं धर्मपर्यायाये
हीनअधिमुक्तिैः सत्वैः क्षोतुम् न अतमदृष्टकैर्न
सत्वदृष्टिकै जीवदृष्टकैर्न पुद्गलदृष्टिकैः।
ना अबोधिसत्वप्रतिज्ञै सत्वैः शक्यं अयं
धर्मपर्यायः क्षोतुं वा उद्ग्रहीतुं वा धारयितुं वा
वाचचयितुं वा पर्यवाप्तुं वा।
नेदं स्थानं विद्यत॥

Api tu khalu punaḥ Subhūte 'cintyo'tulyo'yam dharmaparyāyaḥ।
ayam ca Subhūte dharmaparyāyās Tathāgatena bhāṣito'gra yāna
samprasthitānām sattvānām arthāya śreṣṭha yāna samprasthitānām sattvānām arthāya । ya imam dharma paryāyam udgrahīṣyanti dhārayiṣyanti vācayiṣyanti paryavāpsyanti parebhyaś ca
vistareṇa samprakāśayiṣyanti, jñātās te Subhūte Tathāgatena Buddha jñānena, dṛṣṭās te Subhūte Tathāgatena Buddha cakṣuṣā Buddhās te Tathāgatena । sarve te Subhūte sattvā aprameyeāṇa puṇya skandhena samanvāgatā bhaviṣyanti । acintyena atulyena amāpyena aprameyeāṇa puṇya skandhena samanvāgatā bhaviṣyanti ।
sarve te Subhūte sattvāiḥ samāmena bodhim dhārayiyanti । tatkasya hetoḥ। na hi akyam Subhūte'yam dharmaparyāyo hīna adhimuktikaiḥ sattvaiḥ śrotum na ātma dṛṣṭikair na sattvadṛṣṭikair na jīva dṛṣṭikair na pudgala dṛṣṭikaiḥ।
na abodhisattva pratijñaiḥ sattvaiḥ śakyam ayam dharmapary.yaḥ śrotum vā udgrahā hītum vā dhārayitum vā vācayitum vā paryavāptum vā। nedam sthānam vidyate ।

아피 투 칼루 푸나흐 수부테 아친트요아툴요아얌 다르마파르야야흐/
아얌 차 수부테 다르마파르야야스 타타가테나 바시토아그라야나 삼프라스티타남 사뜨바남 아르타야 스레스타 야나 삼프라스티타남 사뜨바남 아르타야/ 야 이맘 다르마 파르야야스 우드그라히스얀티 다라이스얀티 바차이스얀티 파르야바프스얀티 파레브야스차 비스타레나 삼프라카사야이스얀티 즈나타스 테 수부테 타타가테나 부따 즈나네나 드르스타스 테 수부테

타타가테나 부따차크수사 부따스 테 타타가테나/ 사르바 테
수부테 사뜨바 아프라메예나
푼야 스칸데나 사만바가타 바비스얀티/ 아친트예나 아툴예나
아마프예나 아파리마네나 푼야 스칸데나 사만바가타 바비스얀티/
사르베 테 수부테 사뜨바흐 사맘세나 보디 다라이스얀티/
타타카테나 헤토우/ 나 히 사크얌 수부테 아얌 다르마파르야요 히나
아디묵티카이흐 사뜨바이흐 스로툼 나 아트마 드르스티카이르
나 사뜨바드르스티카이르 나 지바 드르스티카이르 나 푸드갈라
드르스티
카이흐/나 아보디사뜨바 프라티즈냐이흐 사뜨바이흐 사크얌 아얌
다르마파르야야흐 스로툼 바 우드그라히툼 바 다라이툼 바
바차이툼 바 파르야바프툼 바/ 네담 스타남 비드야테/

아피:그럼에도, 투:그러나, 칼루:진정으로,
푸나흐:다시, 아친트요:불가사의하고,
아툴요아얌:비교할 수 없는, 다르마파르야야:법문,
아얌:이것, 차:그리고,
다르마파르야야스:법문은, 바시토:설하다,
아그라야나삼프라스티타남:최상승에 굳세게 나아가는,
사뜨바남:중생들, 아르타야:이익을 위한,
스레스타야나삼프라스티타남:최상승에 굳게 나아가는,
야이맘:이것, 우드그라히스얀티:배우고,
다라이스얀티:간직하고, 바차이스얀티:독송하고,
파르야바프스얀티:이해하고, 파레브야스:남들에게,
차:그리고, 비스타레나:상세하게,
삼프라카사야이스얀티:설명해준다면, 즈나타스:알다,
테:그들은, 수부테:수보리, 타타가테나:여래,
부따즈나네나:붓다의 지혜,
드르스타스:보다, 부따차크수사:붓다의 눈으로,

부따스:깨치더, 테:그들, 여래,
사르바:모든, 사뜨바:중생, 존재,
아프라메예나:측량할 수 없는, 푼야:공덕,
스칸데나:집합, 무더기, 사만바가타:완전히 갖춘,
바비스얀티:될 것이다, 사르베:모든, 사뜨바흐:중생,
사맘세나:육신을 갖춘, 보디:깨달음, 다라이스얀티:간직한,
타트:그것, 카스야:누구의, 헤토우:왜냐하면,
나 히:참으로, 사크얌:할 수 없는, 아얌:이,
히나 아디묵티카이흐:낮은 확신을 가진,
사뜨바이흐:중생들에 의해서, 스로툼:듣는,
나 아트마 드르스티카이르:나라는 견해에 의한,
나 사뜨바드르스티카이르:중생이라는 견해에 의한,
나 지바 드르스티카이르:영혼이라는 견해에 의한,
나 푸드갈라 드르스티카이흐:개아라는 견해에 의해서, 나
아보디사뜨바 프라티즈나이흐:보살의 서원을 가지지 않은,
사뜨바이흐:중생들, 사크얌:할 수가 없다, 아얌:이,
스로툼 바:듣고서, 우드그라히툼:배우거나,
바 다라이툼:마음에 간직하는, 바 바차이툼:독송하는,
바 파르야바프툼:이해 할수 있는, 바 네담:이러한.
스타남:경우에는, 비드야테:있지가 않은,

해 석

아친트요 아툴요아얌(Acintyo atulyoayam)는 '불가사의하고 비교할 수 없는' 것이란 가르침이다.

아보디사뜨바 프라티즈나이흐(Abodhisattva pratijñaiḥ)는 '보살의 서원(誓願)을 세우지 않는 것' 인데 프라티즈나이흐는 서원이나 약속을 말하며 아보디사뜨바란 보살의 서원을 세우지 않는 것을 말한다.

“게다가 수보리여 간추려 말하건데, 이 법문은 불가사의하고 비교할 수 없으며 가히 헤아릴 수 없는 공덕을 지니고 있느니라..

수보리여, 이 경은 여래가 대승심을 발한 사람을 위해 설한 것이요, 최상승심을 향해 가는 사람들을 위해 이와 같은 법문을 설하느니. 만약 어떤 사람이 이 경을 마음으로 간직하고 독송하고 이해하며, 널리 다른 사람들을 위해 분명하게 설명한다면,

여래는 부처님의 지혜로 그들이 하는 일을 다 보고 있느니,
수보리여, 그들 모두가 헤아릴 수 없고 셀 수 없는 공덕을 쌓아,
불가사의하고 비교할 수 없고 헤아릴 수없고 잴 수 없는 공덕을 성취하리라.

수보리여, 이러한 일체의 중생들은 곧 여래의 최상의 깨달음인 아누다라삼막삼보리를 온 몸으로 짊어진 것과 같다.

왜냐하면 수보리여,
실로 이 법문은 소승법(小乘法)을 즐기는 신념이 부족한 중생들은 자아의 견해에 집착하가나, 개아의 견해에 집착하거나, 중생의 견해에 집착하거나, 영혼・생명의 견해에 집착하여
이 경을 알아 듣고 받아들이거나 독송하지도 못하고,
다른 사람을 위해 설할 수도 없기 때문이니라.

[鳩摩羅什]

須菩提 以要言之 是經 有不可思議 不可稱量 無邊功德
如來 爲發大乘者說 爲發最上乘者說 若有人 能受持讀誦 廣爲人說
수보리 이요언지 시경 유불가사의 불가칭량 무변공덕
여래 위발대승자설 위발최상승자설 약유인 능수지독송 광위인설
如來 悉知是人 悉見是人 皆得成就不可量不可稱 無有邊不可思議功德
如是人等 卽爲荷擔如來 阿耨多羅三藐三菩提
여래 실지시인 실견시인 개득성취 불가량불가칭 무유변불가사의공덕
여시인등 즉위하담여래 아누다라삼막삼보리

何以故 須菩提 若樂小法者 着我見人見衆生見壽者見 卽於此經 不能聽受讀誦 爲人解說

하이고 수보리 약요소법자 착아견인견중생견수자견 즉어차경 불능청수독송 위인해설

[玄奘]

復次善現 如是法門不可思議不可稱量 應當希冀不可思議所感異熟 善現 如來宣說如是法門 為欲饒益趣最上乘諸有情故

부차선현 여시법문불가사의불가칭량 응당희기불가사의소감이숙 선현 여래선설여시법문 위욕요익취최상승제유정고

為欲饒益趣最勝乘諸有情故 善現 若有於此法門受持讀誦究竟

위욕요익취최승승제유정고 선현 약유어차법문수지독송구경

通利及廣為他宣說開示如理作意 即為如來以其佛智悉知是人 即為如來以其佛眼悉見是人 則為如來悉覺是人

통리급광위타선설개시여리작의 즉위여래이기불지실지시인 즉위여래이기불안실견시인 즉위여래실각시인

如是有情一切成就無量福聚 皆當成就不可思議不可稱量無邊福聚 善現 如是一切有情其肩荷擔如來無上正等菩提

여시유정일체성취무량복취 개당성취불가사의불가칭량무변복취 선현 여시일체유정기견하담여래무상정등보리

何以故 善現 如是法門非諸下劣信解有情所能 聽聞 非諸我見 非諸有情見 非諸命者見 非諸士夫見 非諸補特伽羅見 非諸意生見 非諸摩

하이고 선현 여시법문비제하열신해유정소능 청문 비제아견 비제유정견 비제명자견 비제사부견 비제보특가라견 비제의생견 비제마

納婆見 非諸作者見 非諸受者見 所能聽聞 此等若能受持讀誦究竟 通利 及廣為他宣說開示如 理作意無有是處

납파견 비제작자견 비제수자견 소능청문 차등약능수지독송구경 통리 급광위타선설개시여 이작의무유시처

अपि तु खलु पुनः सुभूाते यत्र पृीथवीप्रदेश इदं सूत्रं प्रकाशयिष्य पुाजनिाय स पृयिवीप्रगेशो भविष्यति सदेवमानुष सदेवमनुष असुरस्य लेकस्य वन्दनिायः प्रदाश्रिण्यश् च स पृीथवीप्रदेश भविष्यति चैत्यभुातः स पृीथवीप्रदेश भविष्यति ॥

Api tu khalu punaḥ Subhūte yatra
pṛthivīpradea idam sūtram prakāśayiṣyate pūjanīya
sa pṛthivīpradeśo
bhaviṣyanti sadeva mānuṣa asurasya lokasya,
vandanīyaḥ pradakṣiṇyaś ca sa pṛthivīpradeśo
bhaviṣyanti caityabhūtaḥ sa pṛthivīpradeśo bhaviṣyanti |

아피 투 칼루 푸나흐 수부테 야트라
푸리티비프라데사 이담 수트람 프라카사이스야테 푸자니야흐
사 프르티비프라데소
바비스야티 사데바 마누사 아수라스야 로카스야,
반다니야흐 프라다크사나야스 차 사 프르티비프라데소
바비스야티 차이트야부타흐 사 푸르티비프라데소 바비스야티/

아피:그럼에도, 투:그러나, 칼루:진정으로,
푸나흐:다시, 야트라:여행, 푸리티비프라데사:장소,
이담:이것, 수트람:경전, 프라카사이스야테:드러내 보이는,
푸자니야흐:예배하는, 공양하는, 사:그러한, 바비스야티:미래의,
사데바:신들, 마누사:인간, 아수라스야:아수라, 악마,
로카스야:세상, 반다니야흐:숭앙하는, 프라다크사나야스:존경하는,
차:그리고, 사:그것, 차이트야부타흐:성스러운 형태의,

수보리여,
이 경이 있는 어떤 곳은 어디라도
세상의 모든 신과 인간과 아수라들이 더불어 공양을 올려야 하는
장소임을 마땅히 알라.
또한 오른쪽으로 돌면서 숭앙하는 장소가 될 것이며,
그 곳은 곧 부처님을 모신 탑묘가 되어,
모두가 반드시 공양하고 예배드리며,
주위를 돌면서 여러가지 꽃과 향을 그 속에 뿌리게 되리라"

해 석

푸자니야흐(Pūjanīya)는 공양하고, 예배한다는 뜻이며,
푸자의식은 인도의 힌두교, 불교, 자이나교에서 같은 형식으로
표현하며 현장스님과 구마라집은 공양(供養)으로 번역하였다.

[鳩摩羅什]

須菩提 在在處處 若有此經 一切世間天人阿修羅
所應供養 當知此處 卽爲是塔 皆應恭敬

수보리 재재처처 약유차경 일체세간천인아수라
소응공양 당지차처 즉위시탑 개응공경

作禮圍繞 以諸華香 而散其處

작례위요 이제화향 이산기처

[玄奘]

復次善現 若地方所開此經典
此地方所當為世間諸天及人阿素洛等之所供養 禮敬右遶如佛靈廟

부차선현 약지방소개차경전
차지방소당위세간제천급인아소낙등지소공양 예경우요여불영묘

제16분 능정업장분 (能淨業障分)

· 전생의 인연과 과보의 업장을 넘어
능히 맑은 깨달음의 세계로

अपि तु ये ते सुभूाते कुलपुत्रा वा कुलदुहितरो वेमान् एवंरुपान् सूत्रान्ता उद्ग्रहीष्यन्ति धारयिष्यन्ति वाचयिष्यन्ति पर्यवाप्स्यन्ति योनिशश् च मनसिकरिष्यन्ति परेभ्यश् च विस्तरेणसंप्रकशयिष्यन्ति ते परिभुाता भविष्यति सुपरिभुाताश् च भविष्यति। तत्कस्य हेतोः। यानि च तेषां सुभूाते सत्त्वानं पौर्व जन्मीकानि अशुभानि कर्माणि कृतानयि अपाय संवर्तनीयानि दृष्ट एव धर्मे तया परिभूतया तानि पौर्वजन्मीकानि अशुभानि कर्माणि क्षपयिष्यन्ति बोधिं च अनुप्राप्स्यन्ति ॥

Api tu ye te Subhūte kulaputrā vā kuladuhitaro vemān evamrūpān sūtrāntān udgrahīṣyanti dhārayiṣyanti vācayiṣyanti paryavṣpsyanti yoniśaś ca manasikariṣyanti parebhyaś ca vistareṇa samprakāśayiṣyanti te paribhūtā bhaviṣyanti, suparibhūtāś ca bhaviṣyanti |
tatkasya hetoḥ|
yāni ca teṣām Subhūte sattvānām paurva janmikāny aśubhāni karmāṇi kṛtāny apāya samvartanīyāni, dṛṣṭa eva dharma tayā paribhṝtatatayā tāni paurvajanmikāny aśubhāni karmāṇi kṣapayiṣyanti Buddhabodhim ca anuprāpsyanti |

아피 투 예 테 수부테 쿨라푸트라 바 쿨라두히타로 베만
에밤루판 수트란탄 우드그라히스얀티 다라이스얀티
바차이스얀티 파르야바프스얀티 요니사스 차 마나시카리스얀티
파레브야스 차 비스타레나 삼프라카사이스얀티 테 파리부타
바비스얀티 수파리부타스 차 바비스얀티/
타타카스야 헤토우/
야니 차 테삼 수부테 사뜨바남 파우르바 잔미카니
아수바니 카르마니 크르타니 아파야 삼바르타니야니 드르스타
에바 다르마 타야 파리부타타타야 타니 파우르바잔미카니
아수바니 카르마니 크사파이스얀티 부따보딤 차
아누프라프스얀티/

아피:그럼에도, 투:그러나,
예 테:그들, 쿨라푸트라:선남자(善男子),
바:그리고, 쿨라두히타로:선여인(善女人),
바 이만:이런, 에밤 루팜:형태,
수트란탄:경전,
우드그라히스얀티:배우다,
다라이스얀티:간직하다,
바차이스얀티:독송하다,
파르야바프스얀티:이해하다,
요니:자궁, 내면,
사스:근원적으로, 차:그리고,
마나시카리스얀티:통찰하다, 마음에 새기다,
파레브야스:타인에게,
비스타레나 삼프라카사이스얀티:명백히 드러나다,
파리부타:모욕하다,
바비스얀티:~이 되다,
수파리부타스:모욕을 당하다,

타트 : 그것, 카스야 : 누구의,
헤토우 : 왜냐하면, 야니 : 길,
차 : ~와, 테삼 : 그들,
사뜨바남 : 중생들, 파우르바 : 앞,
잔미카니 : 태어남,
아수바니 : 아름답지 않는,
카르마니 : 행위, 크르타니 : 만들다,
아파야 : 떨어져 나감,
삼바르타니야니 : 존재하게 하다,
드르스타 : 보다, 에바 : 지금,
다르마 : 현실, 타야 : 함께,
파리부타야 : 무시하는, 타니 : 그것,
파우르바잔미카니 : 전생,
아수바니 : 사악한,
카르마니 : 행위,
크사파이스얀티 : 소멸하다,
부따보딤 : 부처님의 지혜,
아누프라프스얀티 : 자신의 소유로 할 것이다

"또한 수보리여,
선남자와 선여인들이 이 경전을 받아 간직하고 독송하는 데도 불구하고,
남에게 박해받고 수모를 당하거나 경시를 받게 된다면,
그들 중생들은 전생에 지은 좋지 않은 죄업에 의해 마땅히 악도(惡道)에 떨어질 것이었지만,
현생에서 그런 박해와 모욕을 받은 까닭으로
전생의 악업이 곧 소멸되어 마땅히 부처님의 최상의 바른 깨달음의 지혜인 아누다라삼막삼보리를 얻게 될 것이니라."

해 석

요니사스 차 마나시카리스얀티(Yoniśaśca manasikariṣyanti)
요니는 '자궁이나 근원' 을 말하며,
사스는' ~으로부터이다' 이며,
마나시카라는 깊은 사유나 통찰을 의미한다.
이것은 근원적인 깊은 통찰을 말한다.

[鳩摩羅什]

復次 須菩提 善男子善女人 受持讀誦此經 若爲人輕賤
是人 先世罪業 應墮惡道 以今世人
부차 수보리 선남자선여인 수지독송차경 약위인경천
시인 선세죄업 응타악도 이금세인
輕賤故 先世罪業 卽爲消滅 當得阿耨多羅三藐三菩提
경천고 선세죄업 즉위소멸 당득아누다라삼막삼보리

[玄奘]

復次善現 若善男子或善女人 於此經典受持讀誦究竟通利
及廣為他宣說開示如理作意
부차선현 약선남자혹선여인 어차경전수지독송구경통리
급광위타선설개시여리작의
若遭輕毁極遭輕毁 所以者何
善現 是諸有情宿生所造諸不淨業應感惡趣 以現法中遭輕毁故
약조경훼극조경훼 소이자하
선현 시제유정숙생소조제불정업응감악취 이현법중조경훼고
宿生所造諸不淨業皆悉消盡 當得無上正等菩提
숙생소조제불정업개실소진 당득무상정등보리

तत्कस्य हेतोः
अभिजानामि अहं सुभूाते अतीतेऽध्वनि असंख्येयैः
कल्पैं असंख्येयतरैं दींपंकरस्य तथागतस्य अर्हतः
सम्यक्सम्बुद्धस्य परेण परतरेण चतुरच अशीति बुद्ध
कोटि नियुत शतसहस्राणि अभुाव् ये मया आरागिभ
ता आराग्य न विरागिताः।
यच्‌ च मया सुभूाते ते बुद्धा भगवन्त आरजिता
आरग्य न विरागिता यच्‌ च पश्चिमे कले पश्चिम
समये पश्चिमायां पचशत्यां शद्वर्मविप्रलोपको वर्तभ
मान इमान्‌ एवंरुपन्‌ सूत्रान्ता उद्रहीाष्यन्ति धारभि
यष्यन्ति वाचयिष्यन्ति पर्यवाप्स्यन्ति परेभ्यश्च च
विस्तरेण संप्रकशयिष्यन्ति अस्य खलु पुनः
सुभुते पुण्यस्कन्धस्य अनतिकाद्‌ असैं पौर्वकः
पणयस्कन्धः
शततमी अपि कलां नोपैति सहस्रतमिं अपि शतभ
सहस्रतमिं अपि कोटितमिं अपि कोटिशतमिं अपि
कोटिशतसहस्रतमिं अपि कोटिनियुतशतसहस्रतमिं
अपि संखाम्‌ अपि कलाम्‌ अपि गणनां अपि
उपमां
अपि उपनिषदं अपि यावद्‌ औपम्यं
अपि न क्षमते।

Tat kasya hetoḥ?
Abhijānāmy aham Subhūte atīte'dhvany asamkhyeyaiḥ kalpair asamkhyeyatarair dīpamkarasya Tathāgatasya arhataḥ samyaksambuddhasya pareṇa paratareṇa catur aśīti Buddha koṭi niyuta
śatasahasrāṇy abhūvan ye mayā ārāgitāārāgya na virāgitāḥ। yac ca mayā Subhūte te Buddhā Bhagavanta ārā gitāārāgya na virāgitā, yac ca paścime kāle paścime samaye paścimāyām pañcaśatyām saddharma vipralopa kāle vartamāna imān evamrūpān sūtrāntān udgrahīṣyanti dhārayiṣyanti vācayiṣyanti paryavāpsyanti parebhyaś ca vistareṇa samprakāśayiṣyanti, asya khalu punaḥ Subhūte puṇyaskandhasya antikād asau paurvakaḥ puṇya skandhaḥ śatatam´m api kalām nopaiti,
sahasratamīm api śatasahasratamīm api ko itam´m api koṭi śatatamīm api koṭi śatasahasratamīm api koṭi niyuta śatasahasratamīm api, samkhyām api kalām
api gaṇanām apy
upamām apy upaniṣadam api yāvad aupamyam api na kṣamate।

타스 카스야 헤토우
아비자나미 아함 수부테 아티테아드바니 아삼크예야히흐
칼파이르 아삼크예야타라이르 디팜카라스야 타타가타스야
아르타흐 삼약삼부따스야 파레나
파라타레나 차투르 아시티 부따 코티 니유타
사타사하스라니 아부반 예 마야 아라지타아라그야 나 비라지타흐/
야 차 마야 수부테 테 부따 바가반타 아라지타 아라그야 나
비라지타 야츠 차 파스치메 카레 파스치메 사마예 파스치마얌

판차사르얌 사따르마 비프라로파 칼레 바르타마나 이만
에밤루판 수트란탄 우드그라히스얀티 다라이스얀티
바차이스얀티 파르야바프스얀티 파레브야스 차 비스타레나
삼프라카사이스얀티 아스야 칼루 푸나흐 수부테
푼야스칸다스야 안티카드 아사우 파우르바카흐
푼야 스칸다흐 사타타밈아피 카람 노파이티
사하스라타밈 아피 사타사하스라타밈 아피 코티타밈 아피
코티 사타밈 아피 코티 사타사하스라타밈 아피 코티 니유타
사타사하스라타밈 아피,
삼크얌 아피 카람 아피 가나남 아피 우파맘 아피
우파니사담 아피 야바드 아우팜얌 아피 나 크사마테/

타트:그것, 카스야:누구의,
헤토우:왜냐하면,
아비자남:확실히 알다, 아함:나,
아티테:지나간, 과거, 아드바니:시간,
아삼크예야히흐:무량한, 한계없는, 칼파이르:겁(劫),
아삼크예야타라이르:비교할 수 없는,
디팜카라스야:연등불(燃燈佛), 아르타흐:아라한,
삼약삼부따스야:정등각, 파레나:이전의,
파라타레나:더 나아가,
차투르:4, 아시티:80, 부따:부처님,
코티:천만, 니유타:백만, 사타:100,
사하스라니:1000, 아부반:있는, 예:그분,
마야:나에 의해서, 아라지타:편히 모시는,
아라그야:편하게 모신, 나:아닌,
비라지타흐:불편한, 야스차:다시, 테:그들,
바가반타:세존, 아라지타:편히 모시는,
아라그야:불편함,

나비라지타:불편함이 없는,
야츠 차:그리고, 파스치메:다음,
카레:시기, 사마예:시간의,
파스치마얌:다음, 판차사르얌:오백년,
사따르마:정법(正法),비프라로파:쇠퇴하는,
칼레:시간, 바르타마나:도래하다,
이만에밤루판:이런 형태, 수트란탄:경전,
우드그라히스얀티:배우다,
다라이스얀티:간직하는,
바차이스얀티:독송하는,
파르야바프스얀티파레브야스:이해하는,
비스타레나:섬세하게,
삼프라카사이스얀티:명백히드러내다,
아스야:이것, 칼루:참으로, 푸나흐:다시,
푼야스칸다스야:공덕의 집합,
안티카드:비교하다, 아사우:저,
파우르바카흐:앞의, 푼야:공덕,
스칸다흐:모임, 사타타미:100,
아피:그리고, 카람:1 이하 분수,
노:아닌, 우파이티:접근하다,
사하스라타밈:1000분의 1,
사타사하스라타밈:100000의 1,
코티타밈:억분의 일, 코티 사타밈:백억분의 일,
코티사타사하스라타밈:십조분의 일,
코티 니유타 사타사하스라타밈:백천조분의 일,
삼크얌 아피:수량으로도,
카람 아피:구분됨으로도, 가나남 아피:계산으로도,
우파맘 아피:비유로도, 우파니사담 아피:유비로도,
야바드:내지는, 아우팜얌:상사로도,
나 크사마테:미치지 못한다

"수보리여,
내가 생각하니 과거의 셀 수 없이 한량없는 아승지겁에
연등부처님 앞의 팔백사천만억의 나유타 부처님들을 만나,
내가 그분 부처님들을 한분도 빠짐없이 헛되이 지나침이 없이
잊어버리지 않고, 공양을 올리고 받들어서 섬겼느니라,
수보리여,
지금 이후의 먼 미래의 훗날, 정법이 파멸하는 그 말세에
어떤 사람이 이 경전을 받아 간직하고 독송하고 이해하여, 다른
삶을 위해 널리 설해 얻은 공덕은
내가 부처님께 공양하며 쌓은 공덕일지라도
백분의 1에도 미치지 못하게 된다.
천분의 1에도, 십만분의 1에도,
천만분의 1에도, 십억분의 1에도,
백억분의 1에도, 십조분의 1에도,
최고 단위의 수의 1보다 작은 수로도,
수학으로 나타낼 수 있는 숫자의 최소 단위의 숫자의 비유로도
나아가 어떤 비유로도 능히 미칠 수가 없느니라."

[鳩摩羅什]

須菩提 我念過去無量阿僧祇劫 於燃燈佛前
得値八百四千萬億那由他諸佛 悉皆供養承事
수보리 아념과거무량아승지겁 어연등불전
득치팔백사천만억나유타제불 실개공양승사
無空過者 若復有人 於後末世 能受持讀誦此經 所得功德
於我所供養 諸佛功德 百分不及一
무공과자 약부유인 어후말세 능수지독송차경 소득공덕
어아소공양 제불공덕 백분불급일
千萬億分 乃至算數譬喩 所不能及
천만억분 내지산수비유 소불능급

[玄奘]

何以故 善現 我憶過去於無數劫復過無數

於然燈如來應正等覺先復過先 曾值八十四俱胝

하이고 선현 아억과거어무수겁복과무수

어연등여래응정등각선복과선 증치팔십사구지

那庾多百千諸佛我皆承事 既承事已皆無違犯

善現 我於如是諸佛世尊皆得承事 既承事已皆無

나유다백천제불아개승사 기승사이개무위범

선현 아어여시제불세존개득승사 기승사이개무

違犯 若諸有情後時後分後五百歲 正法將滅時分轉時

於此經典受持讀誦究竟通利 及廣為他宣

위범 약제유정후시후분후오백세 정법장멸시분전시

어차경전수지독송구경통리 급광위타선

說開示如理作意 善現 我先福聚於此福聚 百分計之所不能及

如是千分若百千分 若俱胝百千分

설개시여리작의 선현 아선복취어차복취 백분계지소불능급

여시천분약백천분 약구지백천분

若俱胝那庾多百千分。若數分若計分若算分若喩分。

若鄔波尼殺曇分亦不能及

약구지나유다백천분 약수분약계분약산분약유분

약오파니살담분역불능급

सचेत् पुनः सुभूाते तेषां कुलपुत्राणां कुलदुहित्रणां
वा अहं पयस्कन्धं भाषेयम् यवत् ते कुलपुत्रा
वा कुलदुहितरे वा तस्मिन् समये पुयस्कसकन्धं
प्रसविष्यन्ति प्रतिग्नहीष्यति उन्मादं सत्त्वा
अनुप्राप्नुयश्च चित्त विक्षेपं वा गच्छेयुः।
अपि तु खलु पुनः सुभूाते अचिन्त्योऽयं धर्म पर्यायस्
तथागतेन भषितः।
अस्य अचिन्त्य एव विपाकः इतिकन्क्षितव्य ।

Sacet punaḥ Subhūte teṣām kulaputrāṇām kuladuhitṝṇām
vāaham puṇyaskandham bhāṣeyam yāvat te kulaputrā
vā kuladuhitaro vā tasmin samaye puṇyaskandham
prasaviṣyanti pratigrahīṣyanty unmādam sattvā
anuprāpnuyuś citta vikṣepam vā gaccheyuḥ|
api tu khalu punaḥ Subhūte 'cintyo 'yam dharma
paryāyas Tathāgatena bhāṣitaḥ|
asya acintya eva vipākaḥ pratikāṅkṣitavyaḥ|

사체트 푸나흐 수부테 테삼 쿨라푸트라남 쿨라두히트르남
바함 푼야스칸담 바세얌 야바트 테 쿨라푸트라
바 쿨라두히타로 바 타스민 사마예 푸냐스칸담
프라사비스얀티 프라티그라히스얀티 운마담 사뜨바
아누프라프누유스 치따 비크세팜 바 가쩨유흐/
아피 투 칼루 푸나흐 수부테 친요 얌 다르마
파르야야스 타타가테나 바시타흐/
아스야 아친트야 에바 비파카흐 프라티칸크시타브야흐/

사체트:만일, 푸나흐:다시, 테삼:그들,
쿨라두히트르남:선여인, 바:그리고, 아함:나,
푼야스칸담:공덕의 집합, 바세얌:말한다면, 야바트 테:그들,
쿨라푸트라:선남자, 타스민 사마예:그때에,
프라사비스얀티:축척하다, 프라티그라히스얀티:얻다,
운마담:혼란, 사뜨바:중생, 아누프라프누유스:얻게 되다,
치따:마음, 비크세팜:혼란, 가쩨유흐:그렇게 되다.
아스야 아친트 에바:그것은 실로 불가사의하다,
비파카흐:과보(果報), 프라티칸크시타브야흐:기대하여도 좋은,

"수보리여, 만약 선남자 선여인들이 뒷날 말세에 이 경전을 지니고 독송하면, 그때 얼마 만큼의 공덕을 얻게 될 것인가를 내가 말하면, 어떤 중생들은 이를 듣고 마음이 어지러워서 여우처럼 의혹을 품고 믿지 않을 것이다. 실로 수보리여, 여래가 설한 이 경전의 진리는 가히 상상할 수 없이 불가사의하며, 과보도 상상할 수 없을 만큼 불가사의하게 큰 것임을 알아야 한다."

[鳩摩羅什]
須菩提 若善男子善女人 於後末世 有受持讀誦此經 所得功德
我若具說者 或有人聞
수보리 약선남자선여인 어후말세 유수지독송차경 소득공덕
아약구설자 혹유인문
心卽狂亂 狐疑不信 須菩提 當知 是經義 不可思議 果報 亦不可思議
심즉광란 호의불신 수보리 당지 시경의 불가사의 과보 역불가사의
[玄奘]
善現 我若具說 當於爾時 乃至是善男子是善女人所攝福聚
선현 아약구설 당어이시 내지시선남자시선여인소섭복취
有諸有情則便迷悶心惑狂亂 是故善現 如來宣說如是法門
不可思議不可稱量 應當希冀不可思 議所感異熟
유제유정즉변미민심혹광난 시고선현 여래선설여시법문
불가사의불가칭량 응당희기불가사 의소감이숙

제17분 구경무아분(究竟無我分)

· 궁극적인 경지에는 내가 변치 않는 실체로
존재하는 것이 아님을 깨닫다.

अथ खल्व् आयुष्मान् सुभूतिर्
भगवन्तं एतद् अवेचत् ।
कथं भगवन् बोधिसत्त्व यान संप्रस्थितेन स्थातव्यं
कथं प्रतिपत्तव्यं कथं चित्तं प्रग्रहीतवयं ।

Atha khalv āyuśmān Subhūtir
Bhagavantam etad avocat |
katham Bhagavan bodhisattva yāna samprasthitena
sthātavyam katham pratipattavyam katham cittam
pragrahītavyam |

아타 칼루 아유스만 수부티르
바가반탐 에타드 아보차트/
카탐 바가반 보디사뜨바 야나 삼프라스티테나
스타타브얌 카탐 프라파따브얌 카탐 치땀
프라그라히타브얌/

아타:그때, 칼루:시간,
아유스만:장로, 나이든,
수부티르:수보리, 바가반탐:세존,
에타드:이렇게, 아보차트:말했다,
카탐:어떻게, 바가반:세존, 보디사뜨바:보살,
야나:길, 삼프라스티테나:굳게나서는 자는,
스타타브얌:머물러야 하고, 카탐:어떻게,
프라파따브얌:수행해야하는, 치땀:마음,
프라그라히타브얌:조복받는

다시 수보리가 세존에게 밀씀드렸다.
"세존이시여!
선남자 선여인들이 최상의 깨달음인 아누다라삼막보리의 마음을 일으켜 보살의 길을 향해 나선다면,
어떻게 머물며,
어떻게 그 마음을 수행해야만 될 것이며,
어떻게 마음을 다스려야만 되겠습니까?"

[鳩摩羅什]
爾時 須菩提白佛言 世尊 善男子善女人 發阿耨多羅三藐三菩提心 云何應住 云何降伏其心
이시 수보리백불언 세존 선남자선여인 발아누다라삼막삼보리심 운하응주 운하항복기심
[玄奘]
爾時具壽善現復白佛言 世尊 諸有發趣菩薩乘者 應云何住 云何修行 云何攝伏其心
이시구수선현복백불언 세존 제유발취보살승자 응운하주 운하수행 운하섭복기심

भगवन् आह ।
इह सुभूते बोधिसत्त्व यान संप्रस्थितेन चित्तं
उत्पादयितव्यं सर्वे सत्त्वा मया अनुपधिशेषे
निर्वाणधातौ परिनिर्वापयितव्याः ।
एवं च सत्त्वान् परिनिर्वाप्य न कश्चित् सत्त्वः
परिनिर्वापितो भवति ।

Bhagavan āha |
iha Subhūte bodhisattva yāna samprasthitenaivam
cittam utpādayitavyam sarve sattvā
mayā anupadhiśeṣe nirvāṇadhātau parinirvāpayitavyāḥ|
evam ca sattvān parinirvāpya na kaścit
sattvaḥ parinir vāpito bhavati |

바가반 아하/
이하 수부테 보디사뜨바 야나 삼프라스티테나이밤
치땀 우트파다이타브얌 사르베 사뜨바
마야 아누파디세세 니르바나다타우 파리니르바파이타브야흐/
에밤 차 사뜨바 파리니르바프야 나 카스치트
사뜨바흐 파리니르 바피토 바바티/

바가반:세존, 아하:말하다, 이하:여기,
보디사뜨바:보살, 야나:길, 삼프라스티테나:굳게나아가는,
이밤:이와 같이, 치땀:마음, 우트파다이타브얌:생겨나다,
사르베:모든, 마야:나에 의해, 아누파디세세:~함이 없음(無餘),
니르바나다타우:열반계, 차:그리고, 사뜨바:중생,

파리니르바파이타브야흐:완전한 열반에 들다,
사뜨바흐:중생, 파리니르바프야:열반에 들다,
나:아닌, 카스치트:어떤,
파리니르바피토:완전한 열반에 들다, 바바티:~하다

세존께서 수보리에게 말씀하셨다.
"수보리여, 만약 선남자 선여인으로 아누다라삼막보리심이 발하여 보살의 길을 향해 나선 모든 중생들은 이와 같은 마음을 내어야 한다.
내가 마땅히 모든 중생을 일체의 번뇌가 없는 열반의 세계에 이르도록 완벽하게 제도하리라.
이와 같이 중생들을 완전히 열반에 들게 제도하였지만,
실제로는 열반에 이르도록 제도된 중생은 하나도 없다." 라고 생각하라

[鳩摩羅什]

佛告須菩提 若善男子善女人 發阿耨多羅三藐三菩提心者
當生如是心 我應滅度 一切衆生
불고수보리 약선남자선여인 발아누다라삼막삼보리심자
당생여시심 아응멸도 일체중생
滅度一切衆生已 而無有一衆生 實滅度者
멸도일체중생이 이무유일중생 실멸도자

[玄奘]

佛告善現 諸有發趣菩薩乘者 應當發起如是之心
我當皆令一切有情於無餘依妙涅槃界而般
불고선현 제유발취보살승자 응당발기여시지심
아당개영일체유정어무여의묘열반계이반
涅槃 雖度如是一切有情令滅度已 而無有情得滅度者
열반 수도여시일체유정영멸도이 이무유정득멸도자

तत्कस्य हेतोः ।
सचेत् सुभूाते बोधिसत्त्व सत्त्व संज्ञा प्रवर्तेत न स
बोधिसत्त्व इति वव्यः ।
जीवसंज्ञा वा यावात् पुद्गलसंज्ञा वा प्रवर्तेत न स
बोधिसत्त्व इति वव्यः ।
तत्कस्य हेतोः ।
नास्ति् सुभूाते स कश्चित् धर्मो ये बोधिसत्त्व यान
संप्रस्थितो नाम ।

Tatkasya hetoḥ|
sacet Subhūte bodhisattvasya sattvasaμj.. pravarteta na sa
bodhisattva iti vaktavyaġ|
jīvasamjñā vā yāvat pudgalasamjñā vā pravarteta na sa
bodhisattva iti va ktavyaḥ| Tat kasya hetoḥ|
nāsti Subhūte sa kaścid dharmo yo bodhisattva yāna
samprasthito nāma |

타트 카스야 헤토우/
사제트 수부테 보디사뜨바스야 사뜨바 삼갸나 프라바르테나 나 사
보디사뜨바 이티 바크타브야흐/
지바삼갸나 바 야바트 푸드갈라삼갸나 바 프라바르테타 나 사
보디사뜨바 이티 바 크타브야흐/ 타트 카스야 헤토우/
나스티 수부테 사 카스치트 다르모 요 보디사뜨바 야나
삼프라스티토 나마/

타트:그것, 카스야:누구의, 헤토우:왜냐하면,
사제트:만일, 보디사뜨바스야:보살에게, 사뜨바:중생,
삼갸나:상념, 프라바르테나:생기다, 나:아닌,
사:그들, 이티:~이다, 바크타브야흐:말해지다,
지바삼갸나:영혼이라는 상념, 바:~과, 야바트:나아가서,
푸드갈라갸나:개아, 바크타브야흐:말해지다,
아스티:~때문이다, 카스치트:어떤, 다르모:법, 요:그것,
보디사뜨바야나:보살승, 프라스티토:굳게나아가는, 나마:이름

"왜냐하면 수보리여,
만약 보살이 아상, 인상, 중생상, 수자상에 사로 잡혀
즉 나, 개아, 중생, 영혼・생명이라는 상념을 일으키는 한,
보살이라고 말할 수 없기 때문이다.
수보리여, 진실로 바른 깨달음에 나아가는 자는 유법(有法)에
집착함이 없어야 한다. 즉 어떤 고정된 법이 있어 보살의 길을
향한 최상의 깨달음에 대한 마음을 발한 사람은 없기 때문이다."

[鳩摩羅什]

何以故 須菩提 若菩薩 有我相人相衆生相壽者相 卽非菩薩
所以者何 須菩提 實無有法 發阿耨多羅三藐三菩提心者

하이고 수보리 약보살 유아상인상중생상수자상 즉비보살
소이자하 수보리 실무유법 발아누다라삼막삼보리심자

[玄奘]

何以故 善現 若諸菩薩摩訶薩有情想轉不應說名菩薩摩訶薩
所以者何 若諸菩薩摩訶薩不 應說言有情想轉

하이고 선현 약제보살마하살유정상전불응설명보살마하살
소이자하 약제보살마하살불 응설언유정상전

如是命者想士夫想補特伽羅想意生想摩納婆想作者想受者想轉
當知亦爾 何以故 善現 無有少法名為發趣菩薩乘者

여시명자상사부상보특가라상의생상마납파상작자상수자상전
당지역이 하이고 선현 무유소법명위발취보살승자

तत्कं मन्यसे सुभूते अस्ति स कश्चिधर्मो यस्
तथागतेन दीपंकरस्य तथागतस्य अनतिकाद्
अनुत्तरां सम्यक्संवोधिं अभिसंबुद्धः। एवं उक्त
आयुष्मा सुभूातिं भगवन्तं एतद् अबोचत्।
यथा अहं भगवन् भगवते भाषितस्य अर्थं
आजानामि नास्ति स भगवन् कश्चित् धर्मे
यस् तथागतेन दीपंकरस्य तथागतस्य अर्हतः
सम्यक्संवोधिं अभिसंबुद्धः।
एवं उक्त भगवन अयुष्मन्तं सुभूातिं एतद
अवेचत्। एवं एतत् सुभूते एतन् नास्ति सुभूते स
कश्चित् धर्मे यस् तथागतेन दीपंकरस्य तथागतस्य
अर्हतः सम्यक्संवुद्धस्य अनतिकाद् अनुत्तरां
सम्यक्संवोधिं अभिसंबुद्धः।
सचेत् पुनः सुभूते कश्चित् कशि धर्मस् तथागतेन
अभिसंबुद्धहे अभविष्यत् न मं दीपंकरस् तथागते
व्याकरिष्यद्ः
भविष्यसि तूवं माणव अनागते अधवनि शाक्यमुर्निं
नाम तथागते अर्हन् सम्यक्संवुद्धइति।
यस्मात् तर्हि सुभूते तथागतेन अर्हनहता
सम्यक्संवुद्धेन नास्ति स कश्चिद्धर्मे ये अनुत्तरां
सम्यक्संवोधिं अभिसंबुद्धस् तस्माद् अहं
दीपम्करेण तथागतेन व्याक्ङाते भाषितस्य त्वं
माणव अनागते अधवनि शाक्यमुर्निं नाम तथागते
अर्हन् सम्यक्संवुद्धः।

Tat kim manyase Subhūte asti sa kaścid dharmo yas Tathāgatena dīpamkarasya Tathāgatasya antikād anuttarām samyaksambodhim abhisambuddhaḥ।
evam ukta āyuṣmān Subhūtir Bhagavantam etad avocat ।
yathā aham Bhagavan Bhagavato bhāṣitasya artham ājānāmi,
nāsti sa Bhagavan kaścid dharmo yas Tathgatena dīpam karasya Thatāgatasya arhataḥ samyaksambuddhasya antikād anuttarām samyaksambodhim abhisambuddhaḥ।
evam ukte Bhagavān āyuṣman tam Subhūtim etad avocat ।
evam etat Subhūte
evam etan nāsti Subhūte sa kaścid dharmo yas tath. gatena dīpaµkarasya Tathāgatasya arhataḥsamyak sambuddhasya antikād anuttarām samyaksambodhim abhisaµbuddhaḥ।
sacet punaḥ Subhūte kaścid dharmas Tathāgatena abhisambuddho'bhaviṣyat, na mām dīpamkaras Tathāgato vyākariṣyad: bhaviṣyasi tvam māṇava anāgate'dhvani śākyamunir nāma Tathāgato'rhan samyaksambuddha iti ।
yasmāt tarhi Subhūte Tathāgatena arhatā samyaksambuddhena nāsti sa kaściddharmo yo'nuttarām samyaksambodhim abhisambuddhas tasmād aham dīpamkareṇa Tathāgatena vyākṛto bhaviṣyasi tvam māṇava anāgate'dhvani śākyamunir nāma Tathāgato'rhan samyaksaµbuddhaḥ।

타트 킴 만야세 수부테 아스티 사 카스치트 다르모 야스
타타가테나 디팜카라스야 타타가타스야 안티카드
아누따람 삼약삼부팀 아비삼부따흐/
에밤 우크타 아유수만 수부티르 바가반탐 에타드 아보차트/
야타 아함 바가반 바가바토 바시타스야 아르함
아자나미 나스티 사 바가반 카스치드 다르모 야스 타타가테나
디팜 카라스야 타타가테스야 아르하타흐 삼약삼부따스야
안티카드 아누따람 삼약삼부딤 아비삼부따흐/
에밤 우크테 바가반 아유스만탐 수부팀 에타드 아보차트/
에밤 에타트 수부테
에밤 에탄 나스티 수부테 사 카스치드
다르모 야스 타타가테나 디팜카라스야 타타가타스야
아르하타흐 삼약삼부따스야 안티카드 아누따람
삼약삼보딤 아비삼부따흐/
사체트 푸나흐 수부테 카스치드 다르마스 타타가테나
아비삼부또 아바비스야트 나 맘 디팜카라스
타타가토 브야카리스야드 바비스야시 트밤 마나바
아나가테 드바니 사크야무니르 나마 타타가토 아르한
삼약삼부따 이티/
야스마트 타르히 수부테 타타가테나
아르하타 삼약삼부떼나 나스티 사 카스치따르모
요 아누따람 삼약삼보딤 아비삼부따스
타스마드 아함 디팜카레나 타타가테나 브야크르토
바비스야시 트밤 마나바 아나가테 아드바니 사크야무니르
나마 타타가토 아르함 삼약삼부따흐/

타트:그것, 킴:무엇, 만야세:생각하다,
아스티:~때문인, 사:그들, 카스치트:어떤,
다르모:법, 야스:~의해서, 타타가테나:여래,
디팜카라스야:연등(燃燈), 안티카드:곁에서,
아누따람:위없는, 무상(無上), 삼약삼부팀:깨닫다,
아비삼부따흐:철저하게, 에밤:이와 같이,
우크타:말하다, 아유스만:장로, 수부티르:수보리,
바가반탐:세존께서, 에타드:정말로, 아보차트:말하다,
야타:이렇게, 아함:나, 바가반:세존, 바가바토:성스러운,
바시타스야:말하다, 아르함:아라한,
아자나미:태어나는, 나:아닌,
아스티:없는, 사:그, 카스치드:어떤,
야스:그, 아르하타흐:아라한, 삼약삼부따스야:정등각,
안티카드:곁에서, 아누따람:위없는, 삼약삼부딤:깨달음,
아비삼부따흐:철저하게, 우크테:말하다,
아유스만탐:장로, 수부팀:수보리, 에타드:정말로,
아보차트:말하다, 에탄:정말로, 아스티:때문인,
사체트:만일, 푸나흐:다시, 다르마스:법,
아비삼부또:철저히 깨닫다,
아바비스야트:~한다면, 맘:나를,
디팜카라스 타타가토:연등여래, 브야카리스야드:인정하다,
사크야무니르:석가(釋迦), 나마:귀의하다,
삼약삼부따:정등각(正等覺), 깨달음, 이티:~하다,
야스마트:그러므로, 아르하타:아라한, 아스티:~때문이다,
요:~의해서, 타스마드:그러므로, 아함:나,
브야카리스야드:인정하다, 바비스야시:될 것이다,
트밤:그대는, 마나바: 인정하다, 마나바:젊은이,
아나가테:아직 오지 않는, 아드바니: 세상,
사크야무니르:석가모니, 나마:귀의하다,

"수보리여, 그대는 어떻게 생각하는가?
여래가 연등부처님 계신 곳에서 그 어떤 고정된 법이 있어 최상 깨달음인 아누다라삼막삼보리인 무상정등각을 얻었느냐?"
이와 같이 말하자 수보리가 세존에게 말씀드렸다.
"아닙니다. 세존이시여! 세존께서 설하신 것을 제가 이해하기로는, 부처님께서 연등 부처님, 아라한, 정등각 계신 곳에 어떤 법이 있어 최상의 깨달음인 무상정등각을 얻은 것은 아닙니다."
부처님께서 말씀하셨다.
"사실 그러하니라. 수보리여, 참으로 어떤 고정된 법이 있어 여래께서 최상 깨달음인 아누다라삼막삼보리를 얻은 것이 아니다.
수보리야, 만약 여래께서 어떤 법이 있어 아누다라삼막삼보리를 얻었다면, 연등 부처님께서 나에게 "그대 젊은이는 다가올 미래에 마땅히 부처가 되리니, 그 이름을 '석가모니'라고 하리라" 는 수기(授記)를 주지 않았을 것이다.
그러나 수보리여, 실로 어떤 법이 있어 최상의 깨달음인 아누다라삼막삼보리를 얻은 것이 아니니라.
실로 그 어떤 고정된 법도 없기 때문에 나는 연등 부처님께서 '그대 젊은이는 다가올 미래세에 부처가 되리니, 그 이름을 석가모니라고 하리라.' 라고 수기(授記)를 주셨느니라."

해 석

마나바(Māṇava)는 결혼하지 않은 젊은 학생인 젊은이를 말한다.

[鳩摩羅什]

須菩提 於意云何 如來 於燃燈佛所 有法 得阿耨多羅三藐三菩提不 不也世尊 如我解佛所說義

수보리 어의운하 여래 어연등불소 유법 득아누다라삼막삼보리부 불야세존 여아해불소설의

佛於燃燈佛所 無有法 得阿耨多羅三藐三菩提 佛言 如是如是 須菩提 實無有法 如來得阿耨多羅三藐三菩提

불어연등불소 무유법 득아누다라삼막삼보리 불언 여시여시 수보리 실무유법 여래득아누다라삼막삼보리

須菩提 若有法 如來得阿耨多羅三藐三菩提者 燃燈佛
卽不與我授記 汝於來世 當得作佛 號釋迦牟尼
수보리 약유법 여래득아누다라삼막삼보리자 연등불
즉불여아수기 여어내세 당득작불 호석가모니
以實無有法 得阿耨多羅三藐三菩提 是故 燃燈佛 與我授記 作是言
汝於來世 當得作佛 號釋迦牟尼
이실무유법 득아누다라삼막삼보리 시고 연등불 여아수기 작시언
여어내세 당득작불 호석가모니

[玄奘]
佛告善現 於汝意云何 如來昔於然燈如來應正等覺所
頗有少法能證阿耨多羅三藐三菩提不 作是語已具壽善現白佛言
불고선현 어여의운하 여래석어연등여래응정등각소
파유소법능증아누다라삼막삼보리불 작시어이구수선현백불언
世尊如我解佛所說義者 如來昔於然燈如來應正等覺所 無有少法
能證阿耨多羅三藐三菩提 說是語已佛告具壽善現言 如是如是
세존여아해불소설의자 여래석어연등여래응정등각소 무유소법
능증아누다라삼막삼보리 설시어이불고구수선현언 여시여시
善現 如來昔於然燈如來應正等覺所 無有少法能證阿耨多羅三藐
三菩提 何以故 善現 如來昔於然燈如來應正等覺所 若有少
선현 여래석어연등여래응정등각소 무유소법능증아누다라삼막
삼보리 하이고 선현 여래석어연등여래응정등각소 약유소
法能證阿耨多羅三藐三菩提者 然燈如來應正等覺 不應授我記言
汝摩納婆於當來世 名釋迦牟尼如來應正等覺
법능증아누다라삼막삼보리자 연등여래응정등각 불응수아기언
여마납파어당내세 명석가모니여래응정등각
善現 以如來無有少法能證阿耨多羅三藐三菩提 是故然燈如來應
正等覺 授我記言汝摩納婆於當來世名釋迦牟尼如來應正等覺
선현 이여래무유소법능증아누다라삼막삼보리 시고연등여래응
정등각 수아기언여마납파어당내세명석가모니여래응정등각

तत्कस्य हेतोः ।
तथागत इति सुभूते ।
भुात तथतााया एतद् अधिवचनं ।

Tatkasya hetoḥ |
Tathāgata iti Subhūte |
bhūta tathatāyā etad adhivacanam |

타트 카스야 헤토우/
타타가타 이티 수부테/
부타 타타타야 에타드 아디바차남/

타트 : 그것,
카스야 : 누구의,
헤토우 : 왜냐하면,
타타가타 : 여래,
이티 : ~하다,
수부테 : 수보리,
부타타타타야 : 진실한,
에타드 : 이것,
아디바차남 : 다른 이름

이와 같이 말씀하시고, 다시 세존께서 수보리에게 말씀하셨다.
"그와 같으니라, 수보리여,
왜냐하면 여래란 곧 제법(諸法)이 여여(如如)하다는 뜻이기 때문에
그와 같으니라.
즉 여래는 모든 존재의 진실한 모습을 의미하기 때문이다.
수보리여, 여래가 연등여래, 아라한, 무상정등각을 깨달아 얻은
그 어떤 법도 없었느니라."

[鳩摩羅什]

何以故 如來者 即諸法如義

하이고 여래자 즉제법여의

[玄奘]

所以者何 善現 言如來者即是真實真如增語

소이자아 선현 언여래자즉시진실진여증어

यः कश्चित् सुभूात एवं वदेत्ः तथागतेन अर्हता
सम्यक्संवुद्धेन अनुत्तरा सम्यक्संवोधिं
अभिसंबुद्धेति स वितथं वदेत् अभियाच्चकषित
मं स सुभूते असतेद्ग्रृहितेन । तत्कस्य हेतोः ।
नास्ति सुभूते स कश्चित् धर्मे यस् तथागतेन अनुत्तरां
सम्यक्संवोधिं अभिसंबुद्धः ।
यश् च सुभूाते तथागतेन धर्मे अभिसंबुद्धे देशिते वा
तत्रन सत्यं न म्त्रृषा ।
तस्मत् त्थागते भाषते सर्व धर्मा बुद्धधमा इति ।
तत्कस्य हेतेः । सर्व धमा इति सुभूते
अ धमा तथागतेन भाषिता ।
तस्माद् उच्च्यन्ते सर्वधमा बुद्धधमा इति ।

Yaḥ kaścit Subhūta evam vadet:
Tathāgatena arhatāsamyak sambuddhena Anuttarā
samyaksambodhir abhisambuddheti, sa vitatham vadet,
abhyācakā´ta mām sa Subhūte asatodgṛhītena.
Tat kasya hetoḥ|
nāsti Subhūte sa kaścid dharmo yas
Tathāgatena anuttarām samyaksambodhim
abhisambuddhaḥ| yaś ca Subhūte Tathāgatena dharmo
'bhisambuddho deśito vā tatra na satyam na mṛṣā|
tasmāt Tathāgato bhāṣate sarva dharmā Buddhadharmāiti |
tat kasya hetoḥ| sarva dharm. iti Subhūte adharmās
Tathāgatena bhāśitā|
tasmād ucyante sarvadharmā Buddha dharmā iti |

야흐 카스치트 수부테 에밤 바데트
타타가테나 아르하타 삼약삼부테나 아누타라
삼약삼보디르 아비삼부테티, 사 비타탐 바데트,
아브흐야차크시타 맘 사 수부테 아사토드그르히테나/
타트 카스야 헤토흐/
나스티 수부테 사 카스치드 다르모 야스 타타가테나 아누타람
삼약삼보딤
아비삼부따흐/ 야스 차 수부테 타타가테나 다르모
아비삼부또 데시토 바 타트라 나 사트얌 나 므르사/
타스마트 타타가토 바사테 사르바 다르마 부따다르마 이티/
타트 카스야 헤토흐/ 사르바 다르마 이티 수부테 아다르마스
타타가테나 바시타/
타스마드 우츠얀테 사르바다르마 부따 다르미 이티/

야흐:그, 카스치트:어떤,
에밤:이렇게, 바데트:말하는,
타타가테나:여래, 아르하타:아라한,
삼약삼부테나:정등각자,
아누타라:위가 없는,
삼약삼보디르:정등각,
아비삼부테티:철저하게 깨닫다,
사:그는, 비타탐:거짓, 바데트:말하다,
아브흐야차크시타:비방하는, 맘:나를,
아사토:사실이 아닌,
우드그르히테나:집착하는, 타트:그것,
카스야:누구의, 헤토우:왜냐하면,
나:아닌, 아스티:없는, 사:그들,
카스치트:어떤, 다르모:법,

요 : ~의해서,
아누따람 : 위없는,
삼약삼부딤 : 깨달음,
아비삼부따흐 : 철저하게,
야스 : 그것, 차 : 그리고,
아비삼부또 : 철저한, 데시토 : 가르치는,
바 : ~과, 타트라 : 거기에는,
사트얌 : 진실, 므르사 : 거짓,
타스마트 : 그래서, 바사테 : 설하다,
사르바 : 전체, 부따다르마 : 부처님의 법,
이티 : ~이다, 헤토우 : 왜냐하면,
아다르마스 : 법이 아닌, 바시타 : 말하다,
우츠얀테 : 말해지기를, 부따 : 부처님,

세존께서 다시 말씀하셨다.
"수보리여, 만약 어떤이가 말하기를
'여래가 최상의 깨달음인 아누다라삼막삼보리를 얻었다.'
라고 한다면, 그는 거짓을 말하며 사실이 아닌 것에 의해 나를 비방하는 것이다.
그것은 왜냐하면 수보리여, 여래가 아누다라삼막삼보리를 얻었다 하더라도, 실제는 무상정등각을 깨달아야 할 어떤 유법이 있어 여래가 아누다라삼막삼보리를 얻은 것은 없느니라.
수보리여, 여래가 깨달았거나 설한 아누다라삼막삼보리 법에는 그 가운데 진실(實)함도 거짓(虛) 도 없느니라.
그래서 여래는 일체의 법이 불법(佛法)이라고 설한것이다.
수보리여, 일체법(一切法)이라고 말한 것은 일체법이 아닌 까닭에, 그 이름만을 일체법이라고 부를 뿐이니라.
그래서 일체법을 불법(佛法) 이라고 한것이다."라고 하셨다.

[鳩摩羅什]

若有人言 如來得阿耨多羅三藐三菩提

須菩提 實無有法 佛得阿耨多羅三藐三菩提

약유인언 여래득아누다라삼막삼보리

수보리 실무유법 불득아누다라삼막삼보리

須菩提 如來所得阿耨多羅三藐三菩提 於是中 無實無虛

是故 如來說一切法 皆是佛法

수보리 여래소득아누다라삼막삼보리 어시중 무실무허

시고 여래설일체법 개시불법

須菩提 所言一切法者 即非一切法 是故 名一切法

수보리 소언일체법자 즉비일체법 시고 명일체법

[玄奘]

言如來者即是無生法性增語 言如來者即是永斷道路增語

言如來者即是畢竟不生增語

언여래자즉시무생법성증어 언여래자즉시영단도로증어

언여래자즉시필경불생증어

何以故 善現 若實無生即最勝義

善現 若如是說如來應正等覺能證阿耨多羅三藐三菩提者 當知此

하이고 선현 약실무생즉최승의

선현 약여시설여래응정등각능증아누다라삼막삼보리자 당지차

言為不真實 所以者何 善現 由彼謗我起不實執

何以故 善現 無有少法如來應正等覺能證阿耨多羅三藐三菩提

언위불진실 소이자하 선현 유피방아기불실집

하이고 선현 무유소법여래응정등각능증아누다라삼막삼보리

善現 如來現前等所證法 或所說法 或所思法 即於其中非諦非妄

是故如 來說一切法皆是佛法

선현 여래현전등소증법 혹소설법 혹소사법 즉어기중비체비망

시고여 래설일체법개시불법

善現 一切法一切法者 如來說非一切法 是故如來說名一切法一切法

선현 일체법일체법자 여래설비일체법 시고여래설명일체법일체법

तद्यथ अपि नाम सुभूते पुरुषे भवेद् उपेतकाये
महाकायः ।
अयुष्मा् सुभूार्ति आह ।
यो असउ भगवन्स् तथागतेन पुरुषे भाषिता
उपेतकाये महाकायः इति अकायः
स भगवन्स् तथागतेन भाषिताः ।
तेनेच्च्यत उपेतकाये महाकायः इति ।

Tadyath āpi nāma Subhūte puruṣo bhaved
upetakāyo mahākāyaḥ।
āyuṣmān subhṝtir āha ।
yo'sau Bhagavans Tathāgatena puruṣo bhāṣita upetakāyo
mahākāya iti, akāyaḥ sa Bhagavams
Tathāgatena bhāṣitaḥ।
tenocyata upetakāyo mahākāya iti ।

타드야타 아피 나마 수부테 푸루쇼 바베드
우페타카요 마하카야흐/
아유스만 수부티르 아하/
요 아사우 바가반스 타타가테나 푸루쇼 바쉬타 우페타카요
마하카야흐 이티 아카야흐 사 바가반스
타타가테나 바쉬타흐/
테노츠야타 우페타카요 마하카야 이티/

타드:그곳에, 야타:~처럼, 아피:~도,
나마:이름, 푸루쇼:사람, 바베드:존재하다,
우페타카요:갖추어진 몸, 구족한 몸,
마하카야흐:거대한 몸, 아유스만:장로,
수부티르:수보리, 아하:말하다, 요:그것,
아사우:이것, 바가반스:세존, 타타가테나:여래,
바쉬타흐:설하다, 이티:~처럼,
아카야흐:~구족한 몸이나 거대한 몸이 아닌,
사:그것은, 바쉬타흐:설하다, 테나:그래서,
우츠야타:말하다, 마하카야:거대한 몸, 이티:~이다

"수보리여, 예를 들어 비유컨데,
'사람의 몸이 장대하다는 것과 같다.'
수보리가 세존께 말씀드렸다.
"세존이시여! 여래께서 말씀하신 사람의 몸이 장대하다는 것은 곧 큰 몸이 아니라, 그 이름만이 큰 몸이라는 것을 설하셨습니다. 그래서 말하기를 장대한 몸 또는 거대한 몸이라고 한 것입니다."

[鳩摩羅什]

須菩提 譬如人身長大
須菩提言 世尊 如來說人身長大 卽爲非大身 是名大身

수보리 비여인신장대
수보리언 세존 여래설인신장대 즉위비대신 시명대신

[玄奘]

佛告善現 譬如士夫具身大身 具壽善現即白佛言
世尊 如來所說士夫具身大身 如來說為非身 是故說名具身大身

불고선현 비여사부구신대신 구수선현즉백불언
세존 여래소설사부구신대신 여래설위비신 시고설명구신대신

भगवान् आह । एवं एतत् सुभूते ।
ये बेधिसत्तवे एवं वदेद्ः अहं सत्तवा्
परिनिवापइिष्यामिाति न स बेधिसत्त्व इति
वक्तवयः । तत्कस्य हेतोः ।
असति सुभूते स कश्चित् धर्मे ये बेधिसत्तवे नाम ।
भगवान् आह ।
सत्तवाः सत्त्व इति सुभूते असत्तवास् तथागतेन
भाषितास् तेनेच्यते सत्तवा इति । तस्मात् तथागतेन
भाषितास् निरात्मानः सर्वधर्मा निह्सत्त्वाः र्निजिवा
निष्पुद्गलाः सर्वधर्मा इति ।

Bhagavān āha | evam etat Subhūte |
yo bodhisattvo evam
vaded: aham sattvān parinirvāpayiṣyāmīti na sa
bodhisattva iti vaktavyaḥ| tatkasya hetoḥ|
asti Subhūte sa kaścid dharmo yo bodhisattvo nāma |
Subhūir āha |
no hīdam Bhagavan nāsti sa kaścid dharmo yo
bodhisattvo nāma | Bhagavān āha |
sattvāḥ sattvā iti Subhūte asattvās te Thatāgatena
bhāṣitās tenocyate sattvāiti |
tasmāt Tathāgato bhāṣate: nirātmānaḥ sarvadharmā
niḥsattvāḥ nirjīvā niṣpudgalāḥ sarvadharmā iti |

바가반 아하/ 에밤 에타트 수부테/
요 보디사뜨베 에밤
바데드흐 아함 사뜨반 파리니르바파이야미티 나 사
보디사뜨바 이티 박타브야흐/ 타타카스야 헤토우/
아스티 수부테 사 카스치드 다르모 요 부디사뜨보 나마/
수부티르 아하/
노 히담 바가반 나스티 사 카스치드 다르모 요 보디사뜨보 나마/
바가반 아하/
사뜨바흐 사뜨바 이티 수부테 아사뜨바스 테 타타가테나
바쉬타스 테노츠야테 사뜨바 이티/
타스마트 타타가토 바사테 니라트마나흐 사르바다르마
니흐사뜨바흐 니르지바 니스푸드갈라흐
사르바다르마 이티/

에타트 : 정말로,
요 : 그것, 보디사뜨베 : 보살,
바데드흐 : 말하다,
아함 : 나는, 파리 : 완전한,
니르바파이야미 : 열반에 들다,
나 : 아닌, 사 : 그는,
박타브야흐 : 말해지다, 타트 : 그것,
아스티 : 있겠는가?
카스치드 : 어떤, 요 : 즉,
나마 : 이름부르다, 나 : 아닌,
히담 : 참으로 이것, 바가반 : 세존,
나스티 : 없다, 사뜨바흐 : 중생들,
아사뜨바스 : 중생이 아닌,
테 : 그래서, 바쉬타스 : 설하다,

테노:그래서,
우츠야테:말해지다,
타스마트:그러므로, 바사테:설하다,
니라아트마나흐:자아가 없는,
사르바다르마:모든 법, 일체법(一切法)
니흐사뜨바흐:중생이 없는,
니르지바:영혼이 없는,
니스푸르샤:인격적 존재가 없는,
니스푸드갈라흐:개아가 없는,

세존께서 말씀하시기를
" 수보리여, 보살도 역시 이와 같아야 하느니라. "
만약 보살이 말하기를
" 나는 마땅히 한량없는 중생을 멸도에 이르도록 제도할 것이라"
라고 한다면,
" 그는 보살이 아니라, 이름만 보살일뿐이니라."
그것은 수보리여,
실제로는 보살이라고 이름 할 만한 어떤 유법도 없기 때문이니라"
수보리가 대답하기를 "참으로 그렇습니다.
보살이라고 이름 붙일 그 어떠한 유법도 없습니다.
실로 유법에 집착하지 않으므로, 이름이 보살이라 하기 때문이다. "
세존께서 말씀하셨다.
"수보리여 , 중생이라는 것은 중생이 아니라고 여래는 설하셨다.
그래서 말하기를 중생들이라고 한다.
그래서 부처님께서는 '일체법'을 설하시기를
'일체법에는 아상, 인상, 중생상, 수자상이 없느니라. 즉 자아가 없으며 개아가 없고 중생이 없으며 영혼 • 생명이 없다' 라고 설한 것이다."

[鳩摩羅什]

須菩提 菩薩亦如是 若作是言 我當滅度 無量衆生 則不名菩薩

何以故 須菩提 實無有法 名為菩薩

수보리 보살역여시 약작시언 아당멸도 무량중생 즉불명보살

하이고 수보리 실무유법 명위보살

是故 佛說一切法無 我無人無衆生無壽者

시고 불설일체법 무아무인무중생무수자

[玄奘]

佛言善現 如是如是 若諸菩薩作如是言

我當滅度無量有情 是則不應說名菩薩

불언선현 여시여시 약제보살작여시언

아당멸도무량유정 시즉불응설명보살

何以故 善現 頗有少法名菩薩不 善現答言

不也世尊 無有少法名為菩薩 佛告善現 有情有情者。

하이고 선현 파유소법명보살불 선현답언

불야세존 무유소법명위보살 불고선현 유정유정자

如來說非有情故名有情 是故如來說一切法無有有情

無有命者無有士夫無有補特伽羅等

여래설비유정고명유정 시고여래설일체법무유유정

무유명자무유사부무유보특가라등

यः सुभूते बोधिसत्त्व एवं वदेद्ः अहं
क्षेत्रव्युाहन् निष्पादयिष्यामि इति सेऽपि तथैव
वक्तव्यः।
तत्कस्य हेतोः। क्षेत्र व्युाहा क्षेत्र व्युाहा इति सुभूते
ऽ व्युाहास् ते
तथागतेन भाषिताः।
तेनेच्यन्ते क्षेत्र व्युाहा इति।

Yaḥ Subhūte bodhisattva evam vaded: aham
kṣetra vyūhān niṣpādayiṣyāmīti so'pi tathaiva vaktavyaḥ|
tatkasya hetoḥ| kṣetra vyūhā kṣetra vyūhā iti
Subhūte 'vyūhās te Tathāgatena bhāṣitāḥ|
tenocyante kṣetra vyūhā iti |

야흐 수부테 보디사뜨바 에밤 바데드 아함
크세트라 브유한 니스파다이스야미티 소 아피타타이바
바크타브야흐/
타타카스야 헤토우/ 크세트라 브유하 크세트라 브유하 이티
수부테 아브유하스 테 타타가테나 바쉬타흐/
테노츠얀테 크세트라 브유하 이티/

야흐 : 그, 수부테 : 수보리,
보디사뜨바 : 보살,
에밤 : 이와같이, 바데드 : 말하기를,

아함:나는, 크세트라:땅의, 브유하:장엄한,
이티:~이다, 아브유하스:장엄하지 않는,
테:그래서, 타타가테나:여래,
바쉬타흐:설하다, 테노:그래서, 우츠얀테:말해지다,

수보리여, 만약 보살이 말하기를
"내가 마땅히 장엄한 불국토를 장엄하게 하리라' 고 한다면
그도 보살이라고 이름할 수 없느니라.
수보리여, 왜냐하면 그것은 여래가 불국토를 장엄하게 하리라고
설한 것은, 곧 장엄하다는 것이 아니고
그 이름을 장엄일 뿐이라고 하기 때문이니라.
그래서 말하기를 장엄한 불국토를 건설한다는 것은 장엄한
불국토를 건설한 것이 아니니라."

[鳩摩羅什]

須菩提 若菩薩 作是言 我當莊嚴佛土 是不名菩薩
何以故 如來說莊嚴佛土者 卽非莊嚴 是名莊嚴

수보리 약보살 작시언 아당장엄불토 시불명보살
하이고 여래설장엄불토자 즉비장엄 시명장엄

[玄奘]

善現 若諸菩薩作如是言 我當成辦佛土功德莊嚴亦如是說
何以故 善現 佛土功德莊嚴佛

선현 약제보살작여시언 아당성판불토공덕장엄역여시설
하이고 선현 불토공덕장엄불

土功德莊嚴者 如來說非莊嚴
是故如來說名佛土功德莊嚴佛土功德莊嚴

토공덕장엄자 여래설비장엄
시고여래설명불토공덕장엄불토공덕장엄

यः सुभूते बोधिसत्त्वे निरात्माने
धर्मा इति अधिमुचते
स तथागतेन
अर्हता सम्यक्संबुद्धेन बोधि बोधिसत्त्वे
महासत्त्व इति अरव्ययातः ।

Yaḥ Subhūte bodhisattvo nirātmāno
dharm ānirātmāno dharmāity adhimucyate,
sa Tathāgatena
arhatā samyaksambuddhena bodhisattvo
mahāsattva ity ākhyātaḥ।

야흐 수부테 보디사뜨베 니라트마노
다르마 아디므체 이티
사 타타가테나
아르하타 삼약삼부데나 보디사트보 마하싸트보
이티 아크야타

야흐:그,
수부테:수보리,
보디사뜨바:보살,
니라트마노:자아가 없는,
다르마:법, 아디므체:말하다,
이티:~하다, 사:그는,
타타가테나:여래,
아르하타:아라한,
삼약삼부테나:정등각,
보디사트보:보살,
마하싸트보:위대한,
아크야타:말해지다

"수보리여, 만약 어떤 보살이 나와 법이 없음을 막힘없이 설하는 무아의 이치인 무아법(無我法)에 통달한다면,
여래, 아라한, 정등각은 그를 보살 마하살인 '위대한 보살'이라고 이름하여 부르리라."

[鳩摩羅什]

須菩提 若菩薩 通達無我法者 如來說名眞是菩薩

수보리 약보살 통달무아법자 여래설명진시보살

[玄奘]

善現 若諸菩薩於無我法無我法深信解者

如來應正等覺說為菩薩菩薩

선현 약제보살어무아법무아법심신해자

여래응정등각설위보살보살

제18분 일체동관분(一切同觀分)

· 의식의 흐름을 꿰뚫어 모든 사물의 한 몸을 한 가지로 동일하게 보다.

भगवान् आह । तत्किं मन्यसे सुभूते संविद्यते तथागतस्य मांस चक्षु ।
सुभूर्ते आह । एवं एतद् भगवान् संविद्यते तथागतस्य दिव्यं चक्षुः ।
भगवान् आह । तत्किं मन्यसे सुभूते संविद्यते तथागतस्य दिव्यं चक्षुः ।
सुभूर्ते आह । एवं एतद् भगवान् संविद्यते तथागतस्य दिव्यं चक्षुः ।
भगवान् आह । तत्किं मन्यसे सुभूते संविद्यते तथागतस्य प्रज्ञ चक्षुः ।
सुभूर्ते आह । एवं एतद् भगवान् संविद्यते तथागतस्य प्रज्ञ चक्षुः ।
भगवान् आह । तत्किं मन्यसे सुभूते संविद्यते तथागतस्य धर्म चक्षुः ।
सुभूर्ते आह । एवं एतद् भगवान् संविद्यते तथागतस्य धर्म चक्षुः ।
भगवान् आह । तत्किं मन्यसे सुभूते संविद्यते तथागतस्य बुद्ध चक्षुः ।
सुभूर्ते आह । एवं एतद् भगवान् संविद्यते तथागतस्य बुद्ध चक्षुः ।

Bhagavān āha | tatkim manyase Subhūte samvidyate
Tathāgatasya māmsa cakṣuḥ| Subhūtir āha | evam etad
Bhagavan samvidyate Tathāgatasya māmsa cakṣuḥ|
Bhagavān āha | tatkim manyase Subhūte samvidyate
Tathāgatasya divyam cakṣuḥ| Subhūtir āha | evam etad
Bhagavan samvidyate Tathāgatasya divyam cakṣuḥ|
Bhagavān āha | tatkim manyase Subhūte samvidyate
Tathāgatasya prajñā cak ṣuḥ| Subhūtir āha | evam etad
Bhagavan samvidyate Tathāgatasya prajñācak ṣuḥ|
Bhagavān āha | tatkim manyase subhṝte saµvidyate
Tathāgatasya dharma cakṣuḥ| Subhūtir āha | evam etad
bhagavan samvidyate Tathāgatasya dharma cak ṣuḥ|
Bhagavān āha | tatkim manyase Subhūte samvidyate
Tathāgatasya buddha cakṣuḥ| Subhūtir āha | evam etad
Bhagavan samvidyate Tathāgatasya buddha cakṣuḥ|

바가반 아하/ 타트킴 만야세 수부테 삼비드야테
타타카스야 맘사 차크슈흐/ 수부티르 아하/ 에밤 에타드 바가반
삼비드야테 타타카스야 맘사 차크슈흐/
바가반 아하/ 타트킴 만야세 수부테 삼비드야테
타타카스야 디브야 차크슈흐/ 수부티르 아하/ 에밤 에타드
바가반 삼비드야테 타타카스야 디브야 차크슈흐/
바가반 아하/ 타트킴 만야세 수부테 삼비드야테
타타카스야 프라그야 차크슈흐/ 수부티르 아하/ 에밤 에타드
바가반 삼비드야테 타타카스야 프라그야 차크슈흐/
바가반 아하/ 타트킴 만야세 수부테 삼비드야테
타타카스야 다르마 차크슈흐/ 수부티르 아하/ 에밤 에타드
바가반 삼비드야테 타타카스야 다르마 차크슈흐/
바가반 아하/ 타트킴 만야세 수부테 삼비드야테
타타카스야 붓다 차크슈흐/ 수부티르 아하/ 에밤 에타드
바가반 삼비드야테 타타카스야 붓다 차크슈흐/

바가반:세존, 아하:말하다,
킴:무엇, 만야세:생각하다,
수부테:수보리, 삼비드야테:존재하다,
타트:그것, 카스야:누구의, 프라그야:지혜(慧),
차크슈흐:눈, 수부티르:수보리,
에밤: 이와같이, 에타드:진실로, 바가반:세존,
비드야테:존재하다, 다르마:법, 붓다:부처, 깨달은 이,

세존께서 말씀하셨다. "수보리여, 그대 생각은 어떠한가?
여래가 육안(肉眼)을 가졌다고 생각하는가?"
수보리가 대답하였다.
"참으로 그렇습니다 세존이시여! 여래께서는 육안을 가졌습니다."
세존께서 말씀하셨다. "수보리여, 그대 생각은 어떠한가?
여래는 천안(天眼)을 가졌다고 생각하는가?"
수보리가 대답하였다.
"참으로 그렇습니다. 세존이시여! 여래께서는 천안을 가졌습니다."
세존께서 말씀하셨다. "수보리여, 그대 생각은 어떠한가?
여래는 혜안(慧眼)을 가졌다고 생각하는가?"
수보리가 대답하였다.
"참으로 그렇습니다. 세존이시여! 여래께서는 혜안을 가졌습니다."
세존께서 말씀하셨다. "수보리여, 그대 생각은 어떠한가?
여래는 법안(法眼)을 가졌다고 생각하는가?"
수보리가 대답하였다.
"참으로 그렇습니다. 세존이시여! 여래께서는 법안을 가졌습니다."
세존께서 말씀하셨다. "수보리여, 그대 생각은 어떠한가?
여래는 불안(佛眼)을 가졌다고 생각하는가?"
수보리가 대답하였다.
"참으로 그렇습니다. 세존이시여! 여래께서는 불안을 가졌습니다."

[鳩摩羅什]

須菩提 於意云何 如來有肉眼不 如是世尊 如來有肉眼
須菩提 於意云何 如來有天眼不

수보리 어의운하 여래유육안부 여시세존 여래유육안
수보리 어의운하 여래유천안부

如是世尊 如來有天眼 須菩提 於意云何 如來有慧眼不
如是世尊 如來有慧眼

여시세존 여래유천안 수보리 어의운하 여래유혜안부
여시세존 여래유혜안

須菩提 於意云何 如來有法眼不 如是世尊 如來有法眼
須菩提 於意云何 如來有佛眼不 如是世尊 如來有佛眼

수보리 어의운하 여래유법안부 여시세존 여래유법안
수보리 어의운하 여래유불안부 여시세존 여래유불안

[玄奘]

佛告善現 於汝意云何 如來等現有肉眼不
善現答言 如是世尊 如來等現有肉眼 佛言善現

불고선현 어여의운하 여래등현유육안불
선현답언 여시세존 여래등현유육안 불언선현

於汝意云何 如來等現有天眼不 善現答言
如是世尊 如來等現有天眼 佛言善現 於汝意云何

어여의운하 여래등현유천안불 선현답언
여시세존 여래등현유천안 불언선현 어여의운하

如來等現有慧眼不 善現答言
如是世尊 如來等現有慧眼 佛言善現 於汝意云何 如來等現有法眼不

여래등현유혜안불 선현답언
여시세존 여래등현유혜안 불언선현 어여의운하 여래등현유법안불

善現答言 如是世尊 如來等現有法眼 佛言善現 於汝意云何
如來等現有佛眼不 善現答言 如是世尊 如來等現有佛眼

선현답언 여시세존 여래등현유법안 불언선현 어여의운하
여래등현유불안불 선현답언 여시세존 여래등현유불안

भगवान् आह ।
तत्किं मन्यसे सुभूते यावन्त्ये गाङ्गयां महा नद्या
वालुका अपि नु ता वालुकास् तथागतेन भाषितः ।
सुभूर्ति आह ।
एवं एतद् भगवान् एवं एतद सुगत भाषितस् तथागतेन
वालुकाः ।
भगवान् आह ।
तत्किं मन्यसे सुभूते यावन्त्ये गाङ्गयां महा नद्या
वालुका तावन्त्य एव गाङ्गानद्ये भवेयः तासु या
वालुकास् तावन्तश्च लेकधातवे भवेयुः
कच्चिद् बहवस् ते लेकधातवे भवेयः ।
सुभूर्ति आह ।
एवं एतद् भगवान् एवं एतत् सुगत बहवस् ते
लेकधातवे भवेयः ।
सुभूर्ति आह ।
यावन्तः सुभूते तेषु लेकधातेषु सत्त्वास् तेषं अहं
नानाभावां चत्तसधारां प्रजानामि ।
तत्कस्य हेतोः ।चित्त धारा चित्त धारेति ।
तत्कस्य हेतोः ।
अतितं सुभूते चित्तं नेपाभ्यते ।
अनागतं चित्तं नेपाभ्यते ।
प्रत्युत्पन्नं चित्तं नेपाभ्यते ।

Bhagavān āha । tatkim manyase Subhūte yāvantyo Gaṅgāyām mahā nadyām vālukā, api nu tāvālukās Tathāgatena bhāṣitāḥ ।
Subhūtir āha । evam etad Bhagavann evam etat sugata bhāṣitās Tathāgatena vālukāḥ।
Bhagavān āha । tatkim manyase Subhūte yāvantyo Gaṅgāyām mahānadyām vālukās tāvantya eva Gaṅgānadyo bhaveyuḥ, tāsu yāvālukās tāvantaś ca lokadhātavo bhaveyuḥ,
kaccid bahavas te lokadhātavo bhaveyuḥ।
Subhūtir āha । evam etad Bhagavann, evam etat sugata, bahavas te lokadhātavo bhaveyuḥ।
Bhagavān āha । yāvantaḥSubhūte teṣām lokadhāteṣu sattvās teṣām aham nānābhāvām cittadhārām prajānāmi ।
tatkasya hetoḥ। citta dhārā citta dāreti Subhūte adhāraiṣā Tathāgatena bhāṣitās tenocyate citta dhāreti ।
tatkasya hetoḥ।
atītam Subhūte cittam nopalabhyate । anāgataμ cittam nopalabhyate pratyutpannam cittam nopalabhyate ।

바가반 아하/ 타트 킴 만야세 수부테 야반트요 강가얌 마하 나드얌 바쿨라, 아피 누 타 바쿨라스 타타가테나 바시타흐/
수부티르 아하/ 에밤 에타드 바가반 에밤 에타드 수가타 바시타스 타타가테나 바쿨라흐/
바가반 아하/ 타트킴 만야세 수부테 야반트요 강가얌 마하나드얌 바루카스 타반트야 에바 강가나드요 바베유흐, 타수 야 바루카스 타반타스 차 로카다타보 바베유흐
카찌드 바하바스 테 로카다타보 바베유흐/

수부티르 아하/
에밤 에타드 바가반 에밤 에타트 수가타,
바하바스 테 로카다타보 바베유흐/
바가반 아하/ 야반타흐 수부테 테수 로카다테수
사뜨바스 테삼 아함 나나바밤 치따다람 프라자남/
타트카스야 헤토흐/ 치따 다라 치따 다레티 수부테
아다라이사 타타가테나 바시타스 테노츠야테 치따 다레티/
타타카스야 헤토흐/
아티탐 수부테 치땀 노파라브야테/
아나가탐 치땀 노파라브야테/
프라트유트판남 치땀 노파라브야테/

야반트요 : ~만큼, 나드얌 : 강,
바쿨라 : 모래, 아피 : ~도, 누 : 참으로, 타 : 그들,
바쿨라 : 모래, 바시타흐 : 설하다, 수가타 : 선서,
타트 : 그것, 킴 : 무엇, 야반트요 : ~만큼,
강가얌 : 갠지스 강, 바루카스 : 모래알,
타반트야 : 그 만큼의, 강가나드요 : 강들의,
바베유흐 : 있다고 한다면, 되겠는가?
타수 : 거기에, 야 : 있는,
타반타스 : 그 만큼의, 로카다타보 : 세계들이,
카찌드 : 어떻게, 바하바스 : 많은 것,
테 바하바스 테 로카다타보 : 세계들의,
야반타흐 : 그럼에도, 테수 : 그들,
로카다테수 : 그들 세계, 나나바밤 : 여러가지,
치따다람 : 마음의 흐름, 프라자남 : 지혜로서,
치따 다레티 : 마음의 흐름,
아다라이사 : 아니다, 치땀 : 마음,
테노츠야테 : 그렇기 때문에, 티탐 : 과거,
아나가탐 : 미래, 노파라브야테 : 얻을 수 없다,
프라트유트판남 : 현재,

해 석

강가얌 마하 나드얌 바쿨라(Gaṅgāyām mahā nadyām vālukā) “갠지스 강의 큰 강에 있는 모든 모래알” 이란
갠지스 강의 수많은 모래알과 같은 많은 보물을 보시하더라도
사구게 한구절을 다른 이에게 알려주는 것이 공덕이 크다는 것이다.
치따 다라(Citta dhārā)는 의식 또는 마음의 흐름이다.

세존께서 말씀하셨다. “수보리여, 갠지스강의 큰 강에 있는 모래알, 그 모래알들에 대하여 여래가 설했다고 생각하느냐?”
수보리가 대답하였다.
“참으로 그렇습니다. 세존이시여! 깨달음에 이르신 분이시여, 여래께서는 모래알들에 대하여 설하셨습니다.”
세존께서 말씀하셨다.
“수보리여, 큰 갠지스강에 있는 모래알 만큼의 갠지스강이 있고, 이 모든 갠지스강의 모래알 수만큼의 부처님의 세계가 있다면 그 세계가 참으로 많다고 생각하겠느냐?”
수보리가 대답하였다. “참으로 대단히 많습니다. 세존이시여! 깨달음에 이르신 분이시여, 그 세계들은 많습니다.”

부처님께서 수보리에게 말씀하셨다.
“수보리여, 그 세계에 존재하는 여러 중생들의 가지가지의 '마음의 흐름'을 여래는 지혜로서 다 알고 있느니라.
수보리여, 왜냐하면 여래는 모든 '마음의 흐름'을 '마음의 흐름'이라고 말하지만, 이것은 '마음의 흐름'이 아니라,
그 이름이 '마음의 흐름'일 뿐이라고 여래는 말했기 때문이니라.
왜냐하면 수보리여,
그것은 과거의 '마음의 흐름'도 얻을수 없고,
현재의 '마음의 흐름'도 얻을 수 없으며,
미래의 '마음의 흐름'도 얻을 수 없기 때문이니라.”

[鳩摩羅什]

須菩提 於意云何 如恒河中所有沙 佛說是沙不 如是世尊
如來說是沙 須菩提 於意云何

수보리 어의운하 여항하중소유사 불설시다부 여시세존
여래설시사 수보리 어의운하

如一恒河中所有沙 有如是沙等恒河 是諸恒河所有沙數
佛世界 如是 寧爲多不 甚多世尊

여일항하중소유사 유여시사등항하 시제항하소유사수
불세계 여시 영위다부 심다세존

佛告須菩提 爾所國土中 所有衆生 若干種心 如來悉知
何以故 如來說諸心 皆爲非心 是名爲心 所以者何

불고수보리 이소국토중 소유중생 약간종심 여래실지
하이고 여래설제심 개위비심 시명위심 소이자하

須菩提 過去心不可得 現在心不可得 未來心不可得

수보리 과거심불가득 현재심불가득 미래심불가득

[玄奘]

佛告善現 於汝意云何 乃至殑伽河中所有諸沙 如來說是沙不

善現答言 如是世尊

불고선현 어여의운하 내지긍가하중소유제사 여래설시사불

선현답언 여시세존

如是善逝 如來說是沙 佛言善現 於汝意云何

乃至殑伽河中所有沙數 假使有如是等殑伽河乃至

여시선서 여래설시사 불언선현 어여의운하

내지긍가하중소유사수 가사유여시등긍가하내지

是諸殑伽河中所有沙數 假使有如是等世界 是諸世界寧為多不

善現答言 如是世尊 如是善逝

시제긍가하중소유사수 가사유여시등세계 시제세계영위다불

선현답언 여시세존 여시선서

是諸世界其數甚多 佛言善現 乃至爾所諸世界中所有有情

彼諸有情各有種種 其心流注我 悉能知

시제세계기수심다 불언선현 내지이소제세계중소유유정

피제유정각유종종 기심유주아 실능지

何以故 善現 心流注心流注者 如來說非流注

是故如來說名心流注心流注

하이고 선현 심류주심류주자 여래설비류주

시고여래설명심류주심류주

所以者何 善現 過去心不可得 未來心不可得 現在心不可得

소이자하 선현 과거심불가득 미래심불가득 현재심불가득

제19분 법계통화분(法界通化分)

· 법계 모두를 교화하여
상을 떠난 공덕을 쌓다.

तत्किं मन्यसे सुभूाते यः कश्चित कुल पुत्रो
वा कुल दुहिता वेमं त्रिसाहस्त्रमहासाहस्त्रं
लेकधातुं सप्त रत्न परिपुर्णं कृत्वा तथागतेभ्येऽ
ऽर्हद्भ्यः सम्यक्संवुद्धेभ्येः
दानं दद्याद् अपि तु स कुल पुत्रो वा कुल दुहिता वा
ततो निदाानं बहु पुण्य स्कन्धं प्रसुनुयात्।
सुभूार्ति आह।
बहु भगवान् बहु सुगत।
भगवान् आह।
एवं एतत् सुभूाते एवं एतत् बहु स कुल पुत्रो वा
कुल दुहिता वा ततो निदाानं पुण्य स्कन्धं प्रसुनुयाद्
तत्कस्य हेतोः।
पुण्य स्कन्धः पुण्य स्कन्धः इति सुभूाते
अ स्कन्धः स तथागतेन भाषितः।
तेनेच्यते पुण्य स्कन्ध इति।
सचेत् सुभूाते पुण्य स्कन्धेऽभविष्य्
न तथागतेऽभविष्य् पुण्य स्कन्ध इति।

Tat kim manyase Subhūte yaḥ kaścit kulaputro
vā kuladuhitā vemam trisāhasramahāsāhasram lokadhātum sapta ratna paripūrṇam kṛtvā Tathāgatebhyo'rhadbhyaḥ samyaksambuddhebhyo dānam dadyād api nu sa kulaputro vā kuladuhitā vā tato nidānam bahu
puṇya skandham prasunuyāt |
Subhūtir āha | bahu Bhagavan bahu sugata |Bhagavān āha |
evam etat Subhūte evam etad bahu sa kulaputro
vā kuladuhitā vā tato nidānam puṇya skandham
prasunuyād. tatkasya hetoḥ |
puṇya skandhaḥ puṇya skandha iti Subhūte a skandhaḥ
sa Tathāgatena bhāṣitaḥ | tenocyate puṇya skandha iti |
sacet Subhūte puṇya skandho'bhaviṣyan, na Tathāgato'bhāṣiṣyat puṇya skandhaḥ puṇya skandha iti |

타트 킴 만야세 수부테 야흐 카스치트 쿨라푸트로
바 쿨라두히타 베만 트리사하스라마하사하스람 로카다툼
사프타 라트나 파리푸르남 크르트바 타타가테브요 아르하드브야
사먁삼부떼브요 다남 다드야드 아삐 누 사
쿨라푸트로 바 쿨라두히타 바 타토 니다남 바후
푼야 스칸담 프라수누야트/
수부티르 아하/ 바후 바가반 바후 수가타/ 바가반 아하/
에밤 에타트 수부테 에밤 에타트 바후 사 쿨라푸트로
바 쿨라두히타 바 타토 니다남 푼야 스칸담
프라수누야드 타트카스야 헤토우/
푼야 스칸다흐 푼야 스칸다 이티 수부테 아 스칸다흐
사 타타가테나 바시타흐/ 테노츠야테 푼야 스칸다 이티/
사체트 수부테 푼야 스칸도 아 바비스얀 나 타타가토
아바시스얀트 푼야 스칸다흐 푼야 스칸다 이티/

타트:그것, 킴:무엇,
만야세:생각하다,
야흐:~에 관해서는, 카스치트:어떤,
쿨라푸트로:선남자(善男子), 바:~와 같이,
쿨라두히타:선여인(善女人), 베만:만약,
트리:3, 사하스라:1000, 마하:큰,
사하스람:1000, 로카다툼:세계,
삼천대천세계(三千大千世界),
사프타:7, 라트나:보석,
파리푸르남:가득찬, 크르트바:~되다,
타타가테브요:여래들,
아르하드브야흐:아라한들,
삼약삼부떼브요:정등각자(正等覺者)들,
다남:보시, 다드야드:행하다,
아피 누:참으로, 사:그,
타토:이것에, 니다남:~인하여,
바후:많은, 푼야:공덕,
스칸담:무더기, 프라수누야트:쌓여진,
수부티르:수보리, 아하:말하다,
바가반:세존, 수가타:좋은,
에밤:참으로, 에타트:그러한,
프라수누야드:쌓다, 타트:그것, 카스야:누구의,
헤토우:왜냐하면, 스칸다흐:무더기,
스칸다:무더기, 이티:~하다,
아스칸다흐:공덕의 무더기가 없는,
바시타흐:설하다, 테노:그래서,
우츠야테:말해지기를, 스칸다:쌓임, 무더기,
사체트:만일, 아바비스얌:실재한다면,
나:아닌, 타타가토:여래는,
아바시스얀트:설하다, 스칸다흐:무더기,

“수보리여, 그대는 어떻게 생각하는가?
만약 어떤 사람이 삼천대천세계에 가득한 일곱가지 보물로
여래, 아라한, 정등각들께 널리 보시를 행한다면,
그 사람은 이 인연으로 인하여 복을 많이 얻는다고 생각하겠는가?"
"그렇습니다. 세존이시여! 깨달음에 이르신 분이시여!
그 사람은 그 인연으로 인하여 복을 많이 얻는다고 하겠습니다.”

세존께서 말씀하셨다. “그와 같으니라. 수보리여,
만약 그 복덕이 실체있는 참된 것이라면, 여래께서 '복덕을 많이 얻을 것이다'라고 설하지 않았을 것이니라. 복덕이 본래 실체가 없기 때문에 여래는 복덕을 많이 얻을 것이다라고 설한 것이니라."

[鳩摩羅什]
須菩提 於意云何 若有人 滿三千大千世界七寶 以用布施
是人 以是因緣 得福多不 如是世尊
수보리 어의운하 약유인 만삼천대천세계칠보 이용보시
시인 이시인연 득복다부 여시세존
此人 以是因緣 得福甚多 須菩提 若福德有實
如來不說得福德多 以福德無故 如來說得福德多
차인 이시인연 득복심다 수보리 약복덕유실
여래불설득복덕다 이복덕무고 여래설득복덕다
[玄奘]
佛告善現 於汝意云何 若善男子或善女人
以此三千大千世界盛滿七寶奉施如來應正等覺 是善男子或善女人
불고선현 어여의운하 약선남자혹선여인
이차삼천대천세계성만칠보봉시여래응정등각 시선남자혹선여인
由是因緣所生福聚寧為多不 善現答言 甚多世尊 甚多善逝 佛言善現
如是如是 彼善男子或善女人 由此因緣所生福聚其量甚多
유시인연소생복취영위다불 선현답언 심다세존 심다선서 불언선현
여시여시 피선남자혹선여인 유차인연소생복취기량심다
何以故 善現 若有福聚如來不說福聚福聚
하이고 선현 약유복취여래불설복취복취

제20분 이색이상분(離色離相分)

· 부처의 육신인 형상을 떠나
부처의 실상을 참답게 보라.

तत्किं मन्यसे सुभूते रुपकाय
परिनिष्पत्त्या तथागतो द्रष्टव्यः।
सुभूर्ति अह। ने हीदं भगवान् न रुप काय
परिनष्पत्त्या तथागतो द्रष्टव्यः।
तत्कस्य हेतोः।
रुप काय परिनष्पर्त्तिर्य इति भगवान् अपरिनष्पर्त्तिर्य
एषा तथागतोन भाषिता।
तेनेच्यते रुप काय परिनष्पर्त्तिर्य इति।

Tat kim manyase Subhūte rūpa kāya
pariniṣpattyāTathāgato draṣṭavyaḥ|
Subhūtir āha | no hīdam Bhagavan, na rūpa kāya
pariniṣpattyā Tathāgato draṣṭavyaḥ| tatkasya hetoḥ|
rūpa kāya pariniṣpattī rūpa kāya pariniṣpattī iti Bhagavan
apariniṣpattir eṣā Tathāgatena bhāṣit. |
tenocyate rūpa kāya pariniṣpattir iti |

타트 킴 만야세 수부테 루파 카야
파리니스파뜨야 타타가토 드라쉬타브야흐/
수부티르 아하/ 노 히담 바가반 나 루파 카야
파리니스파뜨야 타타가토 드라쉬타브야흐/ 타트 카스야 헤토우/
루파 카야 파리니스파띠 루파 카야 파리니스파띠르 이티 바가반
아파리니스파띠르 에사 타타가테나 바쉬타/
테노츠야테 루파 카야 파리니스파띠르 이티/

타트:그것, 킴:무엇, 만야세:생각하다,
루파:색(色), 형상, 카야:몸, 파리:원만한,
니스:바깥의, 파뜨야:완전한, 드라쉬타브야흐:보여지다,
카스야:누구의, 아:아닌, 에사:이것은,
바쉬탸:설해지다, 테나우츠야테:그러하기 때문에,

"수보리여, 그대 생각은 어떠한가?
색신(色身) 즉 완전한 육신을 갖춘 형상있는 몸이라고 부처님이라 볼 수 있겠는가?"
수보리가 대답하였다. "그렇지 않습니다. 세존이시여!
구족색신 즉 '완전한 육신을 갖춘 형상 있는 몸'이라고 여래라고 볼 수는 없습니다. 왜냐하면 세존이시여!
여래께서 말씀하신 완전한 육신을 갖춘 구족색신(具足色身)은 곧 구족색신이 아니고, 그 이름만이 구족색신일 뿐이기 때문입니다.

[鳩摩羅什]
須菩提 於意云何 佛可以具足色身見不
不也世尊 如來不應以具足色身見
수보리 어의운하 불가이구족색신견부
불야세존 여래불응이구족색신견
何以故 如來說具足色身 卽非具足色身 是名具足色身
하이고 여래설구족색신 즉비구족색신 시명구족색신
[玄奘]
佛告善現 於汝意云何 可以色身圓實觀如來不
善現答言 不也世尊 不可以色身圓實觀於如來
불고선현 어여의운하 가이색신원실관여래불
선현답언 불야세존 불가이색신원실관어여래
何以故 世尊 色身圓實色身圓實者 如來說非圓實
是故如來說名色身圓實色身圓實佛告善現
하이고 세존 색신원실색신원실자 여래설비원실
시고여래설명색신원실색신원실불고선현

भगवान् आह ।
तत्किं मन्यसे सुभूते लक्षण संपदा तथागतो द्रष्टव्यः । सुभूतिर् अह । ने हीदं भगवान् न लक्षण संपदा तथागतो द्रष्टव्यः । तत्कस्य हेतोः । यैष भगवं । लक्षण संपदा तथागतेन भाषिता अलक्षण संपदा एषा तथागतेन भाषिता ।
तेनेच्यते लक्षण संपदा इति ।

Bhagavān āha | tatkim manyase Subhūte lakṣaṇa sampadā Tathāgato draṣṭavyaḥ| Subhūtir āha | no hīdam Bhagavan na lakṣaṇa sampadā Tathāgato draṣṭavyaḥ| tatkasya hetoḥ| yaiṣā Bhagavam | lakṣaṇa sampadā Tathāgatena bhāṣitā, a lakṣaṇa sampadā eṣā Tathāgatena bhāṣitā | tenocyate lakṣaṇa sampadā iti |

바가반 아하/ 타트 킴 만야세 수부테 라크사나 삼파다 타타가테나 드라쉬타브야흐/ 수부티르 아하/ 노 히담 바가반 나 라크사나 삼파다 타타가토 드라쉬타브야흐/ 타트카스야 헤토흐/ 야이사 바가밤/ 라크사나 삼파트 타타가테나 바쉬타, 아라크사나 삼파드 에사 타타가테나 바쉬타/ 테노츠야테 라크사나 삼파드 이티/

아하 : 말하다, 타트 : 그것, 킴 : 무엇,
만야세 : 생각하다, 수부테 : 수보리, 라크사나 : 특성,
삼파다 : 32인상, 타타가테나 : 여래,
드라쉬타브야흐 : 보여지다, 카스야 : 누구의,
헤토우 : 왜냐하면, 야이샤 : 이것, 바쉬타 : 설하다,
아 : 아닌, 테나우츠야테 : 그러하기 때문에, 이티 : ~이다

세존께서 말씀하셨다.
"수보리여, 그대 생각은 어떠한가? 32가지의 육체적 거룩한 모습을 갖추었다고 여래라고 볼 수 있다고 생각하는가?"
수보리가 대답하였다. "그렇지 않습니다. 세존이시여!
32가지의 거룩한 모습을 갖추었다고 하여 여래라고 볼 수는 없습니다.
왜냐하면 세존이시여! 32가지의 육체적 거룩한 모습은 32가지의 거룩한 모습을 갖춤이 아니라,
이름만이 거룩한 모습이라고 여래께서 말씀하셨기 때문입니다.
그러므로 '32가지의 거룩한 모습' 이라고 말합니다
즉 여래께서 설한 제상구족 즉 '모든 모습이 거룩히 갖추어짐'은 곧 제상구족이 아니고, 그 이름만을 제상구족이라 합니다.

해 석

라크사나 삼파다 (Lakṣaṇa sampadā)는 32가지의 육체적으로 거룩한 모습을 말한다. 어떠한 것도 부정하면서도 이러한 상에 대해 표현하고도 아무리 부정하지만 외부의 요인에 의해 휘둘리지 않는 가르침을 반복하여 말하는 것이리라. 인도에서는 수행자의 등급에 따라 옷색깔이 달라진다. 흰옷과 주황색옷 그리고 나중에는 옷을 입지 않는 것 까지로 나뉘어진다.

[鳩摩羅什]

須菩提 於意云何 如來可以具足諸相見不 不也世尊 如來不應以具足諸相見 何以故 如來說諸相具足 卽非具足 是名諸相具足

수보리 어의운하 여래가이구족제상견부 불야세존 여래불응이 구족제상견 하이고 여래설제상구족 즉비구족 시명제상구족

[玄奘]

佛告善現 於汝意云何 可以色身圓實觀如來不 善現答言 不也世尊 不可以色身圓實觀於如來 何以故 世尊 色身圓實色身圓實者

불고선현 어여의운하 가이색신원실관여래불 선현답언 불야세존 불가이색신원실관어여래 하이고 세존 색신원실색신원실자

如來說非圓實 是故如來說名色身圓實色身圓實佛告善現

여래설비원실 시고여래설명색신원실색신원실불고선현

제21분 비설소설분(非說所說分)

· 설함이 없이 설하니
설함은 설한 바가 아니다.

भगवान् आह । तत्किं मन्यसे सुभूाते अपि नु तथागतस्यैवं भवति मया धर्म देशित इति ।
सुभूर्ति अह । ने हीदं भगवान् न तथागतस्यैवं भवति मया धर्म दशित इति ।
भगवान् आह । यः सुभूाते एवं वदेत् तथागतेन धर्म दशित इति स वितथं वदेद् अभ्याचकषित मं स सुभूाते ऽसतोद्गृहीतेन । तत्कस्य हेतोः ।
धर्म देशना धर्म देशनेति सुभूाते नास्ति कश्चिद् धर्मे ये धम देशना नामेपलभ्यते ।

Bhagavān āha | tatkim manyase Subhūte, api nu Tathāgatasya ivam bhavati: mayā dharmo deśita iti |
Subhūtir āha | no hīādam Bhagavan, na Tathāgatasyaivam bhavati: mayā dharmo deśita iti |
Bhagavān āha | yaḥ Subhūte evam vadet : Tathāgatena dharmo deśita iti, sa vitatham vaded,
abhyācakṣīta mām sa Subhūte'satodgṛhītena |
tatkasya hetoḥ|
dharma deśanā dharma deśaneti Subhūte, nāsti sa kaścid dharmo yo dharma deśanā nāmopalabhyate |

바가반 아하/ 타트 킴 만야세 수부테 아피 누
타타가타스야 이밤 바바티 마야 다르마 데시타 이티/
수부티르 아하/ 노 히담 바가반, 나 타타가타스야이밤 바바티
마야 다르마 다시타 이티/
바가반 아하/ 야흐 수부테 에밤 바데트 타타가테나
다르마 데시타 이티, 사 비타탐 바데트,
아브야차크쉬탐 맘 사 수부테 아사토드그르히테나/
타트카스야 헤토우/
다르마 데사나 다르마 데사네티 수부테 나스티 사 카스치트
다르모 요 다르마 데사나 나모팔라브야테/

타트:그것, 킴:무엇,
만야세:생각하다,
아피 누:참으로,
바바티:생기다, 데시타:가르치다,
히담:참으로, 바바티:생기다,
마야:나에 의해, 야흐:누가,
바데트:말하기를,
사:그, 비타탐:거짓,
아브야차크쉬탐:비방하다,
맘:나를, 아사토:사실이 아닌,
우드그르히테나:집착하다,
데사나:가르침, 나:아닌,
아스티:~있다,
카스치트:어떤,
다르모:법, 요:누구,
나마 우팔라브야테:얻어 지는것

세존께서 말씀하셨다.
"수보리여,
여래가 '내가 마땅히 법을 설한다' 라는 생각을 한다고
여기는가?
그런 생각을 하지 말라."
"세존이시여!
여래께서는 '내가 법을 설한다.' 라고 말씀하시지 않습니다."
세존이 말씀하셨다.
"수보리여,
누군가가 '여래께서 법을 설한다' 라고 말한다면,
이는 곧 그가 거짓을 말해 곧 부처님을 비방하는 것이 되고,
이는 내가 설하는 바를 전혀 이해하지 못하기 때문이다.
왜냐하면 수보리여,
'법을 설한다는 것은 가히 설할 만한 법이 없다는 것을 말하니
일컬어 그 이름만 '설법, 설법' 이라고 칭할 뿐이니라.
'설법' 이라고 부를 수 있는 그 어떤 법도 얻을 수 없기
때문이다."

해 석

다르마 데사나(Dharma deśanā)는 설법(說法)으로 번역된다.

[鳩摩羅什]

須菩提 汝勿謂 如來作是念 我當有所說法 莫作是念

何以故 若人言 如來有所說法

수보리 여물위 여래작시념 아당유소설법 막작시념

하이고 약인언 여래유소설법

卽爲謗佛 不能解我所說故

須菩提 說法者 無法可說 是名說法

즉위방불 불능해아소설고

수보리 설법자 무법가설 시명설법

[玄奘]

佛告善現 於汝意云何

如來頗作是念 我當有所說法耶

善現 汝今勿當作如是觀

불고선현 어여의운하

여래파작시념 아당유소설법야

선현 여금물당작여시관

何以故 善現 若言如來有所說法即為謗我 為非善取

何以故 善現 說法說法者 無法可得故名說法

하이고 선현 약언여래유소설법즉위방아 위비선취

하이고 선현 설법설법자 무법가득고명설법

एवं उक्त आयष्म्ा सुभूर्तिं भगवान्तं एतद् अवभ
चद्। अस्ति भगवान् केचित् सत्त्वा
भविष्यन्ति अनागते ऽध्वनि पश्चिमे काले पश्चिमे
समये पश्चिमायां पण्चशत्यं सद्धर्म विप्रलेपे वर्तभ
माने य इमन् एवंरुपान् धर्माञ
श्रुत्वा अभिश्रद्धास्यन्ति।
भगवान् आह।
न ते सुभूाते सत्तवा न असत्तवा।
तत्कस्य हेतोः।
सत्तवाः सत्तवा इति सुभूाते सर्वो ते सुभूाते असत्तभ
वास् तथागतेन भाषिताः।
तेनेच्यन्ते सत्तवा इति।

Evam ukta āyuśmān Subhūtir
Bhagavantam etad avocat |
asti Bhagavan kecit sattvābhaviṣyanty
anāgate 'dhvani paścime kāle paścime samaye
paścimāyām pañcaśatyām saddharma vipralope
vartamāne ya imān evam rūpān dharmāñ śrutvā
abhiśraddhāsyanti | Bhagavān āha |
na te Subhūte sattvā na asattvāḥ | tatkasya hetoḥ|
sattvāḥ sattvā. iti Subhūte sarve te Subhūte
asattvās Tathāgatena bhāṣitāḥ|
tenocyante sattvā. iti |

에밤 우크타 아유스만 수부티르
바가반탐 에타드 아보차트/
아스티 바가반 케치트 사뜨바 바비스얀티
아나가테 아드바니 파스치메 칼레 파스치메 사마예
파스치마얌 판차사트얌 사따르마 비프라로페
바르타마네 야 이만 에밤 루판
다르만 스루트바 아비스라따스얀티/
바가반 아하/
나 테 수부테 사뜨바 나 아사뜨바흐/
타타카스야 헤토흐/
사뜨바흐 사뜨바 이티 수부테 사르베 테 수부테
아사뜨바스 타타가테나 바시타흐/
테노츠얀테 사뜨바 이티/

우크테 : 말하다,
에타드 : 이렇게,
아보차트 : 말하다,
아스티 : 이다,
케치트 : 어떤,
바비스얀티 : ~에 있어서,
아나가테 : 미래,
아드바니 : 시간,
파스치메 : 다음,
칼레 : 시기,
사마예 : 시간,
파스치마얌 : 다음,
판차사트얌 : 500,
사따르마 : 올바른 법,
비프라로페 : 파멸하다,

바르타마네: 이들,
야이만:이들,
에밤루판:이와 같이,
스루트바:듣는,
아비스라따스얀티:진정한,
아하:말하다,
나:아닌,
테:그들,
아사뜨바흐:중생들이 아닌,
타트:그것,
이티:이러한,
사르베:일체,
바시타흐:설하다,
테노츠얀테:그러하기 때문에,

이와 같이 말씀하셨을 그때에
지혜를 생명으로 삼는 혜명 수보리가 부처님께 말씀드렸다.
"세존이시여!
앞으로 다가올 미래 오백년에 정법이 쇠락하려는 그 시점에,
어떤 중생들이 이와 같은 설하신 이 법을 듣고 믿어,
신심을 받아들이겠습니까?"
세존께서 말씀하시기를
"수보리여, 그들은 중생이 아니고 중생이 아님도 아니다.
왜냐하면 수보리여,
'중생, 중생" 이라고 하는 것은 여래께서 말씀하신 '중생'이 아니라,
오직 이름만이 '중생'인 것이다.
그러므로 말하기를 '중생'이라 하느니라."

[鳩摩羅什]

爾時 慧命須菩提 白佛言 世尊 頗有衆生 於未來世
聞說是法 生信心不 佛言

이시 혜명수보리 백불언 세존 파유중생 어미내세
문설시법 생신심부 불언

須菩提 彼非衆生 非不衆生
何以故 須菩提 衆生衆生者 如來說非衆生 是名衆生

수보리 피비중생 비불중생
하이고 수보리 중생중생자 여래설비중생 시명중생

[玄奘]

爾時具壽善現白佛言 世尊 於當來世後時後分後五百歲
正法將滅時分轉時 頗有有情聞說

이시구수선현백불언 세존 어당래세후시후분후오백세
정법장멸시분전시 파유유정문설

如是色類法已能深信不 佛言善現 彼非有情非不有情
何以故 善現一切有情者 如來說非有

여시색유법이능심신불 불언선현 피비유정비불유정
하이고 선현일체유정자 여래설비유

情故名一切有情

정고명일체유정

제22분 무법가득분(無法可得分)

· 법은 가히 얻을 수가 없으니
깨달음에 집착하지 말라.

तत्किं मन्यसे सुभूाते अपि न्व् अस्ति स कश्चिद्
धर्मे यस् तथागतेन अनुत्तर सम्यक्संबेधिं अभि
संबुद्धः । अयुष्मा् सुभुर्ति आह ।
ने हिदं भगवान् नास्ति स भगवान् कश्चिद् धर्मे
यस् तथागतेन अनुत्तर सम्यक्संबेधिं अभिसंबुद्धः ।
भगवान् आह ।
एवं एतत् सुभूाते एवं एतत् अर्नु अपि तत्र धर्मे न
संविद्यते नेपलभ्यते ।
तेनेच्च्यते नुत्तरा सम्यक्संबेर्धि इति ।

Tatkim manyase Subhūte, api nv asti
sa kaścid dharmo yas Tathāgatena anuttarām
samyaksambodhim abhisaμbuddhaḥ |
āyuṣmān Subhūtir āha |
no hīdam Bhagavan nāsti sa Bhagavan
kaścid dharmo yas Tathāgatena anuttarām
samyaksambodhim abhisaμbuddhaḥ |
Bhagavān āha | evam etat Subhūte evam etat,
aṇur api tatra dharmo na samvidyate nopalabhyate |
tenocate'nuttarā samyaksambodhir iti |

타트킴 만야세 수부테 아피 느브 아스티
사 카스치드 다르모 야스 타타가테나 아누따라
삼약삼보딤 아비삼부따흐/
아유스만 수부티르 아하/
노 히담 바가반 나스티 사 바가반
카스치드 다르모 야스 타타가테나 아누타라
삼약삼보딤 아비삼부따흐/
바가반 아하/
에밤 에타트 수부테 에밤 에타트,
아누르 아피 타트라 다르모 나 삼비드야테 노파라브야테/
테노츠야테 누따라 삼약삼보디르 이티/

타트:그것,
킴;무엇,
만야세:생각하다,
아피 누:참으로,
사:그,
카스치드:어떤,
다르모:법,
아누따라:무상(無上)의,
삼약삼보딤:정등각(正等覺),
아비삼부따흐:철저하게 깨닫는,
아유스만:장로,
아하:대답하다,
노:아닌,
히담:세존,
나스티:~이다,
바가반:세존,

에타트 : ~하다,
아누르 : 원자, 라피 : ~도,
타트라 : 거기,
나 : 아닌,
삼비드야테 : 있지 않다,
노파라브야테 : 얻은 것이 없는,
테노츠야테 : 그러한,

세존께서 수보리에게 물었다.
"수보리여, 여래가 최상의 깨달음인 무상정등각을 얻으신 것에 얻은 바가 없다고 할 수 있느냐?"
수보리가 부처님께 말씀드렸다.
"세존이시여! 그렇지 않습니다.
세존이시여! 그렇다면 부처님께서 최상의 깨달음인 아누다라삼막삼보리, 즉 무상정등각(無上正等覺)을 얻으신 것은,
아주 작은 어떤 것도 얻은 바가 없음이 되는 것입니까? "
부처님께서 말씀하셨다.
"그러하느니라. 수보리여, 그러하느니라.
거기에서 나는 최상의 깨달음인 아누다라삼막삼보리에서 털끝만한 어떤 소법도 얻은 바가 없느니리.
그러므로 다만 이를 이름하여 최상의 깨달음인 아누다라삼막삼보리, 즉 무상정등각(無上正等覺)이라 부르는 것 뿐이니라."

해 석

아누르 아피(Aṇur api)는 털끝만한 작은 것을 말한다.

[鳩摩羅什]

須菩提 白佛言 世尊

수보리 백불언 세존

佛得阿耨多羅三藐三菩提 為無所得耶

佛言 如是如是 須菩提

불득아누다라삼막삼보리 위무소득야

불언 여시여시 수보리

我於阿耨多羅三藐三菩提

乃至無有少法可得 是名阿耨多羅三藐三菩提

아어아누다라삼막삼보리

내지무유소법가득 시명아누다라삼막삼보리

[玄奘]

佛告善現 於汝意云何 頗有少法如來應正等覺現證無上正等菩提耶

具壽善現白佛言 世尊

불고선현 어여의운하 파유소법여래응정등각현증무상정등보리야

구수선현백불언 세존

如我解佛所說義者 無有少法如來應正等覺現證無上正等菩提

佛言善現 如是如是

여아해불소설의자 무유소법여래응정등각현증무상정등보리

불언선현 여시여시

於中少法無有無得故名無上正等菩提

어중소법무유무득고명무상정등보리

제23분 정심행선분(淨心行善分)

· 깨끗하고 맑은 마음으로
선행을 하고 선법을 닦아라.

अपि तु खलु पुनः सुभूते समः स धर्मो न तत्र
किंचिद् विषमं ।
तेनेच्यते ऽनुत्तरा सम्यक्संबोधिर् इति ।
निरात्मत्वेन निःसत्त्वत्वेन निर्जीवत्वेन निभ
ष्पुद्गलत्वेन समा सानुत्तरा सम्यक्संबोधिः सर्वैः
कुशलै धर्मैः अभिसंबुध्यते । तत्कस्य हेतोः ।
कुशला धर्माः कुशला धम इति सुभूते अधमश्
चीव ते तथागतेन भाषिताः ।
तेनेच्यन्ते कुशला धमा इति ।

Api tu khalu punaḥ Subhūte samaḥ sa dharmo
na tatra kimcid viṣamam ǀ
tenocyate'nuttarā samyaksambodhir iti ǀ
nirāmatvena niḥsattvatvena nirjīvatvena niṣpudgalatvena
samā sānuttarā samyaksambodhiḥ sarvaiḥ kuśalair
dharmair abhisaµbudhyate ǀ
tat kasya hetoḥ ǀ
kuśalā dharmāḥ kuśalā dharma iti
Subhūte adharmaś caiva te Tathāgatena bhāṣitāḥ ǀ
tenocyante kuśalā dharmā iti ǀ

아피 투 칼루 푸나흐 수부테 사마흐 사 다르모
나 타트라 킴치트 비사맘/
테노츠야테 아누따라 삼약삼보디르 이티/
니라트마트베나 니흐사뜨바트베나 니수푸드갈라트베나
사마 사누따라 삼약삼보디흐 사르바이흐 쿠살라이르
다르마이르 아비삼부드야테/
타트 카스야 헤토우/
쿠살라 다르마이흐 쿠살라 다르마 이티
수부테 아다르마스 차이바 테 타타가테나 바쉬타흐/
테노츠얀테 쿠살라 다르마 이티/

아피 : 그럼에도,
투 : 그러나,
칼루 : 진정으로,
푸나흐 : 다시, 수부테 : 수보리,
사마흐 : 동등한, 같은,
사 : 이것, 다르모 : 법,
나 : 아닌, 타트라 : 거기에,
킴치트 : 어떤, 비사맘 : 차별,
테노츠야테 : 그러므로 말하기를,
아누따라 : 무상(無上)의,
삼약삼보디르 : 정등각, 이티 : ~이다,
니라트마트베나 : 나란 것이 없는,
니흐사뜨바트베나 : 중생이 없는,
니수푸드갈라트베나 : 인격이 없는,
사마 : 평등한, 사 : 그것,
삼약삼보디흐 : 정등각,
사르바이흐 : 모든,

쿠살라이르:능숙한, 선한,
다르마이르:법에 의해,
아비삼부드야테:철저히 깨닫는,
타트:그것, 카스야:누구의,
헤토우:왜냐하면,
쿠살라:능숙한,
다르마이흐:법이란 것은,
수부테:수보리,
아다르마스:법이 아닌,
차:그리고, 이바:다시,
테:그것들은, 바쉬타흐:설하다,

"그런데 수보리여, 이 법은 평등하여 거기에는 높고 낮음의 어떠한 차별도 없다.
그러하기 때문에 이를 이름하여 최상의 높고 바른 깨달음인 아누다라삼막삼보리, 즉 무상정등각이라 부르는 것이다.
이 무상정등각은 자아라는 것도 없고, 개아라는 것도 없고, 중생이라는 것도 없고, 영혼·생명이라는 관념도 없는 경지에서 모든 선법(善法)을 닦으면,
높고 바르게 깨달아 평등해지는 최상의 깨달음인 곧 아누다라삼막삼보리를 얻음을 의미하느니라.
왜냐하면 수보리여, '선법, 선법' 이라고 말하는 것은 여래께서 말씀하시기를 '곧 선법이 아니고, 그 이름을 '선법' 이라 부르는 것 뿐이니라.

해 석

쿠살라 다르마(Kuśalā dharma)는 선법(善法)으로 해석되며 쿠살라는 선하다는 뜻도 있지만 능숙하다는 뜻도 있다.

[鳩摩羅什]

復次 須菩提 是法平等 無有高下 是名阿耨多羅三藐三菩提

以無我無人無衆生無壽者

부차 수보리 시법평등 무유고하 시명아누다라삼막삼보리

이무아무인무중생무수자

修一切善法 則得阿耨多羅三藐三菩提

須菩提 所言善法者 如來說 卽非善法 是名善法

수일체선법 즉득아누다라삼막삼보리

수보리 소언선법자 여래설 즉비선법 시명선법

[玄奘]

復次善現 是法平等於其中間無不平等故名無上正等菩提

以無我性無有情性無命者性無士夫

부차선현 시법평등어기중간무불평등고명무상정등보리

이무아성무유정성무명자성무사부

性無補特伽羅等性平等故名無上正等菩提 一切善法無不現證

一切善法無不妙覺 善現

성무보특가라등성평등고명무상정등보리 일체선법무불현등

일체선법무불묘각 선현

善法善法者 如來一切說為非法 是故如來說名善法善法

선법선법자 여래일체설위비법 시고여래설명선법선법

제24분 복지무비분(福智無比分)

· 복과 지혜는 비교할 수 없다.
지혜가 근본이며 복은 자연스럽게 따라오니,
복을 짓겠다는 상에 집착하지 말라

यश् च खलु पुनः सुभूाते स्त्री वा यावन्तस् त्रिभ
साहस्रमहासाहस्रे लेकधातौ सुमेरवः पर्वत राभ
जानस् तावते राशीन् सप्तानां रत्नानां अभिसंहृत्य
तथागतेभ्यऽर्हद्भ्यः सम्यक्संबुद्धेभ्ये दानं दद्यात्
यश् च कुलपुत्रो वा कुलदुहिता वेतः प्रज्ञापाभ
रमिताया धर्म पर्यायाद् अन्तशश् चतुष्पादिकां अपि
गाथां उद्गृह्य परेभ्यो देशयो देशयेस्व सुभूाते
पुण्यस्कन्धस्य असउ पौर्वकःशततमी् अपि कलां
नोपैति यावद् उपनिषदं अपि न श्रमते ।

Yaśca khalu punaḥ Subhūte strī vā puruṣo
vā yāvantas trisāhasramahāsāhasre lokadhātau
sumeravaḥ parvata rājānas tāvato rāśīn saptānām
ratnānām abhisamhṛtya Tathāgatebhyo'rhadbhyaġ
samyaksambuddhebhyo dānam dadyāt,
yaś ca kula putro vā kuladuhitā vetaḥ prajñā
pāramitāyā dharma paryāyād antaśaś catuṣpādikām
api gāthām udgṛhya parebhyo deśayed,
asya Subhūte puṇyaskandhasya asau paurvakaḥ
puṇyaskandhaḥ śatatamīm api kalām nopaiti yāvad
upaniṣadam api na kṣamate |

야스 차 칼루 푸나흐 수부테 스트리 바 푸루소
바 야반타스 트리사하스라마하사하스레 로카다투
수메라바흐 파르바타 라자나스 타바토 라신 사프타남
라트나남 아비삼흐르트야 타타가테브요 아르하드브야흐
삼약삼부떼브요 다남 다드야트
야스 차 쿨라 푸트로 바 쿨라두히타 베타흐 프라그야
파라미타야 다르마 파르야야드 안타사스 차투스파디캄
아피 가탐 우드그르흐야 파레브요 데사예드,
아스야 수부테 푼매스칸다스야 아사우 파우르바카흐
푼야스칸다흐 사타타밈 아피 칼림 노파이티 야바드
우파니샤담 아피 나 크사마테/

야스 차:그리고,
칼루:진정으로,
푸나흐:다시, 수부테:수보리,
스트리:여자, 바:~이나,
푸루소:남자, 야반타스:만큼,
트리사하스라:3천(三千),
마하사하스레:대천(大天), 로카다투:세계,
수메라바흐:수미산(須彌山),
파르바타:신들, 라자나스:왕
타바토:그와 같은, 라신:그 무더기 만큼,
사프타남:7개의, 라트나남:보배들,
아비삼흐르트야:함께 모아서, 타타가테브요:여래,
아르하드브야흐:아라한, 삼약삼부떼브요:정등각,
다남:보시, 다드야트:행하다,
야스차:다시, 쿨라푸트로:선남자,
바:그리고, 쿨라두히타:선여인,

베타흐 : 그러므로,
프라그야 : 지혜,
파라미타야 : 완성,
다르마파르야야드 : 법문,
안타사스 : 단지,
차투스파디캄 : 4구절,
아피 : 된, 가탐 : 게송,
우드그르흐야 : 뽑아내어,
파레브요 : 다른 이에게,
데사예드 : 가르친다면, 아스야 : 이것,
푼야스칸다스야 : 공덕의 풍부함,
아사우 : 저, 파우르바카흐 : 이전의,
푼야스칸다흐 : 공덕의 풍부함,
사타타밈 : 100분의 1, 아피 : 그리고,
칼림 : 부분에도, 나우파이티 : 미치지 못한다,
야바드 : 내지는, 우파니샤담 : 더이상 나눌수 없는,
나크사마테 : 미치지 못한다.

"그리고 수보리여,
만약 어떤 사람들이 삼천대천세계에 있는 산들의 왕 수미산 만큼의 일곱 가지 보물을 모아서 여래. 아라한, 무상정등각들에게 보시를 하는 사람이 있다고 하자,
또 다른 어떤 사람은 지혜의 법문인 반야바라밀경의 사구게만이라도 받아 지니고 읽고 외워 다른 사람들을 위해 가르친다면,
수보리여,
앞 사람의 칠보의 보시 공덕은 뒷 사람의 공덕에 비해 백분의 일에도 미치지 못하고 백천만억분의 일에도 미치지 못하며,
나아가 아주 작은 숫자의 비유에도 미치지 못하느니라."

[鳩摩羅什]

須菩提 若三千大千世界中 所有諸須彌山王 如是等七寶聚 有人 持用布施

수보리 약삼천대천세계중 소유제수미산왕 여시등칠보취 유인 지용보시

若人 以此般若波羅蜜經 乃至四句偈等 受持讀誦 爲他人說 於前福德 百分不及一

약인 이차반야바라밀경 내지사구게등 수지독송 위타인설 어전복덕 백분불급일

百千萬億分 乃至算數譬喩 所不能及

백천만억분 내지산수비유 소불능급

[玄奘]

復次善現 若善男子或善女人 集七寶聚量等三千大千世界 其中所有妙高山王持用布施

부차선현 약선남자혹선여인 집칠보취량등삼천대천세계 기중소유묘고산왕지용보시

若善男子或善女人 於此般若波羅蜜多經中乃至四句伽他 受持讀誦究竟通利 及廣為他宣說開示

약선남자혹선여인 어차반야바라밀다경중내지사구가타 수지독송구경통리 급광위타선설개시

如理作意 善現 前說福聚於此福聚 百分計之所不能及 如是千分若百千分若俱胝百千分 若俱胝

여리작의 선현 전설복취어차복취 백분계지소불능급 여시천분약백천분약구지백천분 약구지

那庾多百千分 若數分若計分若算分若喻分 若烏波尼殺曇分亦不能及

나유다백천분 약수분약계분약산분약유분 약오파니살담분역불능급

제25분 화무소화분(化無所化分)

· 교화해도 교화하는 바가 없고,
가르쳐도 가르친 바가 없다.

तत्किं मन्यसे सुभूाते अपि
नु तथागतस्यैवं भवति मया सत्त्वः
प्ररिमोचिता इति ।
न खलु पनः सुभूाते एवं द्रष्टव्यं ।
तत्कस्य हेतोः ।नास्ति सुभूाते कश्चिद् सत्त्वेऽभ
विष्यत् यस् तथागतेन परिमोचितः स्यात् अ एव
तथागतस्य आत्म ग्राहेऽभविष्यत् सत्त्व ग्राहे जिव
ग्राहः पुद्गल ग्राहेऽभविष्यत् ।
आत्म ग्राह इति सुभूाते अग्राह एष तथागतेन
भाषिताः ।
तेनेच्यन्ते बालपृथग्जनैं उद्ग्राह ।
बालपृथग जना इति सुभूाते अ जना एव ते
तथागतेन भाषिताः ।
तेनेच्यन्ते बालपृथग्जना इति ।

Tatkim manyase Subhūte, api nu Tathāgatasyaivam
bhavati: mayā sattvāḥ parimocitā iti |
na khalu punaḥSubhūte evam draṣṭavyam |
tatkasya hetoḥ|
nāsti Subhūte kaścit sattvo yas Tathāgatena parimocitaḥ|
yadi punaḥSubhūte kaścit sattvo'bhaviṣyat
yas Tathāgatena parimocitaḥsyāt, sa eva
Tathāgatasya ātma grāho'bhaviṣyat sattvagrāho jīva
grāhaḥpudgalagrāho'bhaviṣyat |
ātmagr āha iti Subhūte agrāha eṣa Tathāgatena bhāṣitaḥ|
sa ca bālapṛthagjanair udgṛhītaḥ|
bālapṛthagjanā iti Subhūte a janā eva te Tathāgatena
bhāṣitaḥ| tenocyante bālapṛthagjanā iti |

타트킴 만야세 수부테 아피 누 타타가테스야이밤
바바티 마야 사뜨바흐 파리모치타 이티/
나 칼루 푸나흐 수부테 에밤 드라스타브얌/
타타카스야 헤토우/
나스티 수부테 카스치트 사뜨보 야스 타타가테나 파리모치타흐/
야디 푸나흐 수부테 카스치트 사뜨보 아바비스야트 야스
타타가테나 파리모치타흐 스야트 사 에바 타타가타스야
아트마그라호 아바비스야트 사뜨바 그라호 지바 그라하흐
푸드가라 그라호 아바비스야트/
아트마 그라하 이티 수부테 아그라하 에사 타타가테나 바시타흐/
사 차 바라프르타그자나이르 우드그라히타흐/
바라프르타그자나 이티 수부테 아자나 에바 테 타타가테나
바시타흐/ 테노츠야테 바라프르타그자나 이티/

타트:그것, 킴:무엇, 만야세:생각하다,
아피 누:참으로, 에밤:이러한, 바바티:~가 일어나다,
마야:나에 의해, 사뜨바흐:중생들,
파리모치타:벗어나다, 이티:~라는, 나:아닌,
칼루:진정으로, 푸나흐:다시, 에밤 드라스타브얌:보다,
타트:그것, 카스야:누구의, 나아스티:없는, 카스치트:어떤,
사뜨보:중생, 야스:즉, 파리모치타흐:완전히 해탈된,
야디:만일, 아바비스야트:존재한다면,
파리모치타흐:완전히 해탈된, 스야트:~할, 사:그것,
에바:참으로, 아트마그라호:나(자아)에 대한 집착,
사뜨바그라호:중생에 대한 집착, 지바그라하흐:목숨에 대한 집착,
푸드가라그라호:인격에 대한 집착, 이티:~이라는 것,
아그라하:집착이 아닌, 에사:이것은, 바시타흐:설하다,
차:그리고, 바라프르타그자나이르:어리석은 이,
우드그라히타흐:집착하다, 바라프르타그자나:어리석은 범부,
이티:~이다, 아자나:범부가 아닌, 에바:단지, 테:그들,

"수보리여, 그대 생각은 어떠한가?
여래께서 '내가 중생들을 완전히 제도하여 해탈시키리라.' 라는 생각을 한다고 여겨서는 안 된다.
수보리여, 정말로 그렇게 생각하지 말라. 왜냐하면 수보리여,
참으로 어떤 중생도 여래께서 제도하는 것이 아니기 때문이다.
수보리여, 만약 여래가 어떤 중생을 제도하여 해탈시켰다고 한다면, 그것은 바로 여래에게 자아라는 집착이 있는 것이며, 개아에 대한 집착이 있다는 것이며, 중생에 대한 집착이 될 것이며, 영혼·생명에 대한 집착이 있다는 것이다.
수보리여, 여래께서 설하신 '자아'에 대해 집착하는 것은
곧 '자아'가 있지 않다는 것이니, 다만 어리석은 범부들은 '자아가 있다'고 집착하는 것이다.
수보리여, 범부란 여래께서 말하기를 '범부가 아니라,
그 이름만 범무일 뿐이다.' 그렇기에 '어리석은 범부' 라 한다."

해 석

파리모치타(Parimocitā)는 완전하게 벗어나게 하다 또는 해탈하다는 뜻이다.

[鳩摩羅什]

須菩提 於意云何 汝等 勿謂如來作是念 我當度衆生
須菩提 莫作是念
수보리 어의운하 여등 물위여래작시념 아당도중생
수보리 막작시념
何以故 實無有衆生 如來度者 若有衆生 如來度者
如來 卽有我人衆生壽者
하이고 실무유중생 여래도자 약유중생 여래도자
여래 즉유아인중생수자
須菩提 如來說有我者 卽非有我 而凡夫之人 以爲有我
須菩提 凡夫者 如來說卽非凡夫 是名凡夫
수보리 여래설유아자 즉비유아 이범부지인 이위유아
수보리 범부자 여래설즉비범부 시명범부

[玄奘]

佛告善現 於汝意云何 如來頗作是念 我當度脫諸有情耶
善現 汝今勿當作如是觀
불고선현 어여의운하 여래파작시념 아당도탈제유정야
선현 여금물당작여시관
何以故 善現 無少有情如來度者 善現 若有有情如來度者
如來即應有其我執有有情執有命者執有 士夫執有補特伽羅等執
하이고 선현 무소유정여래도자 선현 약유유정여래도자
여래즉응유기아집유유정집유명자집유 사부집유보특가라등집
善現 我等執者如來說為非執 故名我等執 而諸愚夫異生強有此執
善現 愚夫異生者 如來說為非生故名愚夫異生
선현 아등집자여래설위비집 고명아등집 이제우부이생강유차집
선현 우부이생자 여래설위비생고명우부이생

제26분 법신비상분(法身非相分)

· 깨달음의 세계인 법신은 상이 아니며,
여래를 형상에 얽매어 보지 마라

तत्किं मन्यसे सुभूते लक्षणसंपदा
तथागतो द्रष्टवयः। सुभूर्ति अह।
नो हीदं भगवान्।
यथा अहं भगवातो भाषितस्य अर्थम् आजानामि न
लक्षणसंपदा तथागतो द्रष्टवयः।
भगवान् आह।
साधु साधु सुभूते एवं एतत् सुभूते एवं एतत् यथा
वदसि।
न लक्षणसंपदा तथागतो द्रष्टवयः।
तत्कस्य हेतोः।
सचेत् पुनः सुभूते लक्षणसंपदा तथागतो
द्रष्टवयेऽभविष्यद् राजा अपि चक्रवर्ती तथागभ
तोऽभविष्यत्।
तस्मान् न लक्षणसंपदा तथागतो द्रष्टवयः।
अयुष्मा सुभूर्ति भगवान्तं एतद् अवेचत्।
यथा अहं भगवातो भाषितस्य अर्थम् आजानामि न
लक्षणसंपदा तथागतो द्रष्टवयः।

Tat kim manyase Subhūte lakṣaṭasampadā
Tathāgato draṣṭavyaḥ| Subhūtir āha |
no hīdam Bhagavan | yathā aham Bhagavato bhāṣtasya
artham ājānāmi na lakṣaṇa sampadā Tathāgato draṣṭavyaḥ|
Bhagavān āha | sādhu sādhu Subhūte evam etat Subhūte
evam etad yathā vadasi |
na lakṣaṇa sampadā Tathāgato draṣṭavyaḥ|
tatkasya hetoḥ| sacet punaḥ Subhūte lakṣaṇa sampadā
Tathāgato draṣṭavyo 'bhāṣyad, rājā api cakravartī
Tathāgato 'bhaviṣyat
tasm.n na lakṣaṇa sampadā Tathāgato draṣṭavyo |
āyuṣmān Subhūtir Bhagavantam etad avocat |
yathā aham Bhagavato bhāṣitasya artham ājānāmi
na lakṣaṇa sampadā Tathāgato draṣṭavyo |

타트킴 만야세 수부테 라크사나삼파다
타타가토 드라스타브야흐/ 수부티르 아하/
노 히담 바가반/ 야타 아함 바가바토 바시타스야
아르탐 아자나미 나 라크사나 삼파다 타타가토 드라스타브야흐/
바가반 아하/ 사두 사두 수부테 에밤 에타트 수부테
에밤 에타드 야타 바다시/
나 라크사나 삼파다 타타가토 드라스타브야흐/
타타카스야 헤토흐/ 사체트 푸나흐 수부테 라크사나 삼파다
타타가토 드라스타브요 아바비스야드 라자 아피 차크라바르티
타타가토 아바비스야트/
타스만 나 라크사나 삼파다 타타가토 드라스타브야흐/
아유스만 수부티르 바가반탐 에타드 아보차트/
야타 아함 바가바토 바시타스야 아르함 아자나미
나 라크사나 삼파다 타타가토 드라스타브야흐

타트:그것, 킴:무엇, 만야세:생각하다,
라크사나 삼파다:성스러운 상(相), 드라스타브야흐:보여지다,
수부티르:수보리, 아하:말하다, 노:아닌, 히담:참으로,
바바가반:세존, 야타 아함:제가, 바시타스야:설하다,
아르탐:뜻을, 아자나미:깊이 아는한, 나:아닌,
사두:좋은, 에밤:참으로, 에타트;그러한,
야타:그대가, 바다시:말한, 타트:그것, 사체트:만일,
푸나흐:다시, 드라스타브요:보아야 한다면, 아바비스야드:존재하는,
라자:왕, 아피:역시, 차크라바르티:바퀴돌리는 전륜성왕(轉輪聖王),
아바비스야트:되어야한다, 타스만:그러한, 아유스만:장로(長老),
에타드:이렇게, 아보차트:말하다, 아르함:뜻을,
아자나미:깊이 아는 한, 드라스타브야흐:보아야만 한다

"수보리여, 그대는 어떻게 생각하는가? 32가지의 육체적으로 거룩한 모습을 갖추었다고 해서 여래라고 볼 수 있겠는가?"
수보리가 말하였다.
"참으로 그러하지 않습니다. 세존이시여! 제가 세존께서 설하신 것을 이해하기로는 32가지의 육체적으로 거룩한 모습을 갖추었다고 해서 여래라고 볼 수는 없습니다."
"그러하느니라. 수보리여. 그러하느니라. 수보리여, 네가 말한 그대로 32가지의 육체적으로 거룩한 모습을 갖추었다고 해서 여래라고 보아서는 안된다.
왜냐하면 수보리여, 만약 32가지의 육체적으로 거룩한 모습을 갖추었다고 여래라고 볼 수 있다면 전륜성왕 역시 여래가 되어야 할 것이다. 그렇기 때문에 육체적으로 거룩한 모습을 갖추었다고 해서 여래라고 보아서는 안된다."
수보리가 세존에게 말하였다.
"세존이시여!
제가 부처님께서 말씀하신 것을 이해하기로는 32가지 육체적으로 거룩한 모습이라고 여래라고 보아서는 안 된다는 것입니다."
그러자 세존께서 그때에 이 게송을 말씀하셨다.

해 석

라자 아피 차크라바르티(Rājāapi cakravartī)는 천하를 통제하는 전륜성왕(轉輪聖王)을 말한다. 부처님은 32상을 지닌 전륜성왕이 될 수는 있지만 32상을 갖추었다고하여 부처님은 아니다는 것이다.

[鳩摩羅什]

須菩提 於意云何 可以三十二相 觀如來不
須菩提言 如是如是 以三十二相 觀如來

수보리 어의운하 가이삼십이상 관여래부
수보리언 여시여시 이삼십이상 관여래

佛言 須菩提 若以三十二相 觀如來者 轉輪聖王 卽時如來
須菩提 白佛言 世尊

불언 수보리 약이삼십이상 관여래자 전륜성왕 즉시여래
수보리 백불언 세존

如我解佛所說義 不應以三十二相 觀如來 爾時 世尊 而說偈言

여아해불소설의 불응이삼십이상 관여래 이시 세존 이설게언

[玄奘]

佛告善現 於汝意云何 可以諸相具足觀如來不
善現答言 如我解佛所說義者 不應以諸相

불고선현 어여의운하 가이제상구족관여래불
선현답언 여아해불소설의자 불응이제상

具足觀於如來 佛言善現 善哉善哉 如是如是 如汝所說
不應以諸相具足觀於如來 善現

구족관어여래 불언선현 선재선재 여시여시 여여소설
불응이제상구족관어여래 선현

若以諸相具足觀如來者 轉輪聖王應是如來
是故不應以諸相具足觀於如來 如是應以諸相非相觀於如來

약이제상구족관여래자 전륜성왕응시여래
시고불응이제상구족관어여래 여시응이제상비상관어여래

अथ खलु भगवांस् तस्यां
वेलायां इमे गाथे अभाषत ।

ये मां रुपेण च अद्राक्षु ये मां घोषेण
च अन्वयुः ।
मिथ्या प्रहाण प्रसृता न मां द्रक्षयन्ति ते जनाः ॥

धर्मतो बुद्धा द्रष्टव्या धर्मकायाहि
नायकाः ।
धर्मता च न विज्ञेया
न सा शक्या विजानितुं ॥

Atha khalu bhagavāms
tasyām velāyām ime gāthe abhāṣata ।

ye mām rūpeṇa ca adrākṣur
ye mām ghoṣeṇa ca anvayuḥ।
mithyāprahāṇaprasṛtā
na mām drakṣyanti te janāḥ।।1।।

dharmato Buddhā draṣṭavy.
dharmakāyā hi nāyakāḥ।
dharmatā ca na vijñeyā
na sā śakyā vijānitum ।।2।।

아타 칼루 바가밤스
타스얌 베라얌 이메 가테 아바사타/
예 맘 루페나 차 아드라크수르
예 맘 고세나 차 안바유흐/
미트야 프라하나 프라스르타
나 맘 드라크스얀티 테 자나흐/
다르마토 부따 드라스타브야
다르마카야 히 나야카흐/
다르마타 차 나 비즈네야
나 사 사크야 비자니툼

아타:그러자, 칼루:참으로,
바가반스:세존, 타스얌:그,
베라얌:때에, 이메:이, 가테:게송,
아바시타:낭송하다, 예맘:나를,
루페나:형상, 차:그리고,
아드라크수르:보았다, 고세나:소리,
안바유흐:구하다, 미트야:반대로,
프라하나:흐르다, 나:아닌,
맘:나를, 드라크스얀티:희망,
프라스르타:흐르다,
테:그것, 자나흐:인간,
다르마토:법에 의해, 부따:부처님들,
드라스타브야:보여지다,
다르마카야:법신, 히:바로,
니야카흐:이끌다, 다르마타:법성, 사:그것,
사크야:잘하다, 비자니툼:할 수 있는

"만약 누구든지 형상으로 나를 보려하거나
음성으로 부처를 찾으려 하면,
이 사람은 그릇된 길에 빠져 있는 자이니
그런 자들은 마땅히 여래를 볼 수 없으리라."

"부처님을 마땅히 법성(法性)으로 보라.
참 스승이신 모든 부처님은 법신(法身)의 몸이기 때문이니
법성 (法性) 은 분별되어지는 앎(識)의 대상이 아니니,
그것은 분별에 의해서 알 수 있는 것이 아니기 때문이니라."

[鳩摩羅什]

若以色見我 以音聲求我

약이색견아 이음성구아

是人行邪道 不能見如來

시인행사도 불능견여래

[玄奘]

爾時世尊而說頌曰

이시세존이설송왈

諸以色觀我 以音聲尋我

제이색관아 이음성심아

彼生履邪斷 不能當見我

피생이사단 불능당견아

應觀佛法性 即導師法身

응관불법성 즉도사법신

法性非所識 故彼不能了

법성비소식 고피불능요

제27분 무단무멸분(無斷無滅分)

· 끊어짐도 아니고,
사라져 아무 것도 없음도 아니다.

तत्किं मन्यसे सुभूाते लक्षणसंपदा तथागतो अनुत्भ
तरा सम्यक्संबोर्धिं अभिसंबुद्धा। न खलु पनस् ते
सुभूाते एवं द्रष्टव्यं। तत्कस्य हेतोः।
न हि सुभूाते लक्षणसंपदा तथागतो अनुत्तरा
सम्यक्संबोर्धिं अभिसंबुद्धा स्यात्।
न खलु पनस् ते सुभूाते कश्चिद् एव वदेत् बोधिभ
सत्त्व यान संप्रस्थितैः कस्यचिद् धर्मस्य विनाशः
प्रज्ञाप्त उच्छेदे वेति न खलु पनस् ते सुभूाते एवं
द्रष्टव्यं।तत्कस्य हेतोः।
न बोधिसत्त्व यान संप्रस्थितैः कस्यचिद् धर्मस्य
विनाशः प्रज्ञाप्त नेच्चेदः।

Tat kim manyase Subhūte lakṣaṭasampadāTathāgato
anuttarā samyaksambodhir abhisambuddhā।
na khalu punas te Subhūte evam draṣṭavyam ।
tatkasya hetoḥ। na hi Subhūte lakṣaṭa sampadā Tathāgato
anuttarā samyaksambodhir abhisambuddh āsyāt ।
na khalu punas te Subhūte kaścid evam vadet:
bodhisattva yāna samprasthitaiḥ kasyacid dharmasya
vināśaḥ prajñapta ucchedo veti.
Na khalu punas te Subhūte evam draṣṭavyam ।
tatkasya hetoḥ। na bodhisattva yāna samprasthitaiḥ
kasyacid dharmasya vināśaḥ prajñapto nocchedaḥ।

타트킴 만야세 수부테 라크사나삼파다 타타가토
아누따라 삼약삼보디흐 아비삼부따/
나 칼루 푸나스 테 수부테 에밤 드라스타브얌/
타타카스야 헤토흐/ 나 히 수부테 라크사나 삼파다 타타가테나
아누따라 삼약삼보디르 아비삼부따 스야트/
나 칼루 푸나스 테 수부테 카스치드 에밤 바데트
보디싸뜨바 야나 삼프라스티타이흐 카스야치트 다르마스야
비나사흐 프라즈나프타 우쩨도 베티
나 칼루 푸나스 테 수부테 에밤 드라스타브얌/
타타카스야 헤토우/ 나 보디사뜨바 야나 삼프라스티타이흐
카스야치드 다르마스야 비나사흐 프라드나프토 노째다흐/

타트:그것, 킴:무엇,
만야세:생각하다, 수부테:수보리,
라크사나삼파다:성스러운 상(相),
타타가토:여래,아누따라:위없는,
삼약삼보디흐:정등각,
아비삼부따:철저하게 깨닫다,
나:아닌, 칼루:참으로, 푸나스:다시,
테: 수보리, 수부테:수보리, 에밤:이와같이,
드라스타브얌:보다,카스야:이유,
히:정말로, 라크사나 삼파다:성스러운 상,
스야트:나누다, 카스치트:어떤,
바데트:말하다, 보디싸뜨바:보살, 야나:길,
삼프라스티타이흐:굳건히 나아가다,
카스야치트:어떤, 다르마스야:법의,
비나사흐:소멸, 프라그야나프타:선언하다,
우쩨도:부숴짐, 베티:혹은, 카스야:누구의,
헤토우:왜냐하면, 보디사뜨바 야나:보살의 길,

"수보리여,
그대는 여래가 32상의 육체적으로 거룩한 모습을 갖추지 않았기에,
여래가 최상의 깨달음인 아누다라삼막삼보리인 무상정등각을 얻었다고 생각을 하느냐?

그러나 수보리여 그렇게 생각해서는 아니된다.
왜냐하면 수보리여, 참으로 여래가 32상의 육체적으로 거룩한 모습을 갖추지 않았기 때문에 여래가 최상의 깨달음인 아누다라삼막삼보리인 무상정등각을 얻은 것은 아니기 때문이다.

또한 수보리여, 네가 만일 생각하기에
어떤 이가 최상의 깨달음인 보살의 길, 아누다라삼막삼보리심을 낸 사람은 모든 법이 다 끊어져 없어지거나 상이 소멸(消滅) 되어 사라졌다' 고 설하셨다라고 생각한다면,

그러나 수보리여, 그렇게 생각해서는 아니된다.
왜냐하면 최상의 깨달음인 보살의 길, 아누다라삼막삼보리를 향해 마음을 일으킨 이들에게는 모든 법이 다 끊어져 없어지는 것도 아니고, 상이 소멸되어 사라진다고 설하지 않았기 때문이다."

해 석

카스야치트 다르마스야 비나사흐 프라그야나프타
(Kasyacid dharmasya vināśaḥprajñapta)는 '어떤 법이 없어지거나 소멸(消滅)하도록 되었다' 이다. 여기에서 비나사는 '소멸하다' 이다.

[鳩摩羅什]

須菩提 汝若作是念 如來 不以具足相故

得阿耨多羅三藐三菩提 須菩提 莫作是念

수보리 여약작시념 여래 불이구족상고

득아누다라삼막삼보리 수보리 막작시념

如來 不以具足相故 得阿耨多羅三藐三菩提 須菩提 汝若作是念

여래 불이구족상고 득아누다라삼막삼보리 수보리 여약작시념

發阿耨多羅三藐三菩提心者 說諸法斷滅 莫作是念

발아누다라삼막삼보리심자 설제법단멸 막작시념

何以故 發阿耨多羅三藐三菩提心者 於法 不說斷滅相

하이고 발아누다라삼막삼보리심자 어법 불설단멸상

[玄奘]

佛告善現 於汝意云何 如來應正等覺以諸相具足現證無上正等覺耶

善現 汝今勿當作如是觀

불고선현 어여의운하 여래응정등각이제상구족현증무상정등각야

선현 여금물당작여시관

何以故 善現 如來應正等覺不以諸相具足現證無上正等菩提

復次善現 如是發趣菩薩乘者

하이고 선현 여래응정등각불이제상구족현증무상정등보리

부차선현 여시발취보살승자

頗施設少法若壞若斷耶 善現 汝今勿當作如是觀 諸有發趣菩薩乘者

終不施設少法若壞若斷

파시설소법약괴약단야 선현 여금물당작여시관 제유발취보살승자

종불시설소법약괴약단

제28분 불수불탐분(不受不貪分)

· 복덕을 탐하지도 않고 받아 누리지도 않고
공덕에 집착하지도 않지만 갖추게 됨

यश् च खलु पुनः सुभूाते कुलपुत्रो
वा कुलदुहिता वा गङ्गनदी वा लुका समां लेकधभ
ातुान्
स्प्त रत्न परिपुार्णं कृत्वा तथगतेभ्योऽर्हद्भ्यः
सम्यक्संबुद्धेभ्ये दानं द्ययाद् यश् च बोधिसत्त्वे निभ
रात्मकेष्व् अनुत्पत्तिकेषु
धर्मेषु क्षान्तिं प्रतिलभते अयं एव
तते निदानं बहुतरं पुण्य स्कन्धं
प्रसवेद् अप्रमेयं असंख्येयं।
न खलु पुनः सुभूाते बोधिसत्त्वेन महासत्त्वेन
पुण्यस्कन्धः परिग्नहीातव्यः।
आयुष्मा सुभूार्ति आह ।ननु भगवान् बोधिसत्त्वेन
पुण्यस्कन्धः परिग्नहीतव्यः।
भगवान् आह।
परिग्नहीतव्यः सुभूाते नेद्ग्नहीतव्यः।
तेनेच्यते परिग्नहीतव्य इति।

Yaś ca khalu punaḥ Subhūte kulaputro vā kuladuhitā
vā gaṅgānadī vā lukā samāml lokadhātūn sapta ratna
paripūrṇām kṛtvā Tathāgatebhyo'rhadbhyaḥ
samyaksambuddhebhyo dānam dadyād, yaś ca
bodhisattvo nirātmakeṣv anutpattikeṣu dharmeṣu kṣāntim
pratilabhate ayam eva tato nidānam bahutaram puṇya
skandham prasaved aprameyam asamkhyeyam |
na khalu punaḥ Subhūte bodhisattvena mahāsattvena
puṇyaskandhaḥ parigrahītavyaḥ | āyuṣmān Subhūtir āha |
nanu Bhagavan bodhisattvena puṇyaskandhaḥ
parigrahītavyaḥ | Bhagavān āha |
parigrahītavyaḥ Subhūte nodgrahītavyaḥ |
tenocyate parigrahītavya iti |

야스 차 칼루 푸나흐 수부테 쿨라푸트로 바 쿨라두히타
바 강가나디 바 루카 사마미 로카다툰 사프타 라트나
파리푸르남 크르트바 타타가테브요 아르하드브야흐
삼약삼부떼브요 다남 다드야트 야스 차
보디사뜨보 니라트마케스브 아누트파띠케수 다르메수 크산팀
프라티라바테 아얌 에바 타토 니다남 바후타람 푼야
스칸담 프라사베드 아프라메얌 아삼크예얌/
나 칼루 푸나흐 수부테 보디사뜨베나 마하사뜨베나
푼야스칸다흐 파리그라히타브야흐/ 아유스만 수부테 아하/
나누 바가반 보디사뜨베나 푼야스칸다흐
파리그라히타브야흐/ 바가반 아하/
파리그라히타브야흐 수부테 노드그라히타브야흐/
테노츠야테 파리그라히타브야흐 이티/

야스 차:그리고, 칼루:진정으로, 푸나흐:다시,
쿨라푸트로:선남자, 바:~의, 쿨라두히타:선여인,
강가나디:갠지스강, 루카:모래알, 사마미:같은,
로카다툰:세계들, 사프타:7, 라트나:보배, 칠보(七寶),
파리푸르남:채우다, 크르트바:행하다, 타타가테브요:여래에게,
아르하드브야흐:아라한에게, 삼약삼부떼브요:정등각들께,
다남:보시, 다드야트:행하다, 니라트마케스브:자아가 없는,
보디사뜨보:보살이, 아누트파띠케수:생겨나는 것이 없는,
다르메수:법에서, 크산팀:인내, 프라티라바테:성취하다,
아얌 에바:이것이 오직, 타토 니다남:이로 인해서,
바후타람:더 많은, 푼야:공덕(功德), 스칸담:풍부함,
프라사베드:쌓이다, 아프라메얌:측량할 수 없는,
아삼크예얌:헤아릴 수 없는, 나:아닌, 보디사뜨베나:보살,
마하사뜨베나:마하살, 푼야스칸다흐:공덕의 더미,
파리그라히타브야흐:수용하다, 아유스만:장로, 아하:말하다,
나누:참으로, 노드:아닌, 그라히타브야흐:집착하다,
테노츠야테:그렇기 때문에, 이티:이다

"참으로 다시 또 수보리여, 만약 어떤 보살들이 갠지스강의
모래알 처럼 많은 세계에 가득찬 일곱 가지 보배로 여래. 아라한.
무상정등각자에게 보시를 한다고 하자,
또 다른 어떤 보살은 모든 일체법에 자아가 없는 무생법인의
도리를 깨달아 인욕(忍辱)을 얻는다면, 이 보살이 얻은 공덕은
앞의 보살이 얻은 공덕보다 더욱 커서 측량할 수도 없느니라.
왜냐하면 수보리여, 모든 보살 마하살은 복덕을 받아 누리지 않기
때문이니라." 수보리가 부처님께 말하였다.
"세존이시여! 어째서 보살은 복덕을 받아 누려서는 안 됩니까?"
세존께서 말씀하셨다. "수보리여, 보살은 자신이 지은 복덕에
마땅히 탐욕을 내거나 집착해서는 안된다.
그러므로 '보살은 복덕을 받아 누리지 말라'고 설하느니라."

해 석

아누트파띠케수 다르메수 크산팀 프라티라바테 (Anutpattikeṣu dharmeṣu kṣāntim pratilabhate) ‘생겨남도 없는 법에서 인욕(忍辱)을 얻는다’ 는 것은 한역으로는 무생법인(無生法忍)으로 번역된다.

[鳩摩羅什]

須菩提 若菩薩 以滿恒河沙等 世界七寶 持用布施

若復有人 知一切法無我 得成於忍 此菩薩 勝前菩薩 所得功德

수보리 약보살 이만항하사등 세계칠보 지용보시

약부유인 지일체법무아 득성어인 차보살 승전보살 소득공덕

何以故 須菩提 以諸菩薩 不受福德故

須菩提白佛言 世尊 云何菩薩 不受福德

하이고 수보리 이제보살 불수복덕고

수보리백불언 세존 운하보살 불수복덕

須菩提 菩薩 所作福德 不應貪着 是故 說不受福德

수보리 보살 소작복덕 불응탐착 시고 설불수복덕

[玄奘]

復次善現 若善男子或善女人

以殑伽河沙等世界盛滿七寶奉施如來應正等覺 若有菩薩於諸

부차선현 약선남자혹선여인

이긍가하사등세계성만칠보봉시여래응정등각 약유보살어제

無我無生法中獲得堪忍。由是因緣所生福聚甚多於彼 復次善現。

菩薩不應攝受福聚 具壽善現即白佛言 世尊 何菩薩不應攝受福聚

무아무생법중획득감인 유시인연소생복취심다어피 부차선현

보살불응섭수복취 구수선현즉백불언 세존 하보살불응섭수복취

佛言善現 所應攝受不應攝受 是故說名所應攝受

불언선현 소응섭수불응섭애 사고설명소응섭수

제29분 위의적정분(威儀寂靜分)

· 여래는 오고 감이 없이 위의가 적정하다.

अपि तु खलु पुनः सुभूते यः कश्चिद् एव वदेत्
तथागतो गच्छति वा आगच्छति वा तिष्ठति वा
निषीदति वा शय्यां वा कल्पयति न मे सुभूते स
भाषितस्य अर्थमं आजानाति । तत्कस्य हेतोः ।
तथागत इति सुभूते उचते न कुतश्चिद् अगतः ।
तेनेच्यते तथागतेऽर्हन् सम्यक्संबुद्ध इति ।

Api tu khalu punaḥ Subhūte yaḥ kaścid evam vadet
Tathāgato gacchati vā āgacchati vā tiṣṭhati
vā niṣīdati vā śayyām vā kalpayati na me Subhūte
sa bhāṣitasya artham ājānāti |
tatkasya hetoḥ|
Tathāgata iti Subhūte ucyate na kvacidgato na kutaścid
āgataḥ| tenocyate Tathāgato'rhan samyaksambuddha iti |

아피 누 칼루 푸나흐 수부테 야흐 카스치드 에밤 바데트
타타가토 가츠차티 바 아가츠차티 바 티스타티
바 니시타티 바 사브얌 바 칼파야티 나 메 수부테
사 바시타스야 아르탐 아자나티/
타트카스야 헤토우/
타타가타 이티 수부테 우츠야테 나 크바치드가토 나 쿠타스치드
아가타흐/ 테노츠야테 타타가토 아르한 삼약삼부따흐 이티/

아피:그럼에도, 투:그러나, 칼루:진정으로,
푸나흐:다시, 야흐:그, 카스치트:어떤, 바데트:말하기를,
타타가토:여래, 가츠차티:가거나, 바:또는, 아가츠차티:오거나,
티스타티:머물거나, 니시타티:앉거나, 사브얌:머무는,
칼파야티:만드는, 나:아닌, 메:나의, 사:그는,
바시타스야:말한것, 아르탐:뜻, 아자나티:깊이알지 못하다,
타트:그것, 카스야:누구의, 우츠야테:일컬어지다,
크바치드가토:어디로 가는, 쿠타스치드아가타흐:어디로부터 오는,
테노 우츠야테:그래서 말하기를, 삼약삼부따흐:정등각자,

"참으로 다시 또 수보리여,
만약 어떤 사람이 '여래께서는 오기도 하고, 가기도 하고,
앉기도 하고, 눕기도 한다." 라고 말한다면,
수보리여, 그는 내가 설한 깊은 뜻을 이해하지 못한 것이다.
왜냐하면 수보리여, '여래' 는 어느 곳에서 오는 것도
어디로 가는 것도 없고, 이름만이 여래라고 칭하기 때문이다.
그래서 '그렇게 오다.는 의미의 '여래, 라고 부르느니라."

[鳩摩羅什]
須菩提 若有人言 如來 若來若去 若坐若臥 是人 不解我所說義
何以故 如來者 無所從來 亦無所去 故名如來
수보리 약유인언 여래 약래약거 약좌약와 시인 불해아소설의
하이고 여래자 무소종래 역무소거 고명여래
[玄奘]
復次善現 若有說言如來若去若來若住若坐若臥
是人不解我所說義 何以故 善現 言如來
부차선현 약유설언여래약거약래약주약좌약와
시인불해아소설의 하이고 선현 언여래
者即是真實真如增語 都無所去無所從來故名如來應正等覺
자즉시진실진여증어 도무소거무소종래고명여래응정등각

제30분 일합이상분(一合理相分)

· 이치와 상이 인연에 따라 하나로 합해짐

यश् च खलु पुनः सुभूाते कुलपुत्रो वा
कुलदुहिता वा यावन्तस् त्रिसाहस्त्रमहासाहस्त्रे
लोकधातौ पृथिवी रजांसि तावतां
लोकधातुानां एवंरुपं मषिं कुर्यात् यावद्
एवं असंख्येयेन विर्येण तद्यथापि नाम परमानु
संचयः तत्किं मन्यसे सुभूाते अपि नु बहुः
स परमाणु संचये भवेत्।

सुभूर्ति आह। एवं एत् भगवान् एवं एत् सुगत।
बहुः स परमाणु संचय इति भवेत। तत्कस्य हेतोः।
सचेद् भगवान् बहुः परमाणु संचयोऽभविष्यत् न
भगवान् अवक्षयत् परमाणु संचय इति।
तत्कस्य हेतोः। ये ऽ सौ भगवान् परमाणु संचयस्
तथागतेन भाषितः असंचयः स तथागतेन भाषितः।
तेनोच्च्यते परमाणु संचय इति।

Yaś ca khalu punaḥ Subhūte kulaputro vā kuladuhitā vā yāvantas trisāhasra mahāsāhasre lokadhātau pṛthivī rajāmsi tāvatām lokadhātūnām evamrūpam maṣim kuryāt yāvad evam asamkhyeyena vīryeṇa tadyathāpi nāma paramāṇu samcayaḥ, tat kim manyase Subhūte api nu bahuḥ sa paramāṇu samcayo bhavet |

Subhūtir āha | evam etat Bhagavann evam etat sugata |
bahuḥ sa paramāṇu samcayo bhavet |
tatkasya hetoḥ | saced Bhagavan bahuḥ
paramāṇu samcayo'bhaviṣyat na
Bhagavān avakṣyat paramāṇu samcaya iti |
tatkasya hetoḥ | yo'sau Bhagavan paramāṇu samcayas
Tathāgatena bhāṣitaḥ, asamcayaḥ sa Tathāgatena bhāṣitaḥ |
tenocyate paramāṇu samcaya iti |

야스 차 칼루 푸나흐 수부테 쿨라푸트로 바 쿨라두히타
바 야반타스 트리사하스라 마하사하스레 로카다투 프르티비
라잠시 타바탐 로카다투남 에밤루팜 마심
쿠르야트 야바드 에밤 아삼크예에나 비르예나 타드야타피
나마 파라맘 삼차야흐, 타트 킴 만야세 수부테 아피
누 바후흐 사 파라마누 삼차요 바베트/
수부티르 아하/ 에밤 에타트 바가바느 에밤 에타트 수가타/
바후흐 사 파라마누 삼차요 바베트/
타트카스야 헤토흐/ 사체드 바가반 바후흐
파라마누 삼차요 아바비스야트 나
바가반 아바크스야트 파라마누 삼차야 이티/
타트카스야 헤토흐/ 요 아사우 바가반 파라마누 삼차야스
타타가테나 바시타흐 삼차야흐 사 타타가테나 바시타흐/
테노츠야테 파라마누 삼차야 이티/

야스 차 : 그리고, 칼루 : 진정으로,
푸나흐 : 다시, 쿨라푸트로 : 선남자, 바 : ~의,
쿨라두히타 : 선여인, 트리사하스라 : 3천(三千),
마하사하스레 : 대천(大天) 로카다투 : 세계, 프르티비 : 땅,
라잠시 : 먼지, 타바탐 : 그 만큼, 로카다투남 : 세계들의,

에밤:이러한, 루팜:형태, 마심:가루들,
쿠르야트:만든, 야바드 에밤:이와 같이,
아삼크예에나:헤아릴 수 없는,
비르예나:노력에 의해, 타드:그것은,
야타피:마치, 나마:이를테면,
파라맘:원자, 삼차야흐:집합, 덩어리,
타트:그것, 킴:무엇, 만야세:생각하다,
아피 누:참으로, 바후흐:많은,
사:그, 파라마누:원자, 삼차요:덩어리,
바베트:되겠는가? 수부티르:수보리,
아하:말하기를, 에밤 에타트:그러하다,
바가바느:세존, 파라마누 삼차요:원자요소,
아바비스야트:된다면, 나:아닌,
바가반:세존, 아바크스야트:설하다, 이티:~이다,
카스야:누구의, 헤토우:왜냐하면, 요 아사우:~이,
삼차야스:덩어리, 타타가테나:세존,
바시타흐:말하다, 테노츠야테:그래서, 이티:그러한

"다시 또 수보리여, 만약 선남자 선여인들이 삼천대천세계를 무수한 노력으로 마치 원자처럼 가는 먼지로 부수었다면 , 수보리여, 그대 생각은 어떠한가? 그 원자처럼 가는 먼지는 많다고 생각하겠느냐?"

수보리가 말하였다. "그렇습니다. 세존이시여! 매우 많습니다.
왜냐하면 세존이시여!
만약 많은 먼지가 실제로 있는 것이라 한다면, 부처님께서는 곧 먼지가 있다고 설하지 않았을 것입니다.
부처님께서 먼지라고 설하신 것은 곧 먼지가 아니고,
이름이 먼지일 뿐이라고 말씀하셨기 때문입니다.
그렇기 때문에 먼지라고 합니다."

해 석

트리사하스라 마하사하스레 로카다투 프르티비 라잠시 타바탐(Trisāhasra mahāsāhasre lokadhātau pṛthivī rajāmsi tāvatām)은 “삼천대천세계(三千大天世界)에 있는 대지 먼지 만큼의” 이라는 것은 미세하다는 원자인 파라마누(Paramāṇu)를 표현하였다.
마심 쿠르야트(Maṣim kuryāt)는 ‘가루를 만들다’ 이며 마심은 ‘가루’ 나 ‘먼지’ 이며 쿠르야트는 ‘만들다’ 이다.

[鳩摩羅什]

須菩提 若善男子善女人 以三千大千世界 碎爲微塵
於意云何 是微塵衆 寧爲多不

수보리 약선남자선여인 이삼천대천세계 쇄위미진
어의운하 시미진중 영위다부

須菩提言 甚多世尊 何以故 若是微塵衆 實有者 佛卽不說 是微塵衆
所以者何 佛說微塵衆 卽非微塵衆 是名微塵衆

수보리언 심다세존 하이고 약시미진중 실유자 불즉불설 시미진중
소이자하 불설미진중 즉비미진중 시명미진중

[玄奘]

復次善現 若善男子或善女人 乃至三千大千世界大地極微塵量等世界
即以如是無數世界色 像為墨如極微聚 善現 於汝意云何

부차선현 약선남자혹선여인 내지삼천대천세계대지극미진양등세계
즉이여시무수세계색 상위묵여극미취 선현 어여의운하

是極微聚寧為多不 善現答言 是極微聚 甚多世尊甚多善逝
何以故 世尊 若極微聚是實有者 佛不應說為極微聚 所以者何

시극미취영위다불 선현답언 시극미취 심다세존심다선서
하이고 세존 약극미취시실유자 불불응설위극미취 소이자하

如來說極微聚即為非聚故 名極微聚

여래설극미취즉위비취고 명극미취

– 삼천대천세계의 원자들이 한덩이로
뭉쳐졌다는 상념을 세우지마라.

यश् च तथागतोन भाषितास् त्रिसाहस्त्रमहासाहस्त्रे
लेकधर्तुं इति अधातुः स तथागतोन
भाषितः तेनोच्यते त्रिसाहस्त्रमहासाहस्त्रे लेकधर्तुं
इति ।
तत्कस्य हेतोः । सचेद् भगवान् लोकधाभ
र्तुं अभविष्यत् स एव पिण्डग्राहे ऽभविष्यत् यश्
चइव पिण्डग्राहस् तथागतोन भाषितः अग्राहः स
तथागतोन भाषितः ।
तेनोच्यते पिण्डग्राह इति । भगवान् आह ।
पिण्डग्राह चइव सुभूतेऽनभिलप्यः ।
न स धर्मे न अधर्मः ।
स च बलपृथग्जनैं उद्ग्राहीतः ।

Yaś ca Tathāgatena bhāṣitas trisāhasra mahāsāhasro
lokadhātur iti, adhātuḥ sa Tathāgatena bhāṣitaḥ।
tenocyate trisāhasra mahāsāhasro lokadhātur iti ।
tatkasya hetoḥ। saced Bhagavan lokadhātur abhaviṣyat,
sa eva piṇḍagrāho'bhaviṣyat yaścaiva piṇḍagrāhas
Tathāgatena bhāṣitaḥ, agrāhaḥsa Tathāgatena bhāṣitaḥ।
tenocyate piṇḍagr.ha iti । Bhagavan āha ।
piṇḍagrāhaś caiva Subhūte 'vyavahāro 'nabhilpyaḥ।
na sa dharmo na adharmaḥ।
sa ca bālapṛthagjanair udgṛhītaḥ।

야스 차 타타가테나 바시타스 트리사하스라 마하사하스로
로카다투르 이티, 아다투흐 사 타타가테나 바시타흐 /
테노츠야테 트리사하스라 마하사하스로 로카다투르 이티/
타타카스야 헤토흐/ 사체드 바가반 로카다투르 아바비스야트,
사 에바 핀다그라호 아바비스야트 야스 차이바 핀다그라하스
타타가테나 바시타흐 아그라하흐 사 타타가테나 바시타흐/
테노츠야테 핀다그라하 이티/ 바가반 아하/
핀다그라하스 차이바 수부테 아브야바하로 아나비라프야흐/
나 사 다르모 나 아다르마흐/
사 차 발라프르타그자나이르 우드그라히타흐/

야스 차:그리고, 타타가테나:여래,
바시타스:말하다,
트리사하스라:3천(三千),
마하사하스로:대천(大天),
로카다투르=세계(世界),
삼천대천세계(三千大千世界),
이티:~것은, 아다투흐:세계가 아닌,
사:그것은, 타타가테나:여래,
바시타흐:말하다, 테노 우츠야테:그래서 말하기를,
이티:~이다, 타트:그것,
카스야:누구의, 헤토우:왜냐하면,
사체드:만일,
바가반:세존, 아바비스야트:~이 있다면,
핀다그라호:하나로 뭉쳐진,
아바비스야트:~되다,
야스 차이바:그리고,
핀다그라하스:하나로 합쳐진,

아그라하흐:하나로 합쳐진 것이 아닌,
사:그것은,
테노츠야테:그래서 말하기를,
아하:말하다,
핀다그라하스:하나로 합쳐진,
차에바:그런데,
수부테:수보리,
아브야바하로:말로 표현할 수 없는,
아나비라프야흐:토론할 수 없는,
나:아닌, 다르모:법,
아다르마흐:법이 아닌, 차:그리고,
발라프르타그자나이르:어리석은,
우드그라히타흐:집착하다

"세존이시여!
여래께서 말씀하신 삼천대천세계도 곧 세계가 아니라,
이름만이 세계일 뿐입니다.
그렇기에 삼천대천세계라 합니다.
만약 세계가 실제로 존재한다면, 그것은 곧 하나로 뭉쳐진
일합상일 것입니다.
그러나 여래께서 말씀하시는 하나로 뭉쳐진 '일합상'은
곧 '일합상'이 아니라,
이름만이 '일합상'일 뿐이다라고 하셨습니다.
그렇기에 하나로 뭉쳐진 '일합상'이라 합니다."
세존께서 말씀하셨다.
"수보리여,
하나로 뭉쳐진 일합상은 가히 말로는 표현할 수가 없는 것인데,
다만 범부들이 그것을 탐내고 집착할 뿐이이니라."

해 석

핀다 그라하(Piṇḍa grāha)는 핀다는 덩어리이며,
그라하는 뭉쳐진, 움켜진다는 것이다. 즉 덩어리오 뭉쳐진 것을 말한다.
아나비라프야흐 (Anabhilapyaḥ)는 토론하다, 말하다는 뜻이다.

[鳩摩羅什]

世尊 如來所說三千大千世界 卽非世界 是名世界
何以故 若世界 實有者 卽是一合相

세존 여래소설삼천대천세계 즉비세계 시명세계
하이고 약세계 실유자 즉시일합상

如來說一合相 卽非一合相 是名一合相
須菩提 一合相者 卽是不可說 但凡夫之人 貪着其事

여래설일합상 즉비일합상 시명일합상
수보리 일합상자 즉시불가설 단범부지인 탐착기사

[玄奘]

如來說三千大千世界即非世界故名三千大千世界
何以故 世尊 若世界是實有者即為一合執

여래설삼천대천세계즉비세계고명삼천대천세계
하이고 세존 약세계시실유자즉위일합집

如來說一合執即為非執故名一合執 佛言善現
此一合執不可言說不可戲論

여래설일합집즉위비집고명일합집 불언선현
차일합집불가언설불가희론

然彼一切愚夫異 生強執是法

연피일체우부이 생강집시법

제31분 지견불생분(知見不生分)

・깨달음에 대한 견해나 관념을 세우지 않음

तत्कस्य हेतोः।
यो हि कश्चिद् सुभूात एवं वदेद्
आत्मदृष्टिस् तथागतोन भाषिता सत्त्वदृर्ष्टिं जीवदृष्टिः
पुद्गलदृष्टिस् तथागतोन भाषिता अपि नु स सुभूाते
संयग्वदमाने वदेद्।
सुभूार्तिं आह।
ने हीदं भगवान् ने हीदं सुगत न संयग्वदमाने
वदेद्। तत्कस्य हेतोः।
या सा भगवान्न अतमदृष्टिस् तथागतोन भाषिता
अदृष्टिः सा तथागतोन भाषिता।
तेनोच्यत अत्मदृर्ष्टिं इति।

Tatkasya hetoḥ|
yo hi kaścit Subhūta evam vaded: ātma dṛṣṭis
Tathāgatena bhāṣitās sattvadṛṣṭir jīvadṛṣṭiḥ
pudgaladṛṣṭis Tathāgatena bhāṣitā, api nu sa Subhūte
samyagvadamāno vadet | Subhūtir āha | no hīdam
Bhagavan no hīdam sugata na samyagvadamāno vadet |
tatkasya hetoḥ| yā sā Bhagavann ātmadṛṣṭis
Tathāgatena bhāṣitā, adṛṣṭiḥ sā Tathāgatena bhāṣitā|
tenocyata ātmadṛṣir iti |

타트카스야 헤토우/
요 히 카스치트 수부타 에밤 바데드흐 아트마 드르스티스
타타가테나 바시타 사뜨바드르스트이르 지바드르스티흐
푸드갈라드르스티스 타타가테나 바시타, 아피 누 사 수부테
삼야그바다마노 바데드/ 수부티르 아하/
노 히담 바가반 노 히담 수가타 나 삼야그바다마노 바데드/
타트카스야 헤토우/ 야 사 바가반느 아트마드르스티스
타타가테나 바시타, 아드르스티흐 사 타타가테나 바시타/
테노츠야타 아트마드르스티르 이티/

타트:그것, 카스야:누구의,
헤토우:왜냐하면,
카스치드:어떤,
수부타:수보리, 에밤:이와 같이,
바데드흐:말하다, 아트마:자아,
드르스티스:견해,
타타가테나:여래, 바시타:말하다,
사뜨바:중생, 지바:수명,
푸드갈라:인격,
아피 누:참으로, 사:그는,
수부테:수보리, 삼야그:바른,
바다마노:말하면서,
바데드:말할 것인가,
수부티르:수보리, 아하:말하다,
노:아닌, 히담:그러한,
수가타:선서, 나:아닌,
바다마노:말하면서,
헤토우:왜냐하면, 야 사:그,

바가반느:세존,
아드르스티흐:견해가 아닌,
사 타타가테나:여래,
테노츠야타:그렇기 때문에,
아트마드르스티르:자아라는 견해,
이티:~이다,

“수보리여,
만약 어떤 사람이
‘부처님께서 자아가 있다는 견해, 개아가 있다는 견해, 중생이 있다는 견해, 영혼・생명이 있다는 견해를 설했다’ 고 말한다면,
수보리야 , 어떻게 생각하겠는가?
이 사람은 내가 설한 뜻을 바르게 알았다고 하겠는가?”
수보리가 말하였다.
“그렇지 않습니다. 세존이시여! 깨달음에 이르신 분이시여,
그 사람은 여래가 말씀하신 뜻을 바르게 알지 못한 것입니다.
왜냐하면 세존이시여!
세존께서는 그것은 '자아가 있다는 견해, 개아가 있다는 견해, 중생이 있다는 견해, 영혼・생명이 있다는 견해'가 아니라고 말씀하셨기 때문입니다.
이름만이 '자아가 있다는 견해, 개아가 있다는 견해, 중생이 있다는 견해, 영혼・생명이 있다는 견해'일뿐 입니다."

해 석

드르스티(Dṛṣṭi)는 견해를 말하며
그라하(Graha)도 고착된 견해를 말하며 한역으로는 견(見)으로 쓰여진다.

[鳩摩羅什]

須菩提 若人言 佛說我見人見衆生見壽者見

須菩提 於意云何 是人 解我所說義不

수보리 약인언 불설아견인견중생견수자견

수보리 어의운하 시인 해아소설의부

不也世尊 是人 不解如來所說義

何以故 世尊 說我見人見衆生見壽者見

불야세존 시인 불해여래소설의

하이고 세존 설아견인견중생견수자견

卽非我見人見衆生見壽者見

是名我見人見衆生見壽者見

즉비아견인견중생견수자견

시명아견인견중생견수자견

[玄奘]

何以故 善現 若作是言

如來宣說我見有情見命者見士夫見補特伽羅見意生見摩納婆見作者

하이고 선현 약작시언

여래선설아견유정견명자견사부견보특가나견의생견마납파견작자

見受者見 於汝意云何 如是所說為正語不

善現答言 不也世尊 不也善逝 如是所說非為正語

견수자견 어여의운하 여시소설위정어불

선현답언 불야세존 불야선서 여시소설비위정어

所以者何 如來所說我見有情見命者見士夫見補特伽羅見意生見

摩納婆見作者見受者見即為非

소이자하 여래소설아견유정견명자견사부견보특가나견의생견

마납파견작자견수자견즉위비

見故名我見乃至受者見

견고명아견내지수자견

– 법이라는 상념을 세우지 않고,
제법(諸法)을 알고 확신하라

भगवान् आह ।
एवं हि सुभूते बोधिसत्त्वयान संप्रस्थितेन सर्व धर्मा
ज्ञातव्या दृष्टव्या अधिमोक्तव्यः ।
तथा च ज्ञातव्या दृष्टव्या अधिमोक्तव्यः यथा न धर्म
संज्ञा प्रत्युपस्थेत् ।
तत्कस्य हेतोः । धर्म सञ्ज्ञा धर्म सञ्ज्ञेति सुभूते
असंज्ञैषा तथागतोन भाषिता ।
तेनोच्यते धर्मअसञ्ज्ञेति ।

hagavān āha |
evam hi Subhūte bodhisattvayāna samprasthitena sarva
dharmā jñātavyā draṣṭavyā adhimoktavyāḥ|
tathā ca jñātavyā draṣṭavyā adhimoktavyāḥ yathā na
dharma samjñā pratyupasthāhe. yath. na dharma samjñā
āpi pratyupatiṣṭhet] |
tatkasya hetuḥ|
dharma samjñā dharma samjñeti Subhūte asamjñaiṣa
Tathāgatena bhāṣitāta|
tenocyate dharmasamjñeti |

바가반 아하/
에밤 히 수부테 보디사뜨바야나 삼프라스티테나 사르바
다르마 즈나타브야 드라스타브야 아디모크타브야흐/
타타 차 즈나타브야 드라스타브야 아디모크타브야흐 야타 나
다르마 삼갸나 프라트유파스타헤 야타 나 다르마 삼갸나
아피 프라트유파티스테트/
타트카스야 헤토흐/
다르마 삼갸나 다르마 삼갸네티 수부테 아삼갸나이사
타타가테나 바시타/
테노츠야테 다르마삼갸네티/

바가반 : 세존,
아하 : 말하다,
에밤 : 이와 같은,
수부테 : 수보리,
보디사뜨바 : 보살,
야나 : 길,
삼프라스티테나 : 굳게나아가는,
사르바 : 전체,
다르마 : 법,
즈나타브야 : 알아지다,
드라스타브야 : 보여지다,
아디모크타브야흐 : 확신을 가지다,
타타 : 그렇게,
차 : 그리고,
즈나타브야 : 알아지다,
야타 : 그것은,
나 : 아닌,

삼갸나 : 상념, 생각,
프라트유파스타헤 : 생겨나지 않고,
야타 : 그것은,
아피 : 참으로,
프라트유파티스테트 : 생겨나지 않고,
타트 : 그것,
카스야 : 누구의,
헤토우 : 왜냐하면,
삼갸네티 : 생각,
아삼갸나 : 생각이 아닌,
에사 : 이것은,
타타가테나 : 여래,
바시타 : 말하다,
테노츠야테 : 그러하기 때문에,
다르마삼갸나 : 법이라는 상념 또는 생각,
이티 : ~이다

세존께서 말씀하셨다.
"수보리여, 실로 최상의 바른 깨달음인 아누다라삼막삼보리의 마음을 낸 사람은 일체법에 따른 모든 존재에 대해 이와 같이 알고, 이와 같이 보며, 이와 같이 믿고, 깨달아서 법상에 집착을 일으키지 않아야 한다.
수보리여,
'법상, 법상' 이라고 말한 것은
여래께서 이것은 '법상'이 아니고, 이름만 '법상'이라고 설하였다.
그렇기 때문에 '법상' 이라 하느니라.

해 석

다르마 즈나타브야 드라스타브야 아디모크타브야흐 (Dharmājñātavyādraṣṭavyāadhimoktavyāḥ)는 '알아야만 하고 보아야만 하며 확신을 가져야만 한다' 는 것은 어떠한 상념인 삼갸나(Samjñā)를 세우지 않고 직시하라는 뜻이다.

나 다르마 삼갸나 프라트유파스타헤 (Na dharma samjñā pratyupasthāhe)는 법이라는 생각도 일어나지 않는 것 처럼' 이라는 뜻이며 어떠한 상념도 용납하지 않는 것을 말하는 것이다.

[鳩摩羅什]

須菩提 發阿耨多羅三藐三菩提心者 於一切法

應如是知 如是見 如是信解 不生法相

수보리 발아누다라삼막삼보리심자 어일체법

응여시지 여시견 여시신해 불생법상

須菩提 所言法相者 如來說卽非法相 是名法相

수보리 소언법상자 여래설즉비법상 시명법상

[玄奘]

諸有發趣菩薩乘者 於一切法應如是知 應如是見

應如是信解 如是不住法想

제유발취보살승차 어일체법응여시지 응여시견

응여시신해 여시불주법상

何以故 善現 法想法想者 如來說為非想

是故如來說名法想法想

하이고 선현 법상법상자 여래설위비상

시고여래설명법상법상

제32분 응화비진분(應化非眞分)

· 인연따라 생멸 변화하는 것에 대한
상을 버리고 가르침의 공덕(功德)을 받들라.

यश्च च खलु पुनः सुभूाते बोधिसत्त्वे महासत्त्वे
ऽप्रमेयान् असंख्येयां क्लकधातुन् सप्तरत्नपरिपुर्णं
कृत्व ।
तथागतोभ्यःऽर्हद्भ्यः सम्यक्संबुद्धेभ्ये दानं दद्याद्
यश्च च कुलपत्रो वा कुलदुहिता वेतः
प्रज्ञापरमिताय धर्मपर्यायाद् अन्तशश् चतुष्पादिकां
अपि गाथां उद्ग्रहय
धारयेद् छेशयेद् वचयेत् पर्यवाप्नुयात्
परेभ्यश् च विस्तरेण संप्रकशयेद् अयं
एव तते निदानं बहुतरं पुण्यस्कन्धं प्रसुनुयाद्
अप्रमेयं असंख्येयं ।
कथं च संप्रकाशयेत् ।
यथा न प्रकाशयेत् तेनोाच्यते संप्रकाशयेत् इति ।

Yaś ca khalu punaḥ Subhūte bodhisattvo
mahāsattvo'prameyān asamkhyeyāml lokadhātūn |
saptaratna paripūrṇam kṛtvā
Tathāgatebhyo'rhadbhyaġ samyaksambuddhebhyo
dānam dadyād yaś ca kulaputro
vā kuladuhitā vetaḥ prajñā pāramitāya dharmaparyāyād
antaśaś catuṣpādikām api gāthām udgṛhya dhārayed
deśayed vācayet paryavāpnuyāt parebhyaś ca vistareṇa
samprakāśayed, ayam eva tato nidānam bahutaram
puṇyaskandham prasunuyād aprameyam asamkhyeyam |
katham ca samprakāśayet |
yathā na prakāśayet.
Tenocyate samprakāśayed iti.

야스 차 칼루 푸나흐 수부테 보디사뜨베
마하사뜨베 아프라메얀 아삼크예얌 로카다툰 /
사프타라트나 파리푸르남 크르트바
타타가테브요 아르하드브야흐 삼약삼부떼브요
다남 다드야트 야스 차 쿨라푸트로
바 쿨라두히타 베타흐 프라그야 파라미타야 다르마파르야야드
안타사스 차투스파디캄 아피 가탐 우드그르흐야 다라예드
데사예드 바차예트 파르야바푼야트 파레브야트 차 비스타레나
삼프라카사예드, 아얌 에바 타토 니다남 바후타람
푼야스칸담 프라수누야드 아프라메얌 아삼크예얌/
카탐 차 삼프라카사예트/

야타 나 프라카사예트.
테노츠야테 삼프라카사예드 이티/
야스 차:그리고, 칼루:진정으로,
푸나흐:다시, 보디사뜨베:보살들,
마하사뜨베:마하살들,
아프라메얀:헤아릴수 없는,
아삼크예얀:셀 수 없는, 로카다툰:세상들,
사프타:7, 라트나:보배,
파리푸르남:가득 채운, 크르트바:만들다,
아르하드브야흐:아라한들,
삼약삼부떼브요:정등각들,
다남:보시, 다드야트:주다,
쿨라푸트로:선남자, 바:~와,
쿨라두히타:선여인, 베타흐:그러므로,
프라즈나파라미타야:지혜의 완성,
다르마파르야야드:법문에서, 안타사스:단지,
차투스파디캄 아피:4구절의, 가탐:게송,
우드그르흐야:선별한, 다라예드:유지하는,
데사예드:가르치는, 바차예트:말하다,
파르야바푼야트:의미를 이해하는,
파레브야트:다른 이에게도,
차:그리고, 비스타레나:세밀하게,
삼프라카사예드:명백하게, 아얌에바:이것으로,
타토 니다남:이로 인하여, 바후타람:많은,
푼야스칸담:공덕의 풍부함, 프라수누야드:쌓는,
아프라메얌:잴 수 없는, 아삼크예얌:헤아릴 수 없는,
카탐:어떻게, 야타:그것은,
나:아닌, 프라카사예트:가르치다,
테노츠야테:그러하기 때문에, 이티:~이다

“참으로 다시 또 수보리여,
만약 어떤 보살 마하살이 측량할 수도 없는 아승지 세계에 가득찬 일곱가지 보물을 여래, 아라한, 정등각에게 보시를 했다고 하자.
그리고 보살심을 발한 다른 선남자와 선여인이 이 반야바라밀의 법문과 나아가 사구의 게송을 받들어 가르치고 독송하고 다른 사람들을 위하여 설명친다면, 바로 이 복은 저 복보다 뛰어나고 측량할 수도 없고 셀 수도 없는 공덕을 얻은 것이리라.
그러면 어떻게 다른 사람은 위해 잘 설명해 줄 것인가?
설명하고 가르친다는 관념의 상에 집착하여 끌려다니지 않고,
여여히 흔들림이 없이 해야 하느니라."

[鳩摩羅什]

須菩提 若有人以滿無量阿僧祇世界七寶持用布施 若有善男子善女人 發菩薩心者 持於此經 乃至四句偈等 受持讀誦 爲人演說 其福勝彼

수보리 약유인이만무량아승지세계칠보 지용보시 약유선남자선여인 발보살심자 지어차경 내지사구게등 수지독송 위인연설 기복승피

云何爲人演說 不取於相 如如不動

운하위인연설 불취어상 여여부동 하이고

[玄奘]

復次善現。若菩薩摩訶薩以無量無數世界盛滿七寶奉施如來應正等覺 若善男子或善女人 於此般若波羅蜜多經中乃至四句伽他

부차선현 약보살마하살이무량무수세계성만칠보봉시여래응정등각 약선남자혹선여인 어차반야바라밀다경중내지사구가타

受持讀誦究竟通利如理作意 及廣為他宣說開示

由此因緣所生福聚 甚多於前無量無數 云何為他宣說開示

수지독송구경통리여리작의 급광위타선설개시

유차인연소생복취 심다어전무량무수 운하위타선설개시

如不為他宣說開示故名為他宣說開示

여불위타선설개시고명위타선설개시

तारका तिमिरं दीपो
मायावश्याय बुद्बुदम्
स्वप्नं च विद्युदभ्रं
च एवं द्रष्टव्य संस्कृतम्

Tarakā timiram dipo
māyāavaśyāya budbdam
svapnaṁ ca vidyudabhraṁ
ca evaṁ drastavya saṁskrtam

타라카 티미람
디포 마야바스야 부두담
스바프남 차 비드유다브람
차 에밤 드라스타비야 삼스끄르탐

타라카 : 별,
티미람 : 어둠,
디포 : 불빛, 마야 : 환영,
아바스야 : 이슬,
부두담 : 허깨비,
스바프남 : 꿈, 차 : 그리고,
비드유트 : 번개, 아브람 : 구름,
에밤 : 모든, 드라스타비야 : 보다,
삼스끄르탐 : 유한한

왜냐하면
일체의 인연따라 형상이 생멸 변화한다는 일체유위법에 따라
모든 작위가 있는 것은 마치 꿈, 환영, 물거품, 그림자와 같고
또한 이슬이나 번개, 불빛, 구름과 같아서
마땅히 모든 것이 이와 같이 유한하다고 볼지니어라.

[鳩摩羅什]

何以故

一切有爲法 如夢幻泡影

如露亦如電 應作如是觀

하이고

일체유위법 여몽환포영

여로역여전 응작여시관

[玄奘]

諸和合所為 如星翳燈幻

제화합소위 여성예등환

露泡夢電雲 應作如是觀

노포몽전운 응작여시관

- 상념을 떠나라는 가르침에 대중들은 환희하고 찬탄하였다.

इदं अवोचदे भगवान् आत्तमनाः स्थविर सयभुाति ते च भिक्षु भिक्षुणि उपासकेपासिकास् ते च बोधिभ सत्त्वाः सदेव मानुहः असुर गन्धर्वश् च लोको भगवाते भाषितं
अभ्यनन्दन् इति । आर्यवज्रच्चेदिका भगवति प्रज्ञा पारमिता समाप्ता ॥

Idam avocado Bhagavān āttamanāḥsthavira Subhūtis,
te ca bhikṣu bhikṣuṇy upāsakopāsikās te ca bodhisattvāḥ
sadeva mānuḥa asura gandharvaś ca loko Bhagavato
bhāṣitam abhyanandann iti |
Āryavajracchedikā Bhagavatī prajñā pāramitā samāptā||

이담 아보차도 바가반 아따마나흐 스타비라 수부티스
테 차 비크수니 우파사코파시카스 테 차 보디사뜨바흐
사데바 마누하 아수라 간다르바스 차 로코 바가바토
바시탐 아브야난단 이티/
아르야바즈라쩨디카 바가바티 프라즈나 파라미타 사마프타/

이담:이것을, 아보차도:말하다, 아따마나흐:환희하다,
스타비라:장로, 테:그들, 차:그리고, 비크수니:비구,
우파사카:우바새(優婆塞), 우파시카스:우바이,
보디사뜨바:보살, 사:그들, 데바:신,천신(天神), 마누사:사람,
아수라:귀신, 악마, 간다르바스:음악의 신, 건달바(乾達婆),
로카:세계, 바시탐:설하다, 아브야난단:기뻐하다, 이티:이렇게,
아르야:고귀한, 바가바티:복덕, 파라미타:넘어서는,
반야바라밀(般若波羅蜜), 프라즈나:지혜, 사마프타:완결하다,

부처님께서 이 경을 말씀하시길 마치시니,
장로 수보리가 기뻐했고, 비구, 비구니, 우바새, 우바이,
보살들과 모든 세상의 천신. 인간. 아수라. 간다르바들이 더불어
부처님께서 하신 말씀을 듣고,
모두가 크게 환희하고 기뻐하며 믿고 받들어 행하였다.
이렇게 고귀한 금강이며 복덕을 구족한 지혜가 완결되었다.

해 석

대승경전에서 보여주는 인간(人間)인 마누(Mānuḥa), 천신(天神)인 데바(Deva), 출가자인 비구(Bhikṣu) 와 비구니(Bhikṣuṇy) 와 재가자의 거사인 우바새(Upāsaka, 優婆塞)는 세속에 있으면서 불교를 믿는 남자이며 재가거사(在家居士). 청신사(淸信士). 청신남(淸信男)을 말하며 우바이(Upāsikā, 優婆夷)는 세속에 있으면서 불교를 믿는 여자이며 여거사(女居士). 우바니. 청신녀(淸信女)를 말한다.

아수라(Asura, 阿修羅)는 인간과 신의 혼열인 반신(半神)이며 악의 에너지를 뜻하기도 한다.

간다르바(Gandharva, 乾闥婆)는 천상의 음악을 연주하는 음악의 신이다. 법화경이나 화엄경에서 보여주는 장엄한 금강경의 마지막 아름다운 마무리를 장식하는 장면이다.

[鳩摩羅什]

佛說是經已 長老須菩提 及諸比丘比丘尼 優婆塞優婆夷

불설시경이 장로수보리 급제비구비구니 우바새우바이

一切世間 天人阿修羅 聞佛所說 皆大歡喜 信受奉行

일체세간 천인아수라 문불소설 개대환희 신수봉행

[玄奘]

時薄伽梵說是經已 尊者善現及諸苾芻苾芻尼鄔波索迦鄔波斯迦

시박가범설시경이 존자선현급제필추필추니오파삭가랑파사가

并諸世間天人阿素洛健達縛等 聞薄伽梵所說經已 皆大歡喜信受奉行

병제세간천인아소낙건달박등 문박가범소설경이 개대환희신애봉행

부록

• 용어 찾기
• 산스크리트 발음

용어 찾기

가

간다(Gandha): 향기

간다르바(Gandharva): 한역(漢譯)으로 건달바(乾闥婆)는 천상의 음악을 연주하는 음악의 신

칼파(Kalpa): 겁(怯), 불교의 시간을 말하며 인간계의 4억 3200만년을 말한다.

강가(Ganga): 갠지스강

구마라집(鳩摩羅什): 산스크리트어로 쿠마라지바(Kumarajiva)이며, 인도인이며 현장스님과 함께 산스크리트어 불경을 한자로 옮긴 학승

그라하(Graha): 집착

금강(金剛): 산스크리트어로 바즈라(Vajra)이고, 어떤것에도 부숴질 수 없는 가장 견고하다는 뜻이며 어떤 것에도 바뀌어지지 않는 지혜를 말한다.

게송(揭頌): 산스크리트어로 가타(Gatha)이며, 부처님의 공덕을 찬양하는 노래나 시

구루(Guru): 스승

나

나마(Nama): 인도어로 귀의 하다는 뜻

니르바나(Nirvana): 열반

다

다남(Dānam)**:** 보시(布施)

다라니(Dharani): 다라니(陀羅尼)의 뜻은 진언(眞言), 만트라, 성스러운 소리로 알려져 있으며 부처님의 가르침의 핵심으로 신비한 힘을 가진 주문이다.

총지(總持), 능지(能持), 능차(能遮)로 번역되며 부처님의 가르침을 마음 속에 간직하여 지니고 잊지 않게 하는 힘을 지니고 있다.

다라야미(Dhārayāmi): 수지(受持)하다. 경전이나 계율을 항상 잊지 않고 머리에 새겨 가지다.
다르마(Dharma): 부처님의 가르침이나 진리 또는 법(法)을 말한다.
다르마데사나(Dharmadeśanā): 설법(說法)
데바(Deva): 천신(天神)
등정각(等正覺): 산스크리트어로는 삼약삼부타(Samyaksambuta)이며 부처님의 열가지 이름중의 하나.
디팜카라스야(Dīpamkarasya): 연등불(燃燈佛)

라
라사(Rasa): 맛
라크샤나 삼파다(Lakṣaṇa Sampadā): 성스러운 형태
루파(Rupa): 물질
르시(Ṛṣi): 리시(Rishi)는 선인(仙人) 또는 깨달은 수행자

마
마누(Manu): 인간
마하(Maha): 위대한, 큰
마하사뜨바(Mahasattva): 마하살(摩訶薩)
모카흐(Mokah): 어리석은
무상정등각 (無上正等覺): 최상의 깨달음인 아누다라삼막삼보리의 차음

바
바가반(Bhagavan): 세존(世尊), 부처님
바즈라(Vajra): 벼락이나 번개, 금강(金剛)으로 번역
범천(梵天): 산스크리트어로는 브라흐마 데바(Brahma Deva)이며 **색계(色界)**의 초선천(初禪天)의 주인인 범천왕(梵天王)을 말한다.
법륜(法輪): 산스크리트어로는 다르마 차크라(Dharma Cakra)이며, 부처님의 가르침을 전륜성왕(轉輪聖王)이 가지고 있는 진리의 바퀴를 돌리는 보물을 말한다.

보살(菩薩): 산스크리트어로 보디사트바(Bodhisattva)이고, 깨달음의 지혜라는 뜻이며 나와 다른 이 또는 중생을 동시에 발전시키고 구한다는 마음을 지닌 대승불교의 핵심사상을 실천하고 중생을 다 구원할 때 까지 자신은 이세상에 남아 중생을 이끈다는 사상을 가진 이

불세존(佛世尊): 바가바테(Bhagavate)를 말하며, 다른 말로는 바가반(Bhagavan)이란 산스크리트어로 성스러운 성자를 말한다.

비구(比丘): 비쿠(Bhiksu)의 산스크리트 음역이며, 출가하여 불교의 구족계(具足戒)인 250계(戒)를 받고 수행하는 남자승려를 말하며 의역하면 그뜻은 음식을 빌어먹는 걸사(乞士)이다. 출가한 남자가 사미계(沙彌戒)를 거쳐 20세가 넘으면 250계를 받고 이것를 구족계라고 하며, 구족계를 받으면 비구가 된다

비구니(比丘尼): 비크슈니(Bhiksuni)의 산스크리트어이며, 속세를 출가한 여자가 사미니(沙彌尼) 생활을 거쳐 2년의 시험기간 식차마나(式叉摩那)로 있다가 평생을 출가하여 수행할 수 있다는 것이 인정되면 348계율을 받을 자격이 되고, 이 구족계를 받으면 정식으로 비구니가 된다. 의역하면 걸사녀(乞士女)라고 한다.

비그나(Vijña): 지혜

비파카흐(Vipākaḥ): 과보(果報)

사

사두(Sadhu): 선재(善哉), 좋다

사따르마(Saddharma): 정법(正法), 올바른 법이나 가르침

사바하(Savaha): 산스크리트어로 스바하(Svaha)이며, 반야심경의 마지막 후렴구로 유명한데 뜻은 영원하다는 것과 존재하다는 뜻을 가지고 있다.

사브다(Sabda): 소리

사성제(四聖帝): (Cattāri Ariyasaccāni) 불교 네가지 성스러운 진리, 첫째는 고(苦)이며 괴로움의 성스러운 진리를 말하며 두카(Dukka)를

말하며,
두번째는 집(集)이며 괴로움이 일어나는 성스러운 진리인
사무다야(Samudaya)를 말하며,
세번째는 멸(滅)이며 괴로움이 소멸되는 성스러운 진리인
니로다(Nirodha)를 말하며,
네번째는 길(道) 이며 괴로움의 소멸에 이르는 성스러운 진리인
마르가(Marga)를 말한다

사크르다가미나(Sakṛdāgāmina): 한번만 태어나는(一來), 사다함(斯陀含)

사캬무니(Skyamuni): 한자로 석가모니(釋迦牟尼)로 음역되며,
석가 족의 성자라고 하며 나중에 수행을 하여 깨달음을 얻어 부처 또는 붓다가 되었다.

삼계(三界): 산스크리트어로 트라요 다타바(Trayo Dhatava)이며,
모든 중생들이 이 3개의 세계를 돌며 윤회한다고 한다.
욕계(欲界),색계(色界), 무색계(無色界)를 말한다.

삼갸 (Samjñā): 관념, 생각

삼약삼보디(Samyaksambodhi): 정등각(正等覺), 삼약삼보리(三若三菩提)

삼매(**三昧)**: 산스크리트어로는 사마디(Samadhi)를 말하며 편안하고 집중되어 하나로되어 마음이 흔들리지 않는 고요한 상태에 드는 것을 말한다.

삼보(三寶): 산스크리트어로 트리라트나(Trirtna)이며,
불교의 핵심이며 세 가지의 보물인데
첫째는 부처님(佛)이며 붓다이고 둘째는 부처님의 가르침(法)이며 다르마이며 세 번째는 승단(僧團)이며 스님들의 공동체를 말한다.

삼파다(Sampada): 32상(相)

삼천대천세계(三千大千世界): 트리사하스라마하사하스람로카다툼(Trisahasramahasahasramlokadhatum), 불교의 우주적인 세계관

성문(聖聞): 산스크리트어로는 스라바카(Sravaka)이며 소리를 듣는 사람이라는 뜻이며 부처님 가르침을 듣고 깨닫는 이를 말한다.

세간(世間): 산스크리트어로는 로카(Loka) 즉 세계를 말한다.
세존(世尊): 산스크리트어로는 바가반(Bhagavan) 또는 바가바트(Bhagavat)이며 성스러운 이라고 한다.
부처님 또는 여래의 10가지 이름중의 하나이다. 세상에서 가장 높은이 또는 존경 받는이를 말한다.
수부티(Subhuti): 수보리(須菩提), 금강경의 주인공이며
해공제일(解空第一)이라 불리는 부처님의 제자로서,
우주의 평등한 진리, 공(空)한 이치를 깊이 체득하였다.
금강경은 부처님과 수보리와의 대화를 기록한 것이다.
수트라(Sutra): 경전(經典)이라고도 해석이 되며 성스러운 말을 말하기도 한다.
수메라바흐(Sumeravaḥ): 수미산(須彌山), 지금의 티베트에 있는
세계 중심의 산.
순야타(Śūnyatā): 텅비어있는 공(空)
승가(僧家): 산스크리트어로는 삼가(Samgha)를 말하며,
불교의 세가지 보물인 삼보(三寶)중의 하나이며 스님들의 공동체인 승단(僧團)을 말한다
스라바스티(Sravasti): 사위국(舍衛國), 실라벌(室羅筏),
서라벌(徐羅伐)
스토라 아파나(Srota Āpanna): 진리를 잘못 아는 것에서 생겨나는 미혹함을 끊고자 수행해가는 과정과 그 결과, 수다원(須陀洹)
스프라스타브야(Spraṣṭavya): 촉감(觸)
스칸다(Skandha): 쌓임, 무더기
실상: 일체 모든 법의 진실한 상태로 생도 멸도 없고,시작과 끝이 없음

아

아나타핀다다스야(Anāthapiṇḍadasya): 가난한 이에게 먹을 것을
주는, 급고독원(給孤獨園)
아누타라(Anuttarā): 무상(無上), 가장 높은, 한역(한역)은 아누다라((阿耨多羅), 아녹다라(阿縟多羅)로 번역된다.

아라한(Arhat): 산스크리트어로 아라하트이며 응공(應供), 불생(不生), 무생(無生)이며 최고의 깨달음을 얻은 이를 말하며 수다원, 사다함, 아나함을 이미 넘어선 경지, 아라한(阿羅漢)

아수라(Asura): 아수라(阿修羅)는 반신(半神)이며 악의 에너지

아삼스크르타(Asamkrta): 무위(無爲)의

아트마 (Ātma): 자아

여래(如來): 산스크리트어로 타타가타(Tatagata)를말하며 타타는 언제나 또는 여실(如實), 진실이며 가타는 가다 또는 오다, 도달하다는 뜻이 있다.

진리에 도달한 사람을 말한다. 진여(眞如)에서 나타났고 진리이며 위없는 무상(無上)의 부처님을 말하며 부처님의 10가지 이름중의 하나.

연기(緣起): 산스크리트어로 프라티트야 삼무트파다(Pratitya Sammutpada)이다.

프라티트야(Pratitya)는 "연결되어 일어난다"이며, 삼(Sam)은 "결합하다"이며 우트파다(Utpada)는 "일어난다"는 뜻이다.

전체적으로 "말미암아 일어난다"는 뜻이다. 많은 조건과 원인이 연결되어 결과를 만들어내어 원인 없는 결과는 없다는 가르침.

열반(涅槃): 산스크리트어로 니르바나(Nirvana)를 말하며 해탈(解脫) 또는 적멸(寂滅)을 말한다. 완전히 번뇌의 불이 꺼져 깨달음을 완성한 경지.

우바새(優婆塞): 우파사카(Upāsaka)이며 세속에 있으면서 불교를 믿는 남자, 청신남(淸信男).

우바이(優婆夷): 우파시카(Upāsikā)는 세속에 있으면서 불교를 믿는 여자, 청신녀(淸信女)

인드라 신: 산스크리트어로는 인드라(Indra)이며 제석천(帝釋天)을 말하며 인도신화에서 가장 뛰어난 신이며 비와 천둥과 번개를 관장하며 아수라(阿修羅)나 악마들과 싸워 인류를 보호하는 신으로 알려져 있다.

인욕바라밀: 참아야 하는 일을 참아내는 것이 아니라,
본래 참을 것이 없음을 아는 도리이다.

자

정등각자(正等覺者): 산스크리트어로 삼약삼 붓다(Samyaksam Buddha)이다.

주문(呪文): 진언 또는 만트라(Mantra)를 말하며 반복적으로 실천함으로 마음을 안정시키는 단어

지바(Jīva): 영혼

차

차크슈흐(Cakṣuḥ): 눈(眼)

차크라바르티(Cakravartī): 전륜성왕(轉輪聖王)

차투스파디캄(Catuṣpādikām): 4구절, 사구게(四句偈)

쩨디카(Chedikā): 부수다, 자르다

카

쿨라푸트로(Kulaputro): 선남자(善男子)

쿨라두히타(Kuladuhita): 선여인(善女人

타

타트 카스야 헤토우(Tat kasya hetoḥ): 왜냐하면, 하이고(何以故)

파

파라마누(Paramāṇu): 원자

파라미타(Paramita): 반야(般若)

파드메(Padme): 연꽃을 말한다.

푸드갈라사(Pudgalasa): 개아(個我)

프라그야(Prajñā): 지혜

프라티즈나이흐(Pratijñaiḥ): 서원(誓願)

프리티비(Pritivi): 대지, 땅

푼야(Punya): 공덕(功德), 푼야스칸담(Punyaskandham)이라고도 한다.

하

현장(玄奘)스님: 당나라 시대의 많은 산스크리트 불교경전을 한역한 최고의 학승

산스크리트(梵語) 발음

모음

① अ A

② आ Ā (길게)

③ इ I

④ ई Ī (길게)

⑤ उ U

⑥ ऊ Ū (길게)

⑦ ऋ Ṛi

⑧ ॠ Ṛī (길게)

⑨ ऌ Ḷi

⑩ ए E

⑪ ऐ AI

⑫ ओ O

⑬ औ AU

⑭ अं AM (주로 ㅁ 또는 ㄴ 받침)

⑮ अः AH

<참고>

이 책에 발음된 산스크리트 ‘모음’

- A와 Ā 는 모두 ‘아’로,
- I와 Ī 는 모두 ‘이’로,
- U 와Ū 는 모두 ‘우’로,
- Ṛi와 Ṛī 는 모두 '리'로 표기

자음

(1) 후음: क ka ख kha ग ga घ gha ङ ṅa

(2) 구개음: च cha छ chha ज ja झ jha ञ ña य ya श śa

(3) 반설음: ट ṭa ठ ṭha ड ḍa ढ ḍha र ra ष sha

(4) 치음: त ta थ tha द da ध dha न na ल la स sa

(5) 순음: प pa फ pha ब ba भ bha म ma व va

(6) 기음: ह ha

<참고>

이 책에 발음된 산스크리트 '자음'

- ka와 kha 발음은 모두 ‘카’ 로
- ga와 gha 발음은 모두 ‘가’ 로,
- ja와 jha 발음은 모두 ‘자’ 로,
- ta와 tha, ṭa, ṭha 발음은 모두 ‘타’ 로,
- cha와 **chha** 발음은 모두 ‘차’ 로,
- da와 dha, ḍa, **ḍha** 발음은 모두 ‘다’ 로,
- pa와 **pha** 발음은 모두 ‘파’ 로,
- ba와 bha, va 발음은 모두 ‘바’ 로,
- s와 **śa** 발음은 모두 ‘사’ 로,
- **sha** 발음은 ‘샤’ 로,
- Na와 **ña** 발음은 모두 '나’ 로,
- **ṅa** 발음은 주로 ‘o’ 받침으로 표기

금강경 진언
(金剛經 眞言)

만트라(Mantra)

नमे भगवते प्रज्ञ पारमिताए
Namo Bhagavāte Prajñā pāramitāe
나모 바가바테 프라갸 파라미타에

ॐ इरिति इषिरि शुरेद विसय विसय स्वह
OM iriti iṣili środa visaya visaya svaha
옴 이리티 이실리 슈로다 비사야 비사야 스바하

한역(漢譯)

那謨 婆伽跋帝 鉢喇壤 波羅弭多曳
나모 바가발제 발라양 바라미다예

唵 伊利底 伊室利 輸盧馱 毗舍耶 毗舍耶 莎婆訶
옴 이리지 이실리 수로타 비사야 비사야 사바하